윤동주 시인과 함께

■ 엮은이 소개 ■

류양선(柳陽善)-가톨릭대학교 명예교수

조영환(趙永煥)-숭실고등학교 교사

윤동주 시인과 함께

류양선 조영환 엮음

다시올

■ 여는글 ■

'윤동주' - 마음의 거울

윤동주 탄생 100주년에 맞추어 2017년에 출판하고자 기획했던 이 책 『윤동주 시인과 함께』를 해를 넘기고도 초여름이 되어서야 발간합니다. 이 책에는 윤동주 시인을 기리는 시 12편과 영문으로 번역된 윤동주의 시 6편, 윤동주를 소재로 한 중편소설 1편과 평론 3편과 기행문 2편, 그리고 윤동주 시인 기념사업 보고서 2편을 수록하였습니다. 이처럼 다양한 장르에 걸쳐 윤동주 탄생 100주년을 기념하면서, '윤동주 시인과 함께' 하는 기회를 마련해 보았습니다.

이 책의 필진에는 만주 조선족 출신의 시인, 소설가, 평론가와 일본의 시인이 포함되어 있습니다. '명동촌 · 용정 · 평양 · 용정 · 서울 · 도쿄 · 교토 · 후쿠오카' 로 이어지는 윤동주 시인의 삶의 궤적은 한중일 삼국의 국경을 넘나듭니다. 이 책의 제목 '윤동주 시인과 함께' 는 국경을 초월하는 윤동주 시의 애호가들이 '윤동주' 라는 이름으로 하나 됨을 의미합니다. 한국, 중국, 일본에서 활동하는 필자들이 시간과 공간을 넘어서 윤동주 시인의 순결한 시와 삶을 사랑하고 있습니다.

윤동주의 시작(詩作)은 그의 시 「참회록」에서 보듯, 마음의 거울을 닦는 행위였습니다. 티 없는 거울처럼 맑은 마음에 도달하는 것이 그의 시작행위(詩作行爲)의 지향점이라 할 수 있습니다. 그리하여 윤동주 시인은 그의 삶과 시가 일체를 이룬 경지를 보여줍니다. 그의 시는 곧 그의 인격이요, 그의 정체성입니다. 윤동주는 그의 대표시 「서시」에서 노래한 것처럼, "죽는 날까지 하늘을 우러러 / 한 점 부끄러움이 없"는 삶을 살기 위해 온 힘을 쏟았습니다. 일제의 조선어 말살 정책에도 불구하고, 모국어로 시를 쓰는 것을 잠시도 멈추지 않았습니다. 그는 마침내, 그의 시 「십자가」에서 노래했듯이, "꽃처럼 피어나는 피를 / 어두워가는 하늘 밑에 / 조용히 흘리"며 순교하였습니다.

윤동주의 시를 읽는 것은 '윤동주'라는 깨끗한 거울에 우리의 어둡고 탁한 마음을 비추어 보는 행위가 아닐는지요? 이 책이 더욱 많은 사람들에게 '윤동주 시인과 함께' 하는 계기가 되기를 소망합니다. 끝으로, 귀한 원고를 보내주신 필자들과 표지 그림을 그려 주신 김병화 화백에게, 그리고 어려운 여건에도 이 책을 기꺼이 출판해 주신 도서출판 '다시올'의 김영은 발행인에게 깊은 감사의 말씀을 드립니다.

2018년 6월

엮은이

시인 윤동주

연보

1917년 : 12월 30일, 북간도 명동촌에서 출생.

1925년 : 명동소학교 입학.

1931년 : 명동소학교 졸업. 화룡현립 제일소학교에 편입하여 1년간 수학.

1932년 : 용정의 은진중학교에 입학.

1935년 : 9월 1일, 평양 숭실중학교 3학년 2학기에 편입.

1936년 : 3월말, 숭실중학교 자퇴. 용정의 광명학원 중학부 4학년에 편입.

1938년 : 광명중학교 졸업. 서울 연희전문학교 문과에 입학.

1939년 : 조선일보 학생란에 수필 〈달을 쏘다〉 발표.

1940년 : 이화여전 구내의 협성교회에 다니며, 영어 성서반에 참석.

1941년 : 종로구 누상동에서 하숙 생활. 12월 27일, 연희전문학교 졸업.

1942년 : 4월 2일, 도쿄 릿쿄대학 문학부 영문과에 입학. 10월 1일, 교토 도시샤대학 영문과에 입학.

1943년 : 7월 14일, 독립운동 혐의로 검거됨.

1944년 : 3월 31일, 교토지방재판소에서 징역 2년형을 받음.

1945년 : 2월 16일, 후쿠오카 형무소에서 사망. 유해는 화장, 유골을 수습하여 3월 6일, 용정 동산의 교회 묘지에 안장.

1947년 : 2월 16일, 서울 소공동 '플라워 회관' 에서 첫 추도회.

1948년 : 1월, 유고시집 『하늘과 바람과 별과 시』를 간행.

작품연보

1934년 : 「초 한 대」(12. 24), 「삶과 죽음」(12. 24), 「내일은 없다」(12. 24)

1935년 : 「거리에서」(1. 18), 「창공(蒼空)」(10. 20)

1936년 : 「황혼(黃昏)」(3. 25), 「가슴 1」(3. 25), 「가슴 2」(3. 25), 「이런 날」(6. 10), 「양지쪽」(6. 26), 「산림(山林)」(6. 26), 「가슴 3」(7. 24)

1937년 : 「한란계(寒暖計)」(7. 1), 「그 여자」(7. 26), 「야행(夜行)」(7. 26), 「빗뒤」(7. 26), 「비애(悲哀)」(8. 18), 「명상(瞑想)」(8. 20), 「유언(遺言)」(10. 24)

1938년 : 「새로운 길」(5. 10), 「어머니」(5. 28), 「가로수(街路樹)」(6. 1), 「비오는 밤」(6. 11), 「사랑의 전당(殿堂)」(6. 19), 「이적(異蹟)」(6. 19), 「아우의 인상화(印象畵)」(9. 15), 「코스모스」(9. 20), 「슬픈 족속(族屬)」(9)

1939년 : 「달같이」(9), 「장미(薔薇) 병들어」(9), 「투르게네프의 언덕」(9), 「산골물」, 「자화상(自畵像)」(9), 「소년(少年)」

1940년 : 「팔복(八福)」, 「위로(慰勞)」(12. 3), 「병원(病院)」

1941년 : 「무서운 시간(時間)」(2. 7), 「눈 오는 지도(地圖)」(3. 12), 「태초(太初)의 아침」, 「또 태초(太初)의 아침」(5. 31), 「새벽이 올 때까지」(5), 「십자가(十字架)」(5. 31), 「눈 감고 간다」(5. 31), 「못 자는 밤」, 「돌아와 보는 밤」(6), 「간판(看板) 없는 거리」, 「바람이 불어」(6. 2), 「또 다른 고향(故鄕)」(9), 「길」(9. 31), 「별 헤는 밤」(11. 5), 「서시(序詩)」(11. 20), 「간(肝)」(11. 29)

1942년 : 「참회록(懺悔錄)」(1. 24), 「흰 그림자」(4. 14), 「흐르는 거리」(5. 12), 「사랑스런 추억(追憶)」(5. 13), 「쉽게 씌어진 시(詩)」(6. 3), 「봄」

차례

제1부 윤동주 시 영역(英譯)

제2부 윤동주를 기리는 시(詩)

제3부 소설과 평론

제4부 문학기행과 기념사업 보고

하늘 바람
별 시

윤동주

제 1 부 - 윤동주 시 영역(英譯)
번역 : 고창수

- Prologue (서시)
- Firefly' s Glow (반딧불)
- The Flowing Street (흐르는 거리)
- White Shadow (흰 그림자)
- New Path (새로운 길)
- Spring (봄)

서시

윤 동 주

죽는 날까지 하늘을 우러러
한 점 부끄럼이 없기를,
잎새에 이는 바람에도
나는 괴로워했다.
별을 노래하는 마음으로
모든 죽어가는 것을 사랑해야지
그리고 나한테 주어진 길을
걸어가야겠다.

오늘 밤에도 별이 바람에 스치운다.

Prologue

Yun, Dongju

Looking up at the sky till the day I die--
Let there be not a speck of shame.
I suffered even from a breeze roused by a leaf.
I must love all the dying things
With a heart singing about the stars.
And I must travel the path
Assigned to me.

This night too the stars are brushed by the wind.

반딧불

윤 동 주

가자, 가자, 가자,
숲으로 가자.
달 조각을 주우러
숲으로 가자.

그믐밤 반딧불은
부서진 달 조각

가자, 가자, 가자,
숲으로 가자.
달 조각을 주우러
숲으로 가자.

Firefly's Glow

Yun, Dongju

Let's go; let's go go go.
Let's go to the wood.
Let's go to the wood
To pick up the moon's fragments.

The firefly glows of the month's last evening
Are but splinters of the broken moon.

Let's go; let's go go go.
Let's go to the wood.
Let's go to the wood
To pick up the moon's fragments.

흐르는 거리

윤 동 주

으스름히 안개가 흐른다. 거리가 흘러간다. 저 전차, 자동차, 모든 바퀴가 어디로 흘리워 가는 것일까? 정박할 아무 항구도 없이, 가련한 많은 사람들을 싣고서, 안개 속에 잠긴 거리는,

거리 모퉁이 붉은 포스트 상자를 붙잡고 섰을라면 모든 것이 흐르는 속에 어렴풋이 빛나는 가로등, 꺼지지 않는 것은 무슨 상징일까? 사랑하는 동무 박(朴)이여! 그리고 김(金)이여! 자네들은 지금 어디 있는가? 끝없이 안개가 흐르는데,

"새로운 날 아침 우리 다시 정답게 손목을 잡아보세" 몇 자 적어 포스트 속에 떨어트리고, 밤을 새워 기다리면 금 휘장에 금단추를 삐엿고 거인처럼 찬란히 나타나는 배달부, 아침과 함께 즐거운 내림(來臨),

이 밤을 하염없이 안개가 흐른다.

The Flowing Street

Yun, Dongju

The mist flows hazily. The street flows away. That streetcar, automobile, Where are all the wheels flowing? With no port where to cast the anchor, carrying many piteous people– The street submerged in the mist.

The street lamp glows dimly where everything drifts as I stand holding on to the red post–box at a corner of the street. That which doesn' t go out– What does it symbolize? Beloved friend Park! Kim!– Where are you at this moment while the mist drifts endlessly?

"On a new day' s morning, let us hold hands again lovingly." I scribble a few words on the paper and drop it into the post–box. I wait through the night. The mailman emerges gloriously like a giant with a gold button in the gold insignia; the pleasant visitation occurs together with the morning.

The mist flows endlessly down this night.

흰 그림자

윤 동 주

황혼이 짙어지는 길모금에서
하루 종일 시든 귀를 가만히 기울이면
땅거미 옮겨지는 발자취 소리,

발자취 소리를 들을 수 있도록
나는 총명했던가요.

이제 어리석게도 모든 것을 깨달은 다음
오래 마음 깊은 속에
괴로워하던 수많은 나를
하나, 둘 제 고장으로 돌려보내면
거리 모퉁이 어둠 속으로
소리 없이 사라지는 흰 그림자,

흰 그림자들
연연히 사랑하던 흰 그림자들,

내 모든 것을 돌려보낸 뒤

허전히 뒷골목을 돌아
황혼처럼 물드는 내 방으로 돌아오면

신념이 깊은 의젓한 양처럼
하루 종일 시름없이 풀포기나 뜯자.

White Shadow

Yun, Dongju

At a bend of the road where the twilight deepens
I quietly strain my ear that withered all day long;
I hear the footsteps of the dusk drifting.

Was I smart enough
To hear the footfalls?

Now that I have realized everything in my ignorance—
If I send back to their own places each of the numberless selves of mine
That suffered deep in my heart,
A white shadow silently recedes
Into the darkness around the street corner.

White shadows—
The white shadows I loved passionately.

Having returned all my possessions,
I trudge desolately along the back alleys
And return to my room
That dyes like twilight.

Let me weed the lawn snugly
Like a confident sheep with a deep faith.

새로운 길

윤 동 주

내를 건너서 숲으로
고개를 넘어서 마을로

어제도 가고 오늘도 갈
나의 길 새로운 길

민들레가 피고 까치가 날고
아가씨가 지나고 바람이 일고

나의 길은 언제나 새로운 길
오늘도… 내일도 …

내를 건너서 숲으로
고개를 넘어서 마을로

New Path

Yun, Dongju

Across the stream to the wood
Over the ridge to the village

My path, a new path
I traveled yesterday, I travel today

Dandelions bloom, magpies fly
Maidens pass, winds arise

My path, always a new path
Today··· Tomorrow···

Across the stream to the wood
Over the ridge to the village.

봄

윤 동 주

봄이 혈관 속에 시내처럼 흘러
돌, 돌, 시내 가까운 언덕에
개나리, 진달래, 노-란 배추꽃,

삼동을 참아온 나는
풀포기처럼 피어난다.

즐거운 종달새야
어느 이랑에서나 즐거웁게 솟쳐라.

푸르른 하늘은
아른, 아른, 높기도 한데…

Spring

Yun, Dongju

Spring flows through the blood-vessels like a stream;
On a hill close to the bickering stream
Look at the forsythias, azaleas, and yellow cabbage flowers—

Having endured the mid-winter
I flower like a plant.

You merry skylark—
Pray soar up merrily from every furrow.

The blue skies loom
High and far shimmering, all shimmering.

[번역자 주]

시의 번역은 신화, 역사, 문화 등과 인간의 실존이 엉켜져 있는 한 언어를 다른 언어로 옮기는 복잡한 작업이며, 자기의 언어를 떠나면 무산되거나 변질되는 음악성, 상징, 비유 등 여러 가지 요소가 있어 번역과정에서 많은 것이 왜곡되든가 손실되는 경우가 많다. 산 호랑이를 만들려다 죽은 고양이를 낳는 경우가 많다. 윤동주처럼 완벽한 순결을 지향하고 높은 이상을 실현한 시인의 시를 번역하는 경우 번역자는 매우 조심스러워진다. 번역자는 그저 최선을 다할 뿐이다.

고창수

1965년 《시문학》등단 시집 『파편 줍는 노래』 『사물들, 그 눈과 귀』 외 2권 번역시집 『Seattle Poems』(1993,미국), 『Sound of Silence』(1996, 파키스탄), 『루마니아어 번역시집』(2003,루마니아), 『What the Spidr Said』(2004,미국)『스페인어 번역 시집』(2009,멕시코) 한국문학번역상(1980, 코리아 타임즈), 번역문학상〉(2006, 국제펜클럽 한국본부).

하늘 바람
별 시

윤동주

제 2 부 - 윤동주를 기리는 시(詩)

평창 올림픽*

김 동 호

열기 오기 패기가
자궁 속에서 和氣를 만나
무서운 탯줄
밤낮없이 하늘을 당기더니
2018년 2월
햇덩이 같은 달덩이가
우레 소리를 내며 탄생하네

얼음 하늘을 나는 별들

별들의 전쟁이 아니라
별들의 춤이다
자전이 공전이 되고
공전이 자전이 되는 하늘–춤!

요정들의 칼–발이
인류역사를 새로 쓰네

* 윤동주시인은 조국에 대한 사랑이 지극했을 뿐 아니라 인류에 대한 염원이 컸던 분이었다. 만일 선생이 지금 살아계신다면 평창 올림픽을 맞아 조국과 세계에 대한 비원을 위와 같이 표출했을 것 같다

김동호 시인

1975년 《현대시학》 등단, 군포문인협회 공간시낭동회회장 역임, 성균관대학교 명예교수 성균문학상, 2007년 시인들이 뽑는 시인상 수상 시집 『꽃』 『피뢰침 숲 속에서』 『老子의 山』 『시산일기』 『五弦琴』 외 5권 kimdongho66@hanmail.net

윤동주 묘소에서

리 순 옥

바람은 조용히 스며가고
햇빛은 조용히 내려앉고

봉분 우의 흙과 풀들이
그 혼령을 되뇌이고

하얀 뼈마디마다에
깊이 배어 있을
떠받침의 힘 그리고 족(族)의 밝은 기운

바람에 비에,
구름에 하늘에
몸과 마음, 혼령을 핏빛으로 바래고
이제 한줌의 재로
이 땅에 쓸쓸히 묻힌
그 령혼에 삼가 깊은 비애의 절 올리며…

리순옥 시인

1962년 중국 길림성 화룡현 출생. 연변대학 조선언어문학학부, 연변간호학원 졸업. 시집 《먼 령혼빛기도에》, 《피빛두만강—나는 누구인가》를 출판. 연변작가협회 이사, 재외동포문학상, 《연변문학》윤동주문학상, 길림신문 《두만강》문학상, 정지용문학상 등 다수 수상.

역사는 말한다

—윤동주 시인 탄생 100주년 추모시

김 기 산

눈이 펑펑 날리는
북간도 하늘은 추위에 막혀 있다
1917년 12월 30일 열차에 올라
한여름에도 무지개가 뜨지 않는 재앙의 시기를
맨발로 건넌 사내가 있다
눈을 뜨고 조금씩 죽어가던 처연한 삶
운명의 추는 기울고
가슴으로 스치는 바람에 쓴
공허한 문장들은 모두 저항의 몸짓이었다

생체실험에 쓰러질 때마다
그를 보낸 神은 어디에 있었을까
그 비통한 외마디 비명
그의 장절한 죽음을 어떻게 거두어 품었을까
절망을 지고도 그는 神을 향해 무릎을 꿇었다

어둠 속에서 빛을 갈구하며
누런 종이에
무서움과 죽음, 내일은 없다를 써 내려가며
그는 끝까지 신과의 약속을 믿고 싶었다

1945년 2월 16일
이국의 땅 후쿠오카 감옥에서
27년 2개월의 짧은 목숨을 싸안고
우리의 곁을 떠나는 날
하늘도 차마 눈을 감지 못했다

그들의 악행을 온몸으로 맞선
윤동주,
그는 피 묻은 지문을 지상에 남기고
우리는 살아있는 역사를 오늘도 만난다

김기산 시인

본명 김영정, 한국시인협회 회원, 서초문인협회 이사, 공간 시 낭송회 상임시인
제24회 성균문학상 본상 수상 도서출판 한터 대표 시집 『노을을 베끼다』 『빈집』
수필집 『12월의 기도』 kh4263@hanmail.net

북간도

송 기 남

간도
머나먼 우리의 땅
지금은 멀기만 한 곳

오래 전
해와
달과
별과
바람이
하나가 되었던 곳

지금은
계절만
소풍 왔다 가고

이제는
별들의 속삭임도
달빛에 어리는 얼굴도
까먹은 이름 부르며
바람만큼 먹은 나이로
꿈속을 헤매는

북간도는

아직도

잠자고 있다

송기남 시인

2011년 《서라벌문예》 신인작가상 수상, 2011년 한국을 빛낸 자랑스런 한국인대상 수상,
2013년 대한민국 신지식인 대상(ceo&저널), 現 한국직업전문학교 학교장,
시집 『행복 찾기』 『오늘』 koca7@hanmail.net

슬픈 날의 별 하나 어디로

맹 숙 영

그날 밤 후쿠오카의
시리고 쓸쓸한 침묵은
참혹하게 숨이 멎었다
흙빛 하늘에선
별들의 눈물이 쏟아져
꽃잎과 나뭇잎들에 이슬로 맺히고
바람은 중심을 잃고 허우적거렸다
아, 2월의 감방 안에선
무슨 일이 일어났던가
죽어가는 모든 것도 사랑하던
한 점도 부끄럼 없는 순수의 별 하나
지상에서 사라지는데
오늘 백년이 되어도
어제 천개의 바람이 불어도
잠들지 못하는 암울한 시대의 넋은
영원히 가슴 가슴에
고운 시혼으로 남아
오늘도 시인의 영혼에
애절하게 바람으로 스치운다

맹숙영 시인

2007년, 《창조문학》 등단, 성균관대학교 영어영문학과 졸업, 한세대 대학원 졸업(문학석사),
『사랑이 흐르는 빛』『꿈꾸는 날개』『바람 속의 하얀 그리움–한영 대역』『불꽃 축제』,
창조문학 대상, 양천 문학상

시인을 위한 랩소디 외 2수
-윤동주 탄생 백주년을 기리어

심 명 주

프롤로그

바람과 추위가 이어지는 푸른빛 기운의 파평교 소아래
차디찬 얼음 솟아은빛 비늘의 잉어 한마리 뭍으로 솟아오르니…

1. 해를 따르는 아이
–명동 1917~1931

월강곡 흐르던 북간도 솔거족.

삼형제 선바위가 완강한 그늘자락 드리우고 보지 않아도 보이는 추위와 어둠에 암묵의 륙도하가 예감의 바늘을 날카롭게 감춘 동네.

막새 기와 높이 얹고 목조의 우물 깊어 옛생각이 내밀한 집, 귀하고 서글픈 윤씨가문 장남 어엿하게 태여나니 이름하여 해환이라.

대군은 조상, 지조 푸른 규암 숙과 그들이 세운 새 세상 명동 락원,

고샅길 짙은 마을 흰두루마기 청명하고 밤이면 자두와 뽕나무 사이로 별들이 우수수 떨어지는 곳.

한범아 익환아 무르익는 목소리로 〈새명동〉의 꿈에 젖어 해별을 사모해온 아이들, 잿불에 감자 굽던 꽃다운 아이들, 담장아래 바람 피해 자유로이 피여난.

2. 소년으로 거듭나다

-은진중학 1932. 4~1935

유서 깊은 룡두레우물 가까운 곳에
이제 한 소년이 서 있습니다
이름 새로 세워
해환에서 동주로

몽규와 익환이와 어깨 걸어 서로 동무
더기우에 우뚝 솟은 은진의 기를 받아

끼끗한 소년 마음에
도도한 흰 릉선 여럿 키워
글과 운동으로 게으름이 없는

아스라한 경보 소리 하늘 뚫어 슬픈 날들
우물 한 모금에
지조 한 움큼
슬픔 한 모금에
지혜 한자락

부끄러움을 따르던 바른 신앙
세상 불의에 무겁던 마음 담아
우물에 참회의 그림자 띄우곤 합니다
뼈 굳힌 지조 푸르러 거듭나는
길,
길을 가고 있습니다

3. 짧은 날 깊은 추억

–숭실중학교 1935. 9~1936. 3

시가 외면된 나날, 문학을 찾아 숭실에 온 어깨 동무 동주야.

'숭실활천지' 에 게재된 첫 시 〈공상〉, 어느덧 너는 십여 수의 시와 동시 5수를 배출한 어엿한 18세, 나와 함께 아리따운 나이.

신사참배, 세상은 오물로 어지럽혀 있고 하늘은 뒤 담벽같이 음산해 오는 데

만주의 한여름같이 짧은 학업의 날, 가혹한 시련의 타향의 달밤들. 부푼 마음에 탑 하나 후둑 높이 쌓았는데 찰나에 반 동강이 나버렸으니.

동주야,

거추장스러운 마음의 실루엣 우리 벗어버리고 맑은 령혼 의지해 고향으로 되돌아가자. 슬픔으로 쌓여질 지혜를 밟으러.

–늦봄(익환)이가

4. 시로 꽃을 피우다

–연희전문학교 1938. 4~ 1941. 12

풍요로운 달맞이 계절
꽃처럼 빼여난 기라성의 학우들
굴지의 엘리트 운집의 요람

장미의 향기가 포연에 흩어지고
아비규환 세상

값싼 가격에 생명이 거래되는

그나마 외딴 섬 여기엔
지란지교 우정이 숲마냥 깊어가고
우리글 민족사랑 영시(英诗)와의 아우름
사색이 영글고 눈빛이 밝아 오니

〈새로운 길〉
〈서시〉
〈별 헤는 밤〉
〈자화상〉...
만각하는 문학의 향연
꽃다운 랑만들
흐린 세상을 시로 꽃피워 꽃피워
피여날 일만 남은 듯 여름날 꽃피듯
피여났어라 꽃다운 사나이가
시와 함께 오롯하게

5. 륙첩방은 남의 나라

–릿꾜, 도지샤대학 1942. 1 ~ 1943. 7

끝내는 잃어버렸습니다 이름 석 자
욕되게 불리울
히라누마 도오쥬, 소우무라 무게이
〈참회록〉 써놓고 현해탄 관부련락선

고향은 끝없이 멀어집니다 아스라이 별처럼

향수와 자유와 평등이
〈흰 그림자〉, 〈순이〉와 〈희망의 봄〉이
오물처리 되는 이곳
륙첩방 남의 나라
〈쉽게 씌여진 시〉에 부끄러워
비소리 후둑진 창가에
기차소리 흘러보내니

딛은 땅 수십번 마음으로 처형하나
차마 세상을 미워할 수 없는
외로움과 괴로움과 쓸쓸함들…

6. 형장의 이슬이 되여

–후쿠오카 감옥 1943. 7~1945. 2. 16

운무가 흩날린다 형틀을 기대고
육신을 제물로 삼아
죄받이인양 비틀리며
죽음이 죄여온다

우지강 다리우 마지막 그림자
〈나 고향으로 보내주〉 되뇌여
불렀던 마지막 아리랑노래소리

그 소리 식기 전에

감히 누구에게 유린당하고
이토록 비참히 고개 떨구어야 하는가

참을 수 없는 고문과 배고픔
차디찬 바닥
에이는 동상의 아픔들
그리고 더더욱 아픈
마음의 고뇌

부끄러워 아름다운 혼
파릿하게 말라가고
새벽 성당의 종소리 아련히 부를 제
이슬도 움츠린 새벽
아~
커다란 외침 한마디
마침내
깃처럼 허공으로 가나니
쇠창살 헤치고 훨훨 날리였나니…

에필로그

드디어 갔어라
지상의 뭍에 잠간 머물다 하늘 날아오른

얼음 차가운 곳 한 마리 잉어

마모된 육신을 흙우에 벗어놓고
반성과 회한과 한숨의 끝없는 날갯짓
적료한 고해에 굵다란 획 하나 그으며
스스로 별이 되어
우주에 닿은
소울아,
얼이여
푸르른 넋이여

〈겨울이 지나고 나의 별에도 봄이 오면
내 이름자 묻힌 언덕
동산 그곳에
자랑처럼 풀이 무성할 거외다〉…

동주의 순이가 되어

-명동 소학 옛터에서

명동의 하오 바람은 아직 어립니다
고작 백 년을 불었을 뿐
구수한 촌부로 낡아온 옛터들과
철야를 바장이고도 사뭇 씩씩한
별들과 아직 파라니 젊은 하늘
이곳에 동주의 순이가 있습니다

고르로운 볕살을 아우라 삼아
걸어오는 남자, 명동의 사나이
그이 앞에
늙은 세상은 더 이상 춤추지 못하고
불탄 자리 오롯한 여기에서
옛 교가 부르며 명동의 하루
동주의 순이로 환생하여 봅니다

청색의 생가 사진 속
바라만 보아도 더불어 푸르게 물들 것 같은
미간이 강인한 북간도 명동 오라버니
아련한 눈빛에서 흘러나오는
숲같이 깊은 이야기들

륙도하는 뜨거운 한밤의 암 등을 싣고
선바위와 어슷이 눈 맞춤하며
느린 걸음 재촉합니다

이곳에서 순이가 되어
남의 나라 륙첩방에 누워 보고
현해탄 아스라이 관부선 걸음걸음
연희대와 숭실중학 그리고 더기 우의 은진 중학
오늘 하루 순이가 되어
우물과 굴뚝과 새벽바람 막아주는 한지 바른 창문에

육신이 어디서 가루로 빻아졌든
꿈엔들 잊었을까 동주의 청산, 여기 명동을

북간도 백 살의 끼끗한 오라버니
오늘 하루 그 넋에 손 포개여
나도 북간도 한낱 토종 계집애
동주의 순이가 되여, 순이가 되여

바람에 전하는 말
-소울메이트 윤동주, 송몽규 묘소에서

동주야,
전생에 기약된 우리 인연이런가
바자 넓은 팔간집 마당
그곳이 한세상 령지인 듯
태양처럼 불끈 솟아 세상으로 나왔던
석 달 터울의 우리 두 사람
너는 해환, 나는 한범
한 지붕 한 이불 속 함께 뒹굴어 자란
아우야 친구야

흰옷 입은 사람들
오디나무 꽃마냥 흩뿌려 널린
명동마을, 명동교 널푸른 고장
윤동주, 송몽규 이름으로 불리우며
운명의 어섯 눈 밝혀가던 은진 중학
우린 늘 함께해온 한 나무 두 개의 가지였어라

뼈를 키운 만주 땅 북간도 십여 년
그곳 떠나 숭실중에서 네가 시인의 꿈을 세울 때
나는 락양,
생경한 땅에서 무기로 내 뜻 키웠고
조야한 세월

눈이 내리면 눈에
바람이 불면 바람에 그리움 전하던
아우야 지기야

연희전문학교 다시 함께 우리가 걸은 '새로운 길'
'별헤는 밤' 그곳에서 '자화상' 을 그려보고
굵은 추억을 새기며
어엿한 사나이로 피어나던 시간들

드디어
비 내리는 이국의 륙첩방
'쉽게 씌여진 시' 가 부끄럽고
'팔복' 의 소망 흩날려 서러운
낮과 밤이 함께 어두운 시간들 시간들
차디찬 남의 나라 얼음 같은 감방에서
가슴 치며 함께 이슬로 스러졌으니.

오늘,
룡정 동산 마루 나란히 누운 우리 무덤
조촐하고 갸륵하게 살아온 지난날
너는 너의 뜻 시인으로
나는 나의 뜻 문사로

로송처럼 푸르게 살아온 백 년
세월의 나이테에 스며들었네

스며들었네
바람에 스며들었네
바람이 일면 다시 깨어나
소풍하러 세상으로
세상의 바람으로
바람으로 바람으로
바람이 되어 다시 바람이 되어
너와 함께 날으고 싶어라

심명주

길림대학 외국어학부 졸업, 북경로신문학원 수료 1992년부터 (주)러시아 중국무역회사 근무 〈종합신문〉 편집 기자, 연변문화예술연구센터 문화연구원 역임 연변작가협회, 시가창작위원회회원 연변일보【해란강문학상】 시부분 대상 제10회 【연변지용제문학상】, 【두만강여울소리시가상】, 【중한효사랑】 시부문 대상 룡정.윤동주연구회 사무국 국장, 현재 연길시고령사회교육문화원 원장, 시집 『간밤에 꽃이 피였습니다』

바람이 불어 건너는 언덕에서

아이자와 가크

* 시인의 무덤은 거기에 있는데 그 본인은 거기에 있는 거예요?
* 그가 태어난 마을은 여긴데 그의 진짜 고향은 어딜까요?

무덤이 있는 언덕, 울타리로 주위를 구획 지은 거기에 서서, 기슭에 펼쳐지는 유유한 기복을 마주 보면 불어 올라오는 바람이 내 몸을 스쳐지나고, 멀리 바라보는 하늘빛 아래 아득히 떨어진 저쪽을 꾸불꾸불한 두만강을 건너서 한반도의 무거운 대지가 몸부림을 억누르며 쭈그리고 있다.

[고향에 돌아온 날 밤에
내 백골이 따라와 한 방에 누웠다.]

-「또 다른 고향」 최초 2줄

사람이란 죽어서야 백골이 되는 것이어서 그는 자기가 불귀객이 될 나그네 길에 오르는 것을 예감하면서 그 시를 썼던 것이 틀림없다. 고향은 이미 안전하지도 평화롭지도 않고 그리운 식구들이나 겨레들과 함께 즐겁게 살 수 있는 곳이라고도 하지 못하게 되었다. 잃어버린 것은 고향뿐이 아니다.

[잃어 버렸습니다.]

시 「길」의 최초 줄에서 그가 고백한 쓰디쓴 구절, 선언처럼 너무나 명백한 말씨로 새겨져 있는 말. 그가 '잃어버렸' 던 모두의 또 빼앗긴 모두의 무거움이 이 말 속에, 울타리로 구획 지어진 길 건너 쪽에, 겹쳐져 있다.

* 시인이 자라던 마을을 방문한 뒤 나는 아버지의 전쟁터를 찾아내는 여행길에 올랐어요. 그런데 내 아버지는 도대체 무엇을 대하여 싸웠던가요.

시인이 「또 다른 고향」을 찾아내는 어려운 여행을 하고 있었을 때 내 아버지는 일본의 한 병사였다. 중국의 산서(山西)성 남부 리엔훈(臨汾)시 가까운 마을에서 '토벌전(討伐戰)' 이 한창일 때 아버지는 후두부에 격통을 느꼈으나 개의하지 않고 전투를 계속했다고 하는 기록이 있다. 아버지는 다음 날 리엔훈에 돌아갔다가 몸 상태가 안 좋아서 육군병원에 입원했던 게 1940년 10월 14일이었다 한다. 우연하게도 그것은 아버지의 24세 생탄일이었다.

아버지가 상처를 입던 마을은 현재도 인기척이 적은 농촌이다. 버스가 통하는 포장도로의 한 모퉁이를 옆길로 걸어가 보니 바로 집들이 끊어져 옥수수 밭이 확 트인 들판에 나아간다. 나는 아득히 먼 언덕까지 걸어가 보고 싶었는데 밭은 연연히 연속되고, 머리 위에를 어지러운 까마귀 우는 소리와 가끔 메아리치는 개 소리가 불길한 화음이 되어 내 걸음을 막았다.

농민이나 아무도 만나지 않았다. 어른의 키 이상으로 자란 옥수수가 아버지들의 '토벌전' 당시에도 있었던가. 황하(黃河)와 분하(汾河)와 태행산맥(太行山脈) 사이에서 기복하는 황토의 중산간 지대. 거기서 키가 큰 옥수수의 그림자 뒤에서 출몰하는 중국 병사들, 아니면 대지의 결실과 함께 살아 있는 사람들을 아버지들은 빼앗고 태우고 죽이는 전쟁을 노리고 있었다.

그때 아버지의 후두부를 통격하던 것은 무엇이었을까. 아버지도 병사로서 상대를 죽이고 빼앗고 태웠던 게 틀림없겠다. 하지만 아버지가 잃어버린 것, 체국 일본에 의하여 빼앗긴 것도 있었던 것이다. 아버지가 손에 넣고 싶은 것은 옛날의 자기 자신과 같이 대지에 뿌리를 박고서 일하는 사람들의 피투성이가 된 시체가 아니었을 것이다.

다시 묻자. 아버지 후두부를 통격했던 것은 무엇이었을까. 아무 말도 하지 않은 채로 아버지는 자기 목숨을 스스로 끊었다. 패전 후 11년이 지난 해, 내가 여섯 살 때였다.

* 시인이 작품 「병원」을 썼던 날짜는 '1940년 12월'. 그는 23세의 생탄일을 맞이하고 있었는데요.

> [나도 모를 아픔을 오래 참다 처음으로 이곳에 찾아왔다. 그러나 나의 늙은 의사는 젊은이의 병을 모른다. 나한테는 병이 없다고 한다. 이 지나친 시련, 이 지나친 피로, 나는 성내서는 안 된다.]
>
> –「병원」

나는 시인과 내 아버지 사이에 신기한 인연을 느낀다.

아버지는 소학교를 졸업한 뒤 바로 일해야 하는 사람, 일본의 어디든지 있는 평민이고 장정(壯丁)의 한 사람이었다. 스무 살이 되면 체국에 의하여 소집되고, 아버지는 '좋은 병사'가 되고자 노력했던가 보다. 그것이야말로 아버지의 병의 원인이 되었던 게 아닐까. 달아날 수 있는 법이 없는 시련에서, 아버지는 제국의 패전에 의하여 벗어났을 터인데 후두부의 격통이 다시 아버지의 몸으로 도졌던 것일까.

시인이 드디어 출판하지 못했던 시집의 마지막에서 '멀리 북간도에 계시' 는 어머니를 생각하며 자타를 함께 북돋우는 것처럼 새겨 있는 말들. 혹시 내가 아버지한테 그 말들을 보낼 수 있었으면 얼마나 좋았을까 하고 여기지 않을 수 없다.

[나는 무엇인지 그리워
이 많은 별빛이 나린 언덕 위에
내 이름자를 써보고,
흙으로 덮어 버리었습니다.

딴은 밤을 새워 우는 벌레는
부끄러운 이름을 슬퍼하는 까닭입니다.

그러나 겨울이 지나고 나의 별에도 봄이 오면
무덤 위에 파란 잔디가 피어나듯이
내 이름자 묻힌 언덕 위에도
자랑처럼 풀이 무성할 게외다.]

아이자와 카크 시인

아이자와 가크 (愛沢革) 1949년생. 시인, 번역가.
1999년에 시인 윤동주의 고향을 처음 방문하고 윤동주를 추모하는 시민 모임을 도쿄에서 시작함. 2009년에서 오사카에서 '윤동주와 우리들' 이란 모임을 재일3세 시인 정장 등과 함께 새롭게 시작했다. 2009년 송우혜 저 『윤동주 평전』 번역 출판(후지와라(藤原)書店). 2011년 시집 『돌이 있었던 곳』 출판('오그마히데오(小熊秀雄)상' 후보). 기타 저작으로 에세이 「서울—남의 바람, 북의 바람」, 소설 「고스게(小菅) 의 방귀」, 평론에 「한국 탈춤 르넷산스의 역사적 의미와 행방」 등이 있음. 한국작가의 작품 번역 활동 : 신경림 강은교 김정환 도종환 등 한국 현대 시인들의 작품과, 현기영 「우리는 어찌 되어 있느냐—한국인의 정체성」, 황석영 「남과 북은 서로를 변화 시킨다」 등을 번역. 1970년 2월 『사상의 과학』, 71년 7월 『신일본 문학』에 에세이를 발표하고 집필활동 시작. 1971년에 한국 양심수 및 탄압을 당한 문인들(김지하, 양성우, 조태일, 김남주, 이호철, 임헌영, 김우종 씨 등) 석방운동에 참여함. 91년대 초에 신일본문학회 사무국장, 편집장 등 역임. 1996년에 연세대학교에 유학, 한국현대문학 작품 번역을 시작함.

시공(時空)
—윤동주 탄생 100주년

김 영 은

살아서 참회록을 쓰던 청년
죽어서는 하늘 바람 별
詩를 노래하며 인(人)을 부른다

빛이 바랠 것 같은 숭고한 정신
강산이 열 번 바뀌어도
그를 잊지 못해 순열에 이르는
오늘, 백세를 맞이하는 날
사후조차 사뭇 빛이 나시어라

무성하게 자란 잡풀까지도
자랑스러울 것을 예감하고
시공(時空)의 세월을 넘나들며
이승이나 저승이나 진배없이
조국을 빛내는 선각자여

품고 싶은 바람이시여
갖고 싶은 별이시여
역사가 된 시인이시여

김영은 시인

2003년 《시사문단》 시 등단 도서출판 다시올 대표, 계간 《다시올문학 》 발행인
동인시집 『어떤 초상화의 모티브』 외, maxim3515@naver.com

겨레의 맹세 다시
- 생탄 100년 · 윤동주 묘 앞에서

정 장

처음으로 이곳을 찾은 21년 전 그 이래
몇 번이나 그대 묘 앞에 왔습니다
올 때마다 장식이 변모하는 그대의 무덤
그대의 지조를 서로 빼앗을 것처럼
그대의 시를 사랑하는 사람들이
서로 앞다투어 손질을 가해 가기 때문이지요
그대의 쓸쓸한 듯한 미소를 떠올리는 것은
나뿐일까요?
그대가 살았던 생가의 풍경도
옛 모습의 복원이라고는 하기 어려운 장식으로
테마파크와 같이 바뀌어 가는 것 같습니다

그대가 태어난 100년 전 그 이래
그대를 둘러싼 것들이
너무나도 많이 변해가고 있지만
그대가 구하고 있던 것은
아직 아무것도 바뀌지 않은 채입니다
그대를 사랑하는 우리가
바꾸어야 할 것은
아직 아무것도 바뀌지 않은 채입니다

그대가 노래한 하늘과 바람을
부끄럽게 온몸으로 느끼면서
별이 된 그대를 우러러
나는 다시 겨레의 맹세를
그대의 무덤에 바칩니다

그대가 구하고 있던 것을
죽는 그 날까지 나도 구하고 따라가렵니다

정장 시인

1968년 교토출생 재일 3세 시인
시집『 시비(詩碑)』, 산문집『사람이 있는 곳(サラムの在りか)』

반야(般若)
-동주를 기리며

정 지 용 (鄭 址 瑢)

아마도 그런 날이었을 게다.
청춘이 비늘들로 올올이 일어서고
하늘이, 바람이, 별빛을 지나 가슴으로,
가슴으로 침잠하는
아리고 아린 고향이었을 게다.

어디에 둘 곳 없는 사연들이 육 첩 방을 넘나들며
또 다른 고향으로 길 떠나는 꿈
치열한 삶만큼 서럽게도 안겨드는 이방의 지도
온몸으로 색인하는
서슬 퍼런 날들이었을 게다.

꿈.
칠흑 같이 안타까운 반야(半夜)의 꿈.
인광으로 명멸하는 역사를 세월에 묻고
희생처럼 아름다운 청춘을 노래하여

고개를 넘어 마을로
마을을 지나 강으로
강과 바다 건너 일구는 이 땅의 산록으로
우리의 대지 위에 하늘과 바람과 별을 담는 꿈

흰 그림자들 길게 드리우며
조용히 백골로 풍화작용 하는 젊음아,
잡초처럼 자라 무성한
반야(般若),
그런 날들.

조만간 우리 번듯하게 맞아야 할
하나의 이름으로
자랑처럼 무성할 그런 날들을
그렸을 게다.

정지용 시인

호한(皓瀚), 서울 남산 기슭에서 성장, 경기중학교 졸업, 경기고등학교 졸업
성균관대학교 국어국문학과, 2012.《다시올 문학》신인상 등단
시집『계절의 초상』e-mail : susanin@nate.com

두근두근
- 하늘, 바람, 별

황 경 식

손가락을 뻗으니 손가락이 사라진다
사라지는 손가락을 잡기 위해
내민 손이 사라진다
어두워져 가는 하늘 밑에
모가지를 드리우자*
하늘이 그만 사라진다
팔을 벌렸지만 날개는 생기지 않았고

메마른 시간을 견딘다는 것은
얼마나 가혹한 일인가
푸릇푸릇 반점이 생기고

한 번 물든 시 독(詩毒)은
어떤 먹땀 보다 깊이 박혀 들어
살을 발라내듯
아주 뜯어내고 싶었지만
살면서 시를 버리지 못하고

근본 없는 족보처럼 어깨를 구겨버렸다
두근거림이 멈추지 않아 내내 부끄러웠고
비우고 또 비우며
마지막 둥근 목구멍이 나올 때까지

한 바람을 또 다른 바람이 먹어치우면
너무 쉽게 씌어지는 시(詩)처럼**
몸 이곳, 저곳에서 쨍한 별이 돋았다

* 윤동주 작품 「십자가」 중 모가지를 드리우고/꽃처럼 피어나는 피를/어두워 가는 하늘 밑에/조용히 흘리겠습니다/ 에서 차용

** 윤동주 작품 「너무 쉽게 씌어진 시」 중 시가 이렇게 쉽게 쓰여 지는 것은/부끄러운 일이다/ 에서 차용
출전 : 윤동주 시집 – 『하늘과 바람과 별과 시』

황경식 시인

경북 의성 출생 · 1994년 1월 《현대시학》 등단
시집 『실은, 누드가 된 유리컵』 hks99a@naver.com

바람의 독백

한 경

고통 속에서도 바람은
부끄럽지 않고
어디든 갈 수 있는 바람은
창살 안에 갇히지 않았다

마른 장작 같은 육신
숯이 된 가슴
꺼지지 않은 불씨는
별이 되고 어머니가 되고

그 누구도 나를 가둘 수 없음은
별을 가둘 수 없듯
내 안에 나를 가둘 수 없기 때문

육신은 차가운 바닥에 식을지라도
철창 너머
나의 별은 늘 그리움 가득한 곳에 있다

한경 시인, 수필가

2008 《문학마을》 시 등단, 2011 《산림문학》 수필 등단 시집 『투루판 사막의 낙타』
수필집 『숲속의 물고기』 제3회 산림문학상 수상 수필 부문
fullky@naver.com

윤동주

제3부 - 소설과 평론

소울메이트
- 동주와 몽규

김 혁

–밤이다, 한범.

이 몸이 령어에 떨어진 지도 2년채 되여오는구나, 한범.

아, 한범, 나는 이 어둠에서 배태되고 이 어둠에서 생장하여서 아직도 이 어둠 속에 그대로 생존하나 보다.

한범, 계절이 지나가는 하늘의 별들을 나는 다 헤지 못할 듯하고나.

별 하나에 추억과 별 하나에 사랑과 별 하나에 쓸쓸함과 별 하나에 동경과 별 하나에 시와 별 하나에 어머니, 어머니를!

이네들은 너무나 멀리 있고나, 한범, 별이 아스라이 멀 듯이!

별은 떨어져
-후꾸오까 1944년 겨울

동주는 작은 퇴창의 쇠살창을 부여잡고 창밖을 내다본다.

검게 무늬를 이룬 눈가, 메마른 두 눈망울 사이로 외롭도록 날을 세운 콧날. 그아래 입술은 까칠하다 못해 허물 같은 살갗을 드러내고 있다.

칼바람이 날을 세우고 달려든다. 성에가 불린 유리창이 덜커덩 흔들리고 담장 밖 멀리에서 나무들이 으르르 가지를 떤다. 창문 틈새로 한기가 으스스 새여든다. 차거운 겨울 바람이다.

까치발을 하고 섰던 발과 쳐들린 팔이 욱신거려 동주는 창가에서 물러섰다. 딱딱한 나무침대에 털썩 주저앉아버렸다.

2년 전의 그날, 간수의 뒤를 따라 얇은 쑥색의 이불을 받쳐들고 그 우에 베개와 밥통 하나를 얹고 들어선 방이다.

북 3사 108호.

낮에도 알전구가 없으면 어스름이 내려쌓인 고방 같이 어둡기 짝이 없는 방이다. 방은 누우면 발이 벽에 닿을 만큼 낮고 작은 관속 같다. 벽 꼭대기에 작은 창이 있는데 한낮이라야 겨우 보자기만한 해빛이 두어 시간쯤 들어오네 하다가 린색한 해빛은 이내 사라지군 한다.

복도 쪽의 철제로 된 출입문에는 아래우로 두개의 구멍이 뚫려 있다. 어찌 보면 구멍은 절규하는 자의 지릅뜬 눈과 한껏 벌린 아가리를 방불케 했다. 아래의 것은 밥을 들이미는 구멍이고 우의 것은 복도에서 간수가 감방속 죄수들을 감시하는 구멍이다.

포르말린과 오물 냄새가 감방 구석구석에 배여 코를 찌른다. 감방 구석에 놓인 나무변기가 풍기는 악취이다. 냄새는 빠지지 않는 염색물감처럼 공기를 노랗게 착색시키고 있었다. 형무소로 온 지 일년이 되여가는 지금도 이 냄새는 몹시 역겹다.

"기상!–"

아침이면 복도에 메아리치는 간수의 소리에 무거운 눈을 뜬다. 겨울철 새벽에는 해가 없어 밖은 아직도 컴컴하다. 그래도 간수는 5시 30분만 되면 어김없이 기상을 웨친다.

죄수들은 기여일어나 세수를 하고 마루바닥에 물걸레질을 한다. 배설물이 담긴 변기통을 복도에 내놓는다.

변기통을 비우고 죄수들은 복도에 일렬로 선다. 간수부장의 점검이 시작된다.

"번호!"

간수의 호령에 죄수들이 큰소리로 번호를 댄다. "백공오번입니다아!"

"백공륙번입니다아!" "백공칠번입니다!"

이름은 없고 숫자만 있는 저 처량맞은 번호, 번호들이 형무소의 긴 복도에 메아리친다.

점검이 끝나 다시 감방으로 들어가면 철문 아래쪽에 있는 밥구멍 문이 열린다.

꽁보리밥에 단무지 몇 쪽, 묽은 미역국 한 그릇이 들어온다. 하루 세끼 매일이고 똑같이 중복되는 음식이다.

"철거덩!"

등 뒤에서 철문이 열린다. 아침 청소, 변기통 교환, 식사, 며칠만에 한번씩 하는 해빛 쪼임 그리고 일감이 들어오고 나갈 때만 하루에 다섯번 정도 열리는 쇠문소리이다.

간수가 일감을 넣어준다. "철거덩!"

또 한번 쇠소리를 내며 철문이 닫힌다. 간수의 발걸음 소리가 랑하 저쪽으로 멀어진다.

동주는 랭기에 푸르딩딩 죽어있는 손으로 명주실을 집어든다. 감방에서는 일없이 하루 종일 앉아 있는 것도 형벌이지만 일을 하는 것도 형벌이다.

그동안 동주는 손이 닳도록 풀을 묻혀 봉투를 붙였고 목장갑의 코를 꿰였으며 명주실로 어망을 짰다. 동상으로 말을 잘 안 듣는 손으로 한 코한코 투망을 뜬다. 어머니를 닮아 바느질 솜씨가 좋은 동주는 명주실 어망을 남보다 꼼꼼하게 잘 엮었다. 그러느라 겨울 내복의 왼쪽 소매와 왼쪽 가슴은 닳고 닳아 헝겊의 올이 풀어지고 잔구멍이 났다.

딱딱한 세멘트 바닥에 앉아 십여 시간 내처 작업을 하고 나면 팔다리는 물론 온몸이 저리다. 한여름에는 무더위로 가슴이 답답하고 숨이 막히고 겨울에는 추위에 온몸이 사시나무처럼 떨린다.

이렇게 희미한 10촉 전구가 밤이나 낮이나 켜져 있는 좁은 독방에서 날마다 피스톤이 작동하며 한 동작만 되풀이하듯 단조로운 강제로역이 이어졌다.

한코 두코…

너무도 힘이 들어 간간이 손을 쉬고 눈을 감을라치면 어느새 출입문의 구멍이 벌컥 열리며 "뭐하고 있나? 오늘 할당량을 못 채우면 저녁밥이 없을 줄 알라."고 간수가 쇠소리를 지른다.

그 악청에 밀려 동주는 허겁지겁 투망을 뜬다. 이렇게 하루가 속절없이 지나간다.

"소등(消灯)!"

간수의 명령과 동시에 감방의 불들이 일제히 꺼진다. 그제야 죄수들은 고단한 몸을 나무침대에 뉘인다. 입으로는 저도 모르게 신음이 흘러나온다. 고된 일에 곤죽이 된 몸이지만 정작 누워서도 잠은 오지 않는다.

감방 속의 겨울은 유난히도 춥다. 아침에 일어나면 사면의 세멘트 벽에 허옇게 성에가 끼여 있다. 높은 띄창유리에도 하얗게 서리가 얼어붙어 이젠 그 보자기만한 해빛마저 보기 힘들다. 영양실조, 동상 그리고 뼈를 저미는 고독만이 계속되는 나날이다.

한기와 더불어 말짱한 의식이 날카로운 송곳 끝처럼 전신을 찔러댄다. 추위를 잊어보려는 듯 동주는 마른 입술을 달싹이며 즐겨 부르던 성가의 구절구절을 노래말처럼 읊어보았다.

내 고향으로 날 보내주
오곡백화가 만발하게 피였고
종달새 높이 떠 지저귀는 곳

파고드는 추위를 피해보려는 듯 얇고 판난 담요 한 장으로 몸을 한껏 말고 새우처럼 꼬부라져 누운 동주의 눈가로 사념의 눈물이 흘러내려 차겁게 귀밑머리를 적신다.

—한범, 고향으로 가고 싶고나.

어릴 때 우린 넓다란 교회 앞마당에서 낡은 엽전에 깃을 달아 만든 제기를 돌려가며 차기도 했고 꽁꽁 언 강에서 썰매도 타고 팽이를 지치기도 했었지.

구주성탄이 오면 교회당과 가까운 우리 집에서 밤샘을 하며 꽃종이를 준비하기도 했었지. 벙거지를 뒤집어쓰고 개가죽버선을 신고는 밤 눈길을 다니며 찬송가를 부르기도 했었지.

하늘의 천사가 기쁜 소식을 알려주니 착한 목동은 기뻐하네
거룩한 밤 고요한 밤
그때로 돌아가고 싶고나, 한범.
한범, 고향마을이 사무치게 보고 싶구나.

세 개의 봉우리가 마을의 표시석처럼 오연히 뻗쳐서서 절경을 이룬 선바위, 선바위가 보고 싶고나.

차르륵 차르륵 물줄기가 제법 실한 강, 해볕에 은박지처럼 빛나던 강-륙도하, 륙도하가 보고 싶고나.

한범, 너 보이니? 우리 집 앞 지척에 있던 그 교회당이. 풍금 소리 은은한 교회당, 그 지붕이 떠인 측백나무 십자가, 교회당 앞 고목나무에 올려진 종각, 종각 우에 올려진 구리 종이…

한범, 너 들리니? 아침마다 온 마을을 들깨우던 그 종소리… 한범, 너 들리니? 우리가 함께 힘차게 불렀던 명동학교 교가…

밝은 마을의 학교

-명동촌 1923년 가을

흰 뫼가 우뚝코 은택이 호대한
한배검이 깃치신 이 터에
그 씨와 크신 뜻
넓히고 기르는 나의 명동

아이들이 교가를 부르고 있다.

가창대의 맨 앞장에 한범(송몽규)과 해환(윤동주), 문익환이 서 있다. 어미가 물어다 주는 먹이를 받아먹는 까치 새처럼 작은 입을 한껏 벌리며 목청껏 열심히 부르고 있다. 해환이와 한범이는 동갑내기, 익환이는 한해 정도 아래, 하지만 셋은 둘도 없는 개구쟁이 친구였다. 한범이네는 동주네 집에 얹혀있고 익환이네 집도 동주네와 길 하나를 사이둔 가까운 거리에 있는지라 셋은 하루 종일 어우러져 있었다.

노래를 부르던 해환이와 익환의 눈길이 힐금힐금 한범이 쪽을 곁눈질해 보고 있다. 가뜩이나 큰 둘의 눈이 더욱 호동그랗게 커진다. 한범의 노래는 음조마다 삐여져 다른 곬으로 흐르고 있다. 애들이 킥킥댄다.

학급담임 한준명 선생도 "다 좋은데 한범아, 너 좀 음치인 거 같애." 하고 안타까운 표정을 지은 적 있다. 그에 비해 해환이와 익환은 노래도 곧잘 불렀다. 그중 익환의 노래솜씨가 가장 뛰여나서 교회의 누님들은 그를 선참 성가대에 끼워주기도 했다. 하지만 음치임에도 성정이 활발한 한범이는 늘 앞장서 부르군 했다.

오늘도 한범은 개의치 않고 부른다. 그 누구보다 높은 소리로 씩씩하게 부른다. 해환이나 익환이가 소녀처럼 목소리가 가는데 비해 한범의 목소리는 아이치고는 굵다. 그 배짱 실한 기상에 옮은 듯 해환이와 익환이도 다시 음정에 몰입된다. 씩씩하게 부른다.

웅장한 조상의 피 이 몸에 흐르나니
아무런 일 겁낼 것이 없고나

금방 지은 학교 건물이 가을의 해볕 속에 빛나오르고 있다. 서남향으로 앉은 재빛 건물이 이제 한범이네가 곧 들게 될 학교이다.

교실 정문앞 게양대에는 MT라는 자호가 새겨진 명동학교 깃발이 바람에 펄럭인다.

한범은 머리를 들어 그 기발의 생동한 펄럭임을 지켜보았다. 저 바람을 안은 기발처럼 한범의 마음도 한껏 부풀어오르고 있다. 운동장에 학우들과 렬을 지어 선 채 한범은 새로운 학기의 시작을 기다리고 있는 것이다.

땡, 땡, 땡… 종소리가 울렸다.

로인장 한분이 학교 종을 울리고 있다.

깊은 눈매에 형형한 눈빛, 하늘 향해 쳐들린 카이저 코수염, 하얗게 빛나며 휘날리는 두루마기…

명동학교 교장 규암 김약연 선생이시다.

언제 봐도 깨끗한 두루마기, 그 모시빛이 뿜는 후광과도 같은 기품이 일신에 배였는 김약연 앞에 나서면 누구나 할 것 없이 저도 모르게 머리가 숙여진다.

오늘따라 김약연 교장은 열심히 종을 울렸다. 종소리는 부채살처럼 명동의 벌판에 내려앉는다. 은근히 피여오르는 아지랑이 속에 선바위 세 봉우리의 릉선과 릉선들이 겹겹이 아스라하고 그 자락 아래 얕게 고여있는 륙도하는 극도로 붓을 아낀 산수화처럼 단아하고 고즈넉했다. 날씨가 너무도 쨍쨍하여 청명한 아침, 모두가 한결같이 평화로운 풍경이다.

하지만 불과 몇 해 전의 그날 아침 평화롭던 마을의 수채화는 깨여졌다. 그해 가을, 일본수비대가 명동마을에 들이닥쳤다. 명동학교 학생들을 위시로 룡정에서 반일시위가 일어나고 주모자로 학교의 교장 김약연이 투옥되자 반일운동의 진원지로 지목된 명동은 일제의 마수에서 벗어날 수 없었다.

수백명 명동사람들을 모조리 학교마당에 불러다 모아놓고 독립운동가들을 대라고 윽박질렀다. 혈안이 된 일제는 교직원과 마을사람들을 잡아갔고 급기야 명동학교에 불을 질렀다.

서리발치는 총칼에 윽박질려 공포에 떨며 명동사람들은 자신들의 손으로 일떠세운 학교건물이 시뻘건 화염에 싸였다가 눈앞에서 재더미로 되여 스러지는 것을 고스란히 지켜볼 수밖에 없었다. 그날 사람들은 삽시간에 사라져 버린 학교를 두고 해가 지도록 마당을 뜰 줄을 몰라했다. 처음 신산스러운 통곡소리가 선바위 아래 명동마을 전체에서 울려퍼졌다.

빈부귀천의 차별없이 모두가 균등하게 살 수 있는 리상촌으로 만들고 기울어가는 민족의 운명을 바로세울 인재를 기르려는 큰 꿈을 가지고 두만강을 건넌 김약연과 함경북도 회령의 학자들이 북간도에 이주한 후 선참한 일은 바로 학교를 세운 것이였다.

밝은 마을의 학교라는 뜻으로 "명동"란 이름을 붙였다.

"명동"이라는 학교이름이 지어지자 자연히 마을 이름도 바뀌였다. 비둘기가 많은 재였다는 "부걸라자"에서 "명동촌"이란 마을이 고고성을 울렸고 선바위 아래의 이 이주민 마을은 새로운 력사를 써나가게 되였다.

그런 학교에 귀축 같은 일제가 불을 질러버린 것이다.

날개죽지를 직격당하고 주저앉은 새 같은 학교를 구하기 위해 마을사람들이 힘을 합쳤다. 돈이 있는 사람은 돈을 내놓고 돈 없는 사람은 기물을 내놓았다.

해환의 할아버지는 평소 전간(田间)을 둘러보러 다닐 때 타고 다니던 대 완마(大宛马)를 선뜻 내놓았고 익환의 어머니 김신묵은 잔치 때 지었던, 한번도 입어보지 않은 영초저고리를 가져왔다.

한켠에서 한범의 어머니 김영신과 아버지 송창희는 주눅이 든 표정으로 마을사람들의 기부 광경을 지켜보고만 있었다. 원체 살림이 궁색해 해환이네 집에 얹혀살고 있는 한범이네였다. 그러던 어머니가 씽 부엌으로 달아내려가 가마솥을 쑥 뽑아들고 왔다. 단오날에 그네뛰기에서 상으로 탔던 가마솥이였다.

"이거라도 팔아서 학교 세우는데 돈냥을 보태면 좋겠네유."

그로부터 몇 달이 지난 가을, 명동마을은 경사를 맞았다. 드디어 명동학교 청사가 일떠서고 개교식을 가진 것이다.

마을사람들은 한 사람도 빠짐없이 학교마당에 모였다.

김약연 선생을 비롯한 마을의 터주대감들과 교회의 장로들이 학교 앞 건 물에 앉고 학생들이 렬을 지어 그들을 마주해 섰다. 그 뒤에는 아이들보다 훨씬 많은 학부모들이 둘러섰다. 아침 일찍 깨여나 들판에서 흙을 만지다 달려 온 그들의 하얀 베잠뱅이자락이 온통 흙투성이가 되여 있다.

김약연이 연단 앞에 나섰다. 종소리의 은은한 여운 속에 김약연 교장이 마침내 입을 열었다.

"여러분, 오늘이 무슨 날입니까? 오늘이 바로 10월 3일, 그 축생(畜生)이 같은 쪽발이 왜놈들이 우리 학교를 불살라버린 날이 아닙니까? 저 규암이는 국자가의 감방에서 우리 학교가 불탔다는 전갈을 들었습니다. 일본 사람들에 의해 학교가 재더미로 된 뒤 애들이 그냥 사삿집(개인집)에서 돌아가며 공부를 하고 있다는 얘기를 전해들었습니다. 마음이 칼날로 에이는 듯합더이다. 감방에서 겪는 육신의 고초보다 그 소식이 더 아픕더이다. 그동안 철선에 묶여 수족을 쓸 수 없는 령어의 신세이지만 내내 생각했습니다. 어떻게라도 우리 학교를 다시 지어야 겠다는 생각을 말입니다."

김약연의 말은 종소리처럼 궁글게 아이들 그리고 마을사람들의 가슴을 흔들었다.

"그래서 저 규암이가 출소하자 여러분들의 모책과 수훈을 빌었습니다. 결과 우리의 두 손으로 오늘 학교를 세웠습니다. 십시일반으로 한푼두푼 모았습니다. 돈 있는 사람은 돈을 내고 돈 없는 사람은 기물을 팔고 기물도 낼 수 없는 사람은 힘을 냈습니다. 이렇게 힘들게 지은 교사는 천고에도 없었습니다. 하지만 힘을 모으면 산도 옥으로 만들 수 있고 지성이 지극하면 흙도 금으로 변하게 할 수 있습니다. 우리 손으로 땅을 다지고 우리 손으로 주추를 쌓고 대들보를 이어서 우리는 학교를 끝내 지어내고야 말았습니다."

갈채가 터져올랐다. 저고리 고름으로 눈굽을 찍어내는 아낙들도 보였다. 자기 손으로 다시 아이들을 위한 학당을 마련한 마을 사람들의 그 감개는 가을의 정취처럼 깊었다.

"여러분, 한범이랑 해환이랑 이 애들이 요즘 학보를 만들고 있습디다. 원래 학보이름이 《명동》이였는데 애들이 학보이름을 봐달라고 해서 내가 그 앞에 '신' 자를 붙여주었습니다. 새로울 신, 그래서 학보이름이 《신명동》입니다. 신명동, 새로운 명동의 미래는 이 아이들 손에 달렸습니다. 우리 이제 명동의 새로운 력사를 펼쳐갑시다."

"옳소."

"맞는 말이요!"

사람들이 갈채를 올렸고 누군가의 선창으로 박수를 쳤다. 박수소리, 갈채 소리는 규암재에 그득했고 멀리 선바위까지 메아리쳤다.

다시 밴드가 교가를 울렸다. 아이들은 전보다 더 열심히 교가를 목청 깨져라 열창했다. 익환의 고운 소리와 동주의 조신한 소리와 한범의 굵은 소리가 한데 어우러졌다.

그 씨와 크신 뜻
넓히고 기르는 나의 명동

교가가 선바위의 상공에 메아리쳐 갔다.

－한범, 보이니 그 언덕?

시가지 변두리에 나지막이 솟아있던 그 언덕. 룡정에서 맨 먼저 해 솟는 동쪽의 그 언덕.

코 큰 카나다사람들의 선교부가 있고 제창(济昌)병원이 있고 하얀 깃 세라복의 이쁜 녀학생들이 다니는 명신학교가 있고 우리가 책상을 나란히 했던 은진중학이 있던 그 언덕.

기둥 주(柱), 꿈 몽(梦), 해환에서 동주, 한범에서 몽규, 몽실한 아명들을 의젓한 이름으로 바꾸고 우리 새로 시작한 그 언덕.

새로운 주추돌을 놓고 새로운 꿈을 펼치려고 막 올랐던 우리들의 언덕.

보이니 한범? 보이니 몽규?

청춘의 언덕
–룡정 은진중학교 1935년 봄

롱구공이 튀였다.

몽규는 용수철을 밟은 듯 솟아올랐다.

그와 동시에 동주도 솟아오른다. 점프와 동시에 공을 낚아챈다. 떨어져내리는 공을 걷어내며 몽규가 다시 자유투를 날린다. 철렁! 공이 바스켓을 뚫는다.

나는 몸짓들이 대공을 가르는 새와도 같다.

롱구를 마친 몽규와 동주는 공을 안고 운동장을 나와 백양나무 그늘 아래에 나란히 앉았다. "은진중학"이라는 글자와 넘버가 새겨진 유니폼이 땀으로 흥건하다.

옷자락으로 땀을 훔쳐내는 몽규에게 동주가 수건을 건네며 말했다.

"역시 너였어, 한범!"

몽규는 말없이 건강한 이를 드러내며 벌씬 웃어보인다.

몽규는 은진중학 롱구부의 주장이였다. 두 사람은 롱구부의 력장이라 할 수 있었다. 롱구에서는 점수가 많이 벌어졌다가도 쉽게 좁히거나 역전시킬 수가 있어서 흥미진진할 때가 있는데 그 반전은 거의 다

몽규의 몫이다.

그늘 아래에서 땀을 들이며 둘은 언덕 아래 펼쳐진 룡정 시가지를 내려다 보았다. 푸릇푸릇 자라는 벼의 물결에 온통 푸름의 색조로 물든 세전이벌, 그 벌을 은검처럼 가로지른 해란강, 강우에 무지개처럼 가로 걸린 룡문교, 짐군, 인력거군들이 우르르 모여들어 삼산봉—룡정행 기차를 기다리는 룡정역, 새 연극포스터를 건물 이마전에 떠인 "성세"극장, 잡화상, 포목상, 리발소, 양복점이 어깨를 비비대며 서있는 오층대거리, 돌을 아귀 맞추어 쌓아올린 용드레 우물가, 하얀 옷을 입은 사람들과 누런 황소가 뒤섞여 붐비는 우시장…

압록강과 두만강을 넘어오니 간도성 룡정이로다.

선들선들 바람에 몸을 맡기며 동주가 나지막이 노래를 불렀다. 굽이굽이 감도는 해란강변에 층암절벽 기암이요 일송정이라

몽규가 따라 불렀다. 그런데 아름다운 "룡정경치가"는 음치인 몽규에게서 다른 곡조처럼 불리고 있었다. 동주는 그만 웃음을 터뜨렸다.

"한범, 넌 음악보다는 롱구 쪽으로 해야겠다. 곡조가 다 틀리잖냐?"

그래도 몽규는 개의치 않고 짐짓 더 소리를 높여 부른다.

울뚝불뚝 북망산 공동묘지는 외국사람 모여 사는 영국더기라

동주는 웃으며 자꾸만 삐여져나가는 몽규의 음조에 자기의 가락을 정확하게 집어넣었다.

동주의 아버지 윤영석 일가가 명동에서 룡정으로 이사를 와서 영국, 카나다 선교사들이 살고 있다고 해서 "영국더기"라 불리는 나지막한 산언덕에 머물게 된 것은 1932년 가을께였다.

명동학교를 졸업하고 동주와 몽규 그리고 마을 아이들은 명동에서 20여 리나 떨어진 대랍자(大拉子)에 있는 중국인학교를 다니는 수밖에 없었다. 그 먼 산길을 매일 걸어서 통학하는 어린 것들의 힘에 부친 모습이 어른들에게는 늘 마음에 걸렸다.

한편 "물은 낮은 데로 흐르지만 사람은 높은 곳으로 오르듯이" 북간도의 오지에 발 닿는 대로 뿌리를 내리고 오로지 입에 풀칠하기 위해 뛰였던 사람들은 가마에 안칠 쌀 걱정이 덜어지고 생활이 윤택해지자 대처로 나가고 싶은 배 부른 욕심들을 품기 시작했다. 그 시선들이 몰부어진 곳이 룡정이였다. 동주의 아버지 윤영석도, 몽규의 아버지 송창희도 그 열망의 대렬에 합류했다.

몽규와 동주가 함께 입학한 은진중학은 영국더기의 넓다란 부지에 본관과 기숙사 그리고 대강당을 가지고 있는, 명실상부한 북간도의 최고의 신식 근대교육기관으로 이름이 높았다. 민족정신과 독립운동의 산실이 명동촌의 명동학교였다면 이제는 룡정의 은진중학이 그 맥을 잇고 있는 것이다. 이곳에서 윤동주는 몸과 마음을 담금질하기 시작했다.

"요즘 난 지용님의 시집을 읽고 있다."

더기 아래 룡정의 풍경에 눈을 박은 채 동주가 말했다.

"난 시인이 되고 싶다. 정지용처럼 좋은 시를 쓰고 싶다. 시집도 내고 싶어. 내 이름 석자가 박힌 시집을 말이다. 책방에 내 이름자 박힌 책이 올려지고 사람들이 내 시를 돌려가며 읊조리고… 그런 날이 있을까, 한범아?"

하지만 꿈을 말하는 동주의 목소리는 윤기 없이 갈라져 있었다. 아름찬 꿈을 남 앞에 꺼내놓는 것이 스스로도 부끄러운 듯 동주는 자기 소망에 대한 회의를 외려 남에게 묻고 말았다. 그런 자신이 어색해 몽규의 손에서 롱구공을 앗아 내려 했다. 그런데 묘기를 부리 듯한 손놀림으로 몽규가 공을 등 뒤로 감추었다.

"꿈이 참 소박하다."

몽규가 풀밭에 벌렁 드러누워 버렸다.

그 말이 칭찬인지 힐난인지 몰라 동주는 몽규를 지켜보았다.

누구나 몽규를 대할 때 그 얼굴의 분위기가 미치는 힘이 컸다. 그 얼굴에는 아직 어린 나이임에도 불구하고 칼의 매서움을 능가하는 카리스마 같은 것이 배여 있다. 그닥 크지 않은 몸집이지만 언제 폭발할지 모르는 미지의 힘을 마른 체구 안에 감춰 놓은 듯했다.

몽규는 동주네 집에서 동주보다 석 달을 앞서 태여났다. 동주보다 겨우 몇 달 손우였지만 생각이나 말하는 품이 늘 남보다 달랐고 앞섰다. 각진 이마와 날카로운 코에 목소리는 우렁차고 굵직했고 언제 보나 적극적인 인상이다.

언제나 내성적이고 조용한 동주에 비해 몽규는 결단이 빠르고 생각한 것은 우선 행동에 옮기고 보는, 약간은 과격한 성품이였다. 명동마을 아이들 중에서도 그랬고 지금 룡정으로 이사 온 뒤 은진중학에서도 몽규는 언제나 리더격이였다. 명동학교 때 동주와 《신명동》 등사판 문예지를 꾸릴 때도 그가 앞장섰고 성탄절이면 연출을 모시고 교회에서 하는 연극에서도 음치이지만 몽규가 주로 이래라 저래라 하며 배역을 정하군 했다. 몽규의 입에서 나오면 억지소리도 자연스러워 보였다. 그래서 동주도, 익환이도 마을 아이들 모두가 몹시도 몽규를 따랐다.

"그럼 한범이 꿈은 뭐냐? 어떤 거창한 꿈이기에?" 이번에는 동주가 진지하게 따져물었다.

"전번 상하이(상해)사건 있잖아, 그 벤또(도시락) 폭탄사건 말이다." 몽규가 화제를 돌렸다.

"난 그분이 참 존경스럽다. 늘 존경스러워." "윤봉길 그분 충남 예산 사람이라면서?"

"김구 선생의 애국단 성원이였지. 그 폭탄 세례에 두 놈이 뒈지고 한 놈은 눈통이 멀어버리고 한놈은 다리짝 잃었지. 다친 놈은 기수부지였다."

몽규는 열변을 토하며 찰싹 손바닥으로 공을 내리쳤다. 공이 튕겨올랐다. "통쾌하다. 안중근 의병장이 이또를 확 쏴버린 다음으로 이렇게 통쾌한 적이 없었다. 핫핫핫."

둘은 지난 봄철에 상해 홍구공원의 일왕 생일기념 열병식장에서 있은 세상을 놀래운 윤봉길 의사의 폭탄 의거를 두고 화제를 만들었다. 그들의 한 옥타브 높아진 소리에 백양나무 가지에 앉았던 새 한마리가 푸드득 날개를 치며 하늘로 날아올랐다.

"내 꿈은 말이다…"

몽규의 목소리에 힘이 실렸다.

"그분들 같은 독립운동가가 되는 거다." 몽규가 형형한 눈빛이 되어 말을 이었다.

"해환이 너 우리 집 송창빈 삼촌의 얘기 들어봤지. 나의 창빈 삼촌은 홍범도 부대 소속의 독립군이였잖냐. 쪽발이 왜놈들과 싸우다 전사하셨지. 이런 인품 있는 가문에서 태여난 한범이가 아니였더냐. 그러니 그저 이렇게 죽치고 앉아 있을 수만 없지."

몽규가 벌떡 몸을 일으켰다. 공을 잡고 달리다가 공중에 붕 뜨며 덩크슛을 날렸다.

공은 정확하게 바스켓에 들어갔고 공중에서 착지한 몽규가 씨익 웃으며 동주를 보고 말했다.

"해환아, 다시 한판 붙어보지 않을래?"

—한범, 내가 맨처음 쓴 시가 있다. "초 한 대"라는 시.

내 방에 풍긴 향내를 맡는다.
광명의 제단이 무너지기 전

나는 깨끗한 제물을 보았다.
염소의 갈비뼈 같은 그의 몸,
그의 생명인 심지까지
백옥 같은 눈물과 피를 흘려 불살라버린다.

양초의 심지가 지르륵거리는 소리를 들으며 양초의 그을음내를 맡으며 난 여태껏 쓴 시의 끝머리에 처음으로 날자를 명기해 적었다.

그리고 아! 한범, 넌 모를 거다.

나의 이 시는, 치기와 어눌함으로 가득한 이 처녀시는 너 때문에 씌여졌다는 걸…

양초 타오르던 밤에

–룡정, 윤동주의 집 1935년 겨울

타르르르– 타르르르– 덜그럭– 덜그럭–

가락맞는 재봉틀의 소리에 맞추어 바늘 따라 실이 쭉쭉 뻗어가며 박음질한다. 동주가 재봉틀을 돌리고 있다.

어머니가 교회로 나가면서 잠시 일감을 놓은 사이 재봉틀 앞에 앉아 동주는 롱구부 유니폼에 넘버를 달고 있는 중이다. 격렬한 운동에 옷이 째여지기가 일쑤여서 몽규의 유니폼 넘버도 귀가 들려 너덜너덜 떨어지려 하고 있다.

사내애였지만 동주는 제법 재봉틀을 잘 돌렸다. 기성복을 맵시 있게 고쳐서 허리를 조붓하게 한다든지, 나팔바지를 만든다든지 하는 일은 어머니 손을 빌지 않고 스스로 재봉틀을 돌려 하군 했다.

어머니 김룡의 바느질 솜씨가 워낙 뛰여났다. 명동마을 때부터 동네 처녀들은 시집 가는 날 입는 새색시 옷을 동주 어머니에게 부탁하여 지어입고 혼례를 올렸다.

"애가 지 어미 솜씰 물려받았나 보다."

사내놈이 바느실을 손에 쥔다고 애초에 아버지가 핀잔을 했지만 아녀자 들을 뺨치는 그 능수능란한 솜씨에 그만 웃어넘기고 말았다. 그만큼 동주는 매사에서 열심이였다.

재봉에 여념없는데 누군가 문을 두드렸다. "누구냐? 익환이냐?"

동주가 재봉틀에 머리를 박은 채 물었다. 하루에도 몇 번씩은 얼굴을 뵈며 무척이나 동주와 몽규를 따르는 익환이다.

"범에게라도 쫓겼나? 왜 이리 헐레벌떡이냐?" "이건 온 룡정, 온 북간도를 놀랠만한 사건이요, 형."

찬바람을 묻히고 들어온 익환이가 손에 들고 온 신문 한장을 동주를 향해 불쑥 내밀며 뜨겁게 소리지른다.

"한범형이 입선됐어." "한범이가 뭘?"

"신춘문예에 입선됐다고! 한범형이."

익환이가 흥분에 젖은 어미(语尾)를 한 옥타브 높였다.

한동안 떨떠름해졌던 동주는 다음 순간 높뛰는 가슴을 느꼈다. 서둘러 익환이가 들고 온 《동아일보》를 받아들고 펼쳤다. 익환이가 문예면을 손가락으로 그루박았다.

"여길 봐, 송한범, 분명 한범형의 이름이 찍혔지 않고 뭐야."

"꽁뜨 입선작"이라는 견제(肩题)아래에 "술가락"이라는 꽁뜨가 실렸고 그 제목 밑에 송한범(宋韩范)이라는 이름 석자가 박혀있는 것이 아닌가!

익환이가 끝간데없이 흥분을 란발하는 중에 동주는 서둘러 작품을 읽기 시작했다.

"어때, 대단하지? 제법 대문장가의 필법 같지 않소. 교회에서 이 꽁뜨 읽고 눈물 흘리는 사람도 많았어."

동주가 읽는 와중에도 익환이는 좀처럼 흥분을 가라앉히지 못하고 있다. "간도땅에서 이제 겨우 재학생이, 그것도 경성의 쟁쟁한 문장가 어른들과 겨루어 당선됐으니… 아, 역시 한범형이야." 익환이가 동주의 손에서 신문을 앗아들었다. "학교 애들에게도 알려야지."

익환이는 이 가지에서 저 가지로 뛰며 희보를 알리는 까치처럼 어느새 문을 차고 달려나가 버렸다.

동주는 다시 재봉틀 앞에 마주앉았다.

덜그럭덜그럭 재봉틀 발판을 두어번 밟다가 멈추었다. 손에 들었던 유니폼을 팽개쳐버렸다.

(한범이는 당당하게 경성의 신문에 당선하는 쾌거를 올렸는데 난 뭐냐? 집에 박혀 아녀자들처럼 재봉틀이나 돌리고 있다니.)

동주는 재봉바늘 끝처럼 명치를 박음질하는 충격을 감수하고 있었다. 그 것은 부러움 반, 그리고 자격지심 반이였다. 동주는 사촌이고 한반 급우이며 또 집에서 매일같이 코를 맞대고 지내지만 몽규의 세계에서 멀리 떨어져 있는 자기를 발견했다.

"송, 몽, 규."

동주는 유니폼 넘버에 적혀진 이름을 또박또박 읽었다.

저녁, 윤영석네 좁은 집안은 숫제 명절 분위기였다. 닭 잡고 막걸리 받아 오고 상을 차린 뒤 멀리 달라자 학교에서 교장을 맡고 있는 몽규의 아버지 송창희 선생을 모셔왔고 학교의 명희조 선생도 모셔왔다.

어머니가 방금 지난 성탄날에 밝혔던 양초를 꺼내 붙였다. 온 집안이 환하다.

그 양초의 지나치게 환한 빛을 부신 듯이 멍하니 지켜보다 동주는 책보에 꽁꽁 싸두었던 노트 하나를 끄집어내였다. 여태 끄적거려온 시들이 빼곡이 들어차있는 시작(诗作)노트였다. 그중에서 세 편을 골라내였다. "삶과 죽음", "초 한 대", "래일은 없다" 등 세 작품이였다.

"이제부터 작품마다 꼭 날자를 박아 써넣어야겠다."

양초가 만들어내는 빛무리 곁에서 동주는 독백하듯 중얼거렸다.

그런데 아무리 기다려도 이날의 주인공 몽규가 보이지 않았다. 어머니가 축하의 만찬을 준비할 무렵 동주와 익환이가 학교며 교회 그리고 급우들의 집까지 찾아다녔지만 끝내 몽규를 찾아내지 못했다. 저녁이 되면 오겠지 하며 기다렸지만 몽규는 오지 않았다. 전에 없던 일이였다. 숙부의 집에 얹혀 공부하고 있는지라 집에만 들어서면 넘치는 재능을 눅잦히고 매사를 조신 있게 처신하려 들었던 몽규였다.

이날 몽규는 끝내 나타나지 않았다.

그 이튿날도, 그 사흗날도 몽규는 보이지 않았다.

경성의 문예공모에서 당선이라는 쾌거로 룡정을 들썩케 해놓고 몽규는 증발이나 된듯 어디론가 사라진 것이다.

–한범, 너 어디로 간거니? 세상을 놀래우는 쾌거로 학교를 들썩케 해놓고, 이 해환의 마음을 들쑤셔놓고 넌 태연스레 어데로 간 거니?

당선작 표제인 네 "술가락", 그 탁월한 이야기의 꽁뜨가 내내 내 심금을 울렸어. 밥상을 마주하고 숟가락을 들어도 온통 꽁뜨 생각, 온통 네 생각뿐이였다.

너처럼 떠올릴 만한 성적가리가 없다는 데서 자신한테 화가 나 있었다, 난… 한웅큼의 자괴심을 우적우적 씹고 있었다. 그 밤…

시를 쓰자, 내 라태한 근성과 무딘 감성을 채찍질하며 시를 쓰자. 그리고 나중에, 오랜 나중에 꼭 시인이 되자.

한범, 독백하며 마음속으로 이런 생각 하나를 난 깊이 갈무리했다.

나 윤동주 언젠가 꼭 시인으로 될거다. "대기만성(大器晚成)"이라는데 한 번 기다려봐, 한범!

형아, 완고한 형아
–룡정 중앙교회 1937년 가을

내 고향으로 날 보내주

익환의 아버지 문재린 목사가 꾸리는 중앙교회의 주일학교 성가대에서는 노래 련습이 한창이다. 동주도 성가대 성원이다.

미국의 음유시인 제임스 블랜드의 작품으로 흑인 노예의 고향을 향한 그리움을 노래한 이 성가는 성가대의 보류종목이자 동주가 가장 좋아하는 노래이다. 오르간 연주에 맞추어 동주는 사뭇 진지하게 노래를 부른다.

동주의 평양에서의 생활은 오래 가지 못했다.

룡정 중앙교회의 목사였던 문재린이 아들 익환이를 선교사들이 세운 학교인 평양의 숭실중학에 보냈고 그 학교의 미명을 듣고 역시 독실한 신교자였던 동주의 할아버지 윤하현 장로도 손주를 평양에 보냈다.

평양에서 휴일이면 동주는 대동강가에 나가 잔잔히 흐르는 강물을 바라보군 했고 유서 깊은 부벽루에 올라가 평양 시내 전경을 내려다보기도 했다. 더욱 잊을 수 없는 건 평양에서 지낸 동안 동주는 학교 학생회에서 간행하던 학우 회지 《숭실활천(崇实活泉)》에 "공상(空想)"이라는 시 한 수를 발표한 것이다.

처음으로 활자화된 시를 받아들고 가슴을 할랑이였던 동주였다. 흥분을 눅잦히지 못하고 한턱 낸다며 익환이를 끌고 나가 호떡을 사주었었다.

호떡을 씹으면서 둘의 화제는 온통 송몽규였다. 명동에 있을 때부터 "삼총사"로 불리우며 매일 코를 맞대고 지냈던 몽규였는데 못 본 지 겨우 몇 달밖에 지나지 않았지만 막상 그의 빈자리가 컸다.

중국에서 "만주사변"을 일으킨 뒤로 일제는 "국민정신 총동원"이란 구실로 조선사람들에게 신사참배를 강요하기 시작했다. 그 강요는 평양의 서양선교사들이 경영하는 학교에까지 미쳤다. 그 음위(淫威)에 눌려 다들 그대로 따랐지만 숭실학교 교장인 미국인선교사 죠지 맥퀸은 이에 불응의 태세를 보였고 결국 파면당하고 말았다. 일제당국의 신사참배강요를 거부한 결과로 희생당한 교장에 대한 애정과 공감, 그 부당한 압박과 횡포에 대한 저항의 수단으로 학생들은 동맹휴학을 감행했다. 윤동주와 문익환도 자연히 그 대렬에 합류했다.

얼마 다니지도 못한 상태에서 숭실중학을 자퇴하고 동주와 익환은 룡정으로 되돌아와 광명학원 중학부 4학년에 편입되였다.

그런데 새로운 학교를 선택하기에 앞서 동주와 익환은 다시금 고초를 겪어야 했다. 광명학원이 이미 일제에게 매각되면서 친일학교로 바뀌고만 것이였다.

"솥에서 뛰니 숯불에 내려앉은 격이구나!" 동주와 익환은 개탄을 머금었다.

학교 정문 량쪽 돌기둥에는 위만주국 기발과 일장기가 나란히 걸려 있다. 학교에서 어디를 가도 일장기의 그림자는 따라다닌다. 교정에서 제일 높은 게 양대에 걸려 있었으니까. 따라온 그림자는 꺼스스 나래를 편 까마귀마냥 아이들의 조그만 몸뚱아리를 덮는다.

그 기발을 멀거니 지켜보며 동주는 고소를 머금었다. 신사참배를 거부하여 처음 가본 평양의 유명학교에서 자퇴했는데 이제 일장기를 건 학교에 제발로 들어와 있는 처지이니 정말로 아이로니 그 자체였다.

재미 없고 불만스럽고 회의로 가득한 나날들이 흘렀다. 그때마다 하나의 형상이 그물그물 뇌리에 떠오른다.

예기(锐气)를 머금은 눈동자, 우뚝 솟은 코마루 아래 준렬하게 다물린 입술… 몽규는 지금쯤 뭘 하고 있을까? 몽규가 지금 나의 처경이라면 어떻게 했을까?

비좁은 집에서 매일이고 함께 먹고 자면서 비비닥거릴 때는 몰랐는데 어느날인가 몽규가 기별도 없이 훌쩍 떠난 뒤에 그가 없는 빈자리가 이다지도 클 줄을 동주는 생각지 못했다. 은근한 그리움에 젖어 동주는 시 한 수를 적었다.

사이 좋은 정문의 두 돌기둥 끝에서 오색기(五色旗)와 태양기(太阳旗)가 춤을 추는 날,

이런 날에는
잃어버린 완고하던 형을 부르고 싶다.

그 건조하고 권태스러운 나날들을 동주는 휴식일이면 주일학교에 가서 봉사를 하며 아이들을 배워주는 데서 보람을 찾았고 락을 찾았다.

성가대에서도 윤동주의 활약은 눈부셨다. 성가를 부를 때마다 그 초조하고 권태스러운 마음을 눅잦힐 수 있었다. 그래서 이들을 가르치고는 성가대에 합류하여 밤 늦게까지 성가 련습을 하고 있는 것이다.

내 고향으로 날 보내주
그 호수가에서 놀게 하여주 거기서 내 몸을 마치리로다
이때 창문 밖에서 노래소리가 들려왔다. 미사와 마사는 어디로 갔나
찬란한 동산에 먼저 가셨나

피식!

성가대 대원들이 참지 못하고 웃음을 터뜨렸다.

밖에서 부르는 그 노래는 음조가 다 틀리게 삐여져오르고 있었다. 그럼에도 그 사람은 목청껏 노래를 따라 부르고 있었다. 노래소리에 동주가 흠칫 몸을 떨었다.

등 뒤로 발풍금의 곡조를 흘리며 대렬을 박차고 나왔다.

어둠이 내린 주일학교 운동장 가녁에 그림자 하나가 보였다. 동주는 그 그림자를 향해 다가갔다. 어둠의 미광속에 누군가가 안경알을 빛내며 서있었다. 멈칫하다가 동주가 나지막이 물었다.

"한범이니?"

그쪽에서도 나지막이 대답했다. "나다, 해환아!"

둘은 집에 들기에 앞서 먼저 영국더기로 올랐다. "제창병원" 정문에 걸린 알전구가 빚어 만든 동그란 광환 아래 둘은 병원정원의 벤취 우에 앉았다.

"그런데 얼굴이 이게 뭐냐? 왜 이렇게 많이 축갔어? 안경은 또 뭐고?" 몽규가 엄지로 안경테를 추어올렸다.

"안경쟁이라고 익환일 놀렸더니 나도 이젠 안경쟁이 신세 면치 못하게 됐다."

새삼스럽게 안경을 걸어서인지 아니면 부쩍 야위여서인지 어딘가 달라 보이는 몽규를 동주는 한동안 지켜보았다. 동주의 궁금증을 아는 듯 몽규는 그 동안의 자신의 행적에 대해 말주머니를 풀었다.

"나 백범선생을 찾아뵈였다."

몽규가 다녀온 곳은 남경소재의 중국 중앙군관학교의 락양분교 안에 설치된 조선인 교육반이였다.

윤봉길 의사가 상해 홍구공원에서 장렬한 의거를 성공시키자 중국 국민당의 통령 장개석이 김구의 림시정부 측에 호의를 보이기 시작했다. 김구를 거소로 불러 "대륙침략의 다리를 끊을 장래의 전쟁을 위하여 무관을 양성함이 어떠하신지요?" 하고 물었고 이에 김구는 기뻐마지 않아하며 붓을 들어 "불감청 고소원(不敢请, 固所愿), 본디부터 바라던 바이나 감히 청하지는 못하는 터"라고 적었다.

이와 같은 배경에서 락양군관학교 조선인반이 특별히 설치되여 백 명에 가까운 조선인 학생을 비밀히 모집했다. 이 군관학교에 라사행이라는 은진중학 출신이 있었다. 송몽규는 그에게서 소문을 듣고 주저없이 길을 떠났고 제2기생으로 입학하게 된 것이였다.

"가는 길에 일본 놈팽이들이 쫙 깔려 있더라. 검문당할 때마다 학생증을 보여주면서 교사가 되기 위해 중국사범학교에 진학하러 가는 길이라고 둘러댔었지. 천진에서 제남으로 갔다가 서주로 갔고 서주에서 다시 남경에 갔지. 남경에 도착해서 라선배를 만났다."

몽규가 자신의 벅찬 려정에 대해 주르르 읊조리듯 말했다.

"남경에 가서는 100여리 떨어진 곳에 있는 산의 룡지사(龙池寺)라는 절에서 군사훈련을 받았지. 교관들도 이름이 자자한 분들이셨어. 김구 선생은 가끔 왔었다. 아 정말, 교관 중에는 안중근 의사의 동생인 안공근 선생도 있었다."

몽규가 뿌듯한 어조로 이야기를 이어나갔고 동주의 눈길에 경모의 빛이 섞여들었다.

"총과 포의 조작법을 배우고 기마술도 배웠지. 훈련여가에 잡지도 만들었다. 한 3백페지쯤 되게 두꺼운 부피로. 내가 직접 경필로 써서 등사, 인쇄하여 만들었지. 명동학교서 학우지를 만들 때 갈고 닦은 솜씨가 있잖냐. 김구 선생이 몹시 칭찬하시더라. 잡지 이름을 《신민(新

民)》이라 지어주셨어."

"역시 신춘문예 등단 경력자가 다르긴 다르구나."

동주는 다시 몽규의 "신춘문예" 등단과 실종으로 온 가족이 웅성이던 그날을 떠올렸다.

하지만 가을에 몽규는 룡지산을 내려야 했다. 일본의 항의로 장개석이 락양군관학교 조선인반에 주던 지원금이 돌연 끊어졌던 것이다. 잠시 행동반경을 잃고 망설이던 송몽규는 제남에 있는 독립운동가들을 찾아가기로 했다. 그러나 제남에 이르러 몽규는 제남주재 일본령사관 경찰에게 체포되고 말았다.

체포된 뒤 송몽규는 본적지인 함북 웅기경찰서로 압송되여 구금되였고 경찰서에서 혹독한 신고를 치르다가 뜻밖에도 석방되였다. 일제는 중국 령토 안에서 활동한 조선인군관학교 관련 학생들에 대해 일본의 국내법인 치안유지법을 적용하여 실형을 언도하는 데 법적인 난관이 있어서 그들을 모두 석방했던 것이다. 일단 석방한 뒤 "요시찰인"으로 감시하기로 한 것이다. 그 틈새가 있었기에 몽규는 일경들의 마수에서 간신히 벗어날 수 있었다.

"귀띔이라도 하고 떠날 일이지. 그렇게 쥐도 새도 모르게 튀면 어쩌나?" 동주가 밉상이라는 듯 증발되였다가 2년 만에 나타난 몽규의 어깨를 한번 쥐여박았다. 몽규가 윽! 하고 신음을 흘리며 어깨를 부여잡았다. 그 의외의 거동에 동주가 당황해했다.

"쪽발이 왜경들이 매를 대더구나." "고생이 많았구나, 한범아."

동주가 몽규의 어깨를 쓸어주며 어쩔 바를 몰라했다.

"괜찮다. 독립운동하겠다는 거창한 꿈을 갖고 움직인 사람이 고만한 쪽발이들의 극성 정도는 견뎌내야지."

몽규가 동주를 바라보며 미소를 지었다. 그런 몽규를 동주는 다시금 뜯어보았다. 안경을 건 모습이 자꾸만 낯설다. 문득 사라졌다 문득 나타난 몽규의 모든 태도엔 일종의 기품 같은 게 서려있었다. 그건 누가 봐도 일탈하기 전의 몽규에겐 없던 새로운 것이였다. 그 기품은 원색의 발랄함으로 튀던 옛날과는 달리 도도함과 같은 것이 배여있었다.

“나 이젠 검은 명단에 명부가 올려진 사람이야. 그래도 후회는 없어. 뜻을 마저 꽃피우고 결실을 맺지 못한 게 아쉬울 뿐이지.”

밤이 깊어졌고 제창병원 정문의 이마전에 걸렸던 전등도 꺼졌다. 그제야 두 사람은 몸을 일으켜 집으로 향했다.

–한범, 4월의 연희동산을 잊을 수 없구나.

나무 잎새들은 막 푸름을 뽐내기 시작하고 그 나무들 사이로 우아한 현대식 건물들이 우뚝우뚝 들어서 있었지.

파란 코발트색 하늘이 머리 우에 펼쳐진 캠퍼스에 동상 하나가 있었지. 두팔 벌리고 섰는 늙은 신사의 모습, 우리가 다니게 될 학교의 창시자 언더우드 박사의 동상, 늙은 신사는 반갑게 신입생들을 맞아주었지.

연희전문학교 정문에서 길게 뻗은 백양로의 끝자락에 이르자 학교 본관이 보였어. 담쟁이풀로 뒤덮인 석조건물이. 고풍스러운 고딕건물을 타고 오르고 오르는 담쟁이풀, 그 풀처럼 나도 끝없이 하늘 향해 오르고 싶었다, 한범.

담쟁이풀의 지조

–서울 연희전문학교 1939년

일요일이였지만 몽규와 동주는 동인들과 함께 도서관에 붙박여 있었다. 학생회 문예부가 발행하는 《문우》지의 편집 때문이였다. 《문우》지는 연희전문학교의 써클인 문우회의 기관지였다. 지금은 간도에서 서울로 막 상경한 "관청에 온 시골 닭" 같은 두 사람에게 학교 구경을 시켜주었던 동기 강처중이 문우회 회장을, 송몽규가 문예부 부장을 맡고 있었다. 함경남도 원산 출신인 강처중은 그 튀는 훤칠한 외모와도 같은 문재를 갖고 있었다. 그외 지리산 자락에서 온 윤동주의 후배 정병욱도 도우미로 함께 했다.

도서관에는 사락사락 책 번지는 소리와 사각사각 경필 글씨 쓰는 소리만 들린다.

몽규와 함께 경성 연희전문학교의 문과를 지망했던 동주의 생각은 아버지의 단호한 반대에 부딪쳤다. 가라는 의과대학은 안 가고 배고픈 문과를 간다고 아버지는 처음 그렇게 화를 내셨다. 동주는 침묵으로 일관했고 며칠동안 집에는 어색하고 팽팽한 침묵이 거북살스럽게 흘렀다.

전후좌우 어디를 둘러보아도 정세는 암울하기만 했다. 하지만 이런 형국에서도 가슴 깊은 곳에서 소리치며 자라오르는 열망을 억눌러버릴 길이 없었다. 문학으로 향한 물고가 트인 마음은 도저한 물길이듯 도시 걷잡을 수가 없었다.

"숙부님에게 한번 이야기 해봐라."

몽규가 동주에게 귀띔을 했고 동주의 마음을 알고 김약연 선생이 나섰다. 그렇게 김약연 선생의 중재로 겨우 아버지의 마음을 돌려세울 수 있었다.

1938년의 봄날, 동주와 몽규는 나란히 교복을 입고 교모를 쓰고 감격스러운 입학식을 끝냈다. 그렇게 입학한 연희전문에는 조선어와 교육학을 가르치는 최현배 선생님, 영문학의 리양하 선생님, 사학을 가르치는 손진태 선생님 등 경성에서 손꼽히는 석학들이 포진해 있었다. 이런 고명하신 선생님들한테서 배울 수 있는 것이 몽규와 동주에게는 그야말로 행운이 아닐 수 없었다.

탕!

이때 문이 왁살스럽게 열렸다.

책에 머리를 박고 있던 동주네는 흠칫하고 머리를 쳐들었다.

시국이 어려웠지만 연희전문학교의 일관된 교풍에 버릇된 학생들은 더욱 열심히 모여 책읽기를 게을리하지 않고 있었다. 그런 도서관에 한 떼의 사람들이 느닷없이 뛰어든 것이다.

국민복 차림의 낯선 사람들이 뚜걱뚜걱 구두 발소리를 요란하게 흘리며 도서관으로 들어섰다.

"당신들 누구요? 이렇게 함부로 학교에 침입해도 되는 겁니까?" 놀란 학생 하나가 일어서며 그들을 막아섰다. "서대문경찰서에서 나왔다. 나 경찰서의 경부다."

앞장을 선, 눈이 매처럼 찢어진 사내가 위압적인 얼굴로 학생들을 흘겨 보았다.

똑똑똑.

누군가 손가락으로 책상을 두드려댔다. 모두의 눈길이 그쪽으로 쏠렸다. 학생 하나가 식지를 구부려 책상을 요란하게 두드려대고 있었다.

"뭣하는 짓거리냐?" 학생이 씨익 웃었다.

"노크하고 있소이다. 대일본제국 의례의 바른 형사님들께서 노크하실 줄도 모르시는군요."

명문학교에서도 함부로인 그 무례한 거동에 울컥 치솟는 분노를 삭이지 못하고 송몽규가 나선 것이다.

"이 도서관에 불온도서가 있나 검출하러 나왔다. 총독부에서 치안유지법 그리고 출판법 위반 명목의 도서들에 한해서 발매 금지 조치를 내린 줄 모르는가? 여기 소장한 책들의 명세단 좀 내놓아라."

경부가 눈을 좁히고 도서관 구석구석을 참빗질하듯 샅샅이 둘러보았다. "누구의 허락을 받고 이러는 겁니까? 수색령장을 보여주시오."

무례한 침입자를 향해 송몽규가 또 한번 날카롭게 물었다. "그래요, 수색령장을 보여주시오."

동주와 강처중 그리고 학생들이 이구동성으로 반발하며 웨쳤다. "이 학생들 생각보다 건방지구만."

경부의 매눈에 퍼런 발광체가 비껴들었다. 맨 앞장에 선 몽규를 노려보았다.

"이름이 뭐냐?"

"나 문과 4학년 송몽규요." 몽규가 두려움 없이 앞에 나섰다. "송— 몽— 규라?"

매눈을 한 경부가 어딘가 도담하기 그지없는 몽규의 얼굴을 가로 베일 듯이 날카로운 시선으로 훑어보았다.

"안경을 벗어봐!"

경부가 무례하게 요구했다. 몽규가 거부하자 경부가 홱 안경을 벗겨내렸다. 몽규의 주위를 돌며 무언가 생각을 더듬던 경부의 매눈에 번쩍 섬광이 비껴들었다.

"학생은 만주 북간도에서 온 걸로 알고 있소." "그렇소."

정확히 짚고 다가서는 그 질문에 몽규의 얼굴에 잠시 놀라움이 비껴들었다. 하지만 놀라움도 잠시 그의 얼굴에서 침착함이 다시 자리를 찾아앉았다.

경부의 매눈이 다시 좁혀졌다.

"간도에서 은진중학 다닐 적에 웅기경찰서 신세를 지고 나온 적이 있지?" "그렇다만 이미 지나간 일이요."

동주가 곁에서 불안함에 몸을 떨었으나 몽규는 두려움 없이 도담하게 대답하고 있었다. 경부의 손에 들려 있는 안경을 잡아챘다. "이 건

방진 자식 봐라…"

험악한 얼굴로 국민복의 사내가 몽규의 멱살을 휘어잡았다. 하지만 몽규는 천천히 안경을 다시 걸고 안경너머로 그를 노려보았다.

"이게 뭣하는 짓이요? 한창 책 읽고 있는 학생들한테." "우리가 뭘 잘못했다고 이러는 거요?"

학생들이 가세하여 중구난방 떠들었다.

"지금 조선 사상범들에게 예비 구금령이 내려져 있다. 필요하다고 생각되면 너희들을 아무 때고 구속할 수가 있어. 현행범이 아니니까 오늘은 이쯤 해두겠으니 감사한 줄 알어라."

경부가 식지로 몽규의 가슴을 쿡쿡 찔렀다. "쓸데없는 만용을 부리지 말아. 다치는 수가 있어!"

무어라고 대꾸를 하려는 몽규를 뒤에서 동주가 어깨를 꼭 안아 지그시 당겼다.

매눈의 경부가 부하들을 향해 손을 홱 저었다. 국민복 차림의 형사들이 도서관의 서가들을 뒤지기 시작했다. 한 권, 두 권… 책들을 뽑아 마구 바닥에 팽개쳤다.

형사들이 만행을 부리고 떠난 도서관에는 다시 정적이 찾아들었다. 학생들은 아수라장이 된 도서관을 어디서부터 정리해야 할지 몰라했다.

넘어진 서가를 세우고 뒹구는 책들을 다시 꽂아넣었다. 여기저기서 한숨이 터져올랐다.

"그렇게 모든 책을 금서로 만들어 놓으면 우리가 읽을 책은 대체 뭐란 말이요?"

군화에 짓밟혀 찢어지고 흙 묻은 책의 표지를 닦는 동주의 눈초리가 슬픔에 미세하게 흔들리고 있었다. 그 모습이 몽규의 시선에 잡혔다.

몽규가 동주의 어깨에 손을 얹고 다독여 주었다.

"이제 시작이다. 놈들의 더 큰 횡포가 우리를 짓누를 거다."

도서관에 침묵이 흘렀다.

"참 이제부턴 학교 교가마저도 부를 수 없게 됐잖아. " 적요가 싫어져 강처중이 한마디 했다.

"교가뿐만 아니라 응원가조차 못 부른다지 않습니까. 교가나 응원가가 모두 민족적인 사상이 농후하다나요."

병욱이도 끼어들며 울분을 토했다.

"우리 말을 쓸 수 없다니 이제 시인의 꿈마저 접어야 하남?" 동주가 중얼거렸다.

몽규가 엄지로 안경테를 추어올렸다. 모두의 눈길이 그를 바라고 몰부어졌다. 그 눈빛을 받으며 끓어오르는 듯한 음성으로 몽규가 소리를 높여 말했다.

"제군들, 빛이 없는 데서 빛을 보는 게 젊은 사람들 아니겠나?"

–한범, 내 시를 들어줄래?

죽는 날까지 하늘을 우러러
한점 부끄럼이 없기를,
잎새에 이는 바람에도
나는 괴로워했다.
별을 노래하는 마음으로
모든 죽어가는 것을 사랑해야지
그리고 나한테 주어진 길을
걸어가야겠다.

오늘 밤에도 별이 바람에 스치운다.

만약에, 정말 만약에 내가 시집을 내게 되면 맨 앞장에 싣게 될 서시(序诗)야.

졸업기념으로 시집 한 권 내고 싶다, 한범. 그 동안 써낸 시편들을 선정하여 시집 한 권 내고 싶다.

아름다운 우리 말을 또박또박 적어 굽이굽이 엮어 자신의 함자가 가위에 적혀진 아름다운 시집 하나 내고 싶다, 한범.

어차피 삶은 유한한데 그 깨달음의 과정을 글로 적어 영원히 남긴다는 건 정말 해볼만한 작업이지 않느냐, 한범!

그런데 한범, 난 시집 출간의 꿈을 접어야 한다.

우물 속의 자화상

-서울 1941년 여름

우물 속에 동주의 얼굴이 비껴 있다.

캠퍼스를 나와 아무 곳이나 생각 없이 걷다보니 언젠가 기숙했던 북아현동에까지 와있다. 길녘의 우물을 보고 거기에 자신의 얼굴을 비추어보았다. 우물 속의 자신은 멀고도 가까웠고 익숙하면서도 낯설었다.

자신의 흐트러진 모습을 싣고 넘실거리는 우물을 마주하고 괴로움, 슬픔과 고뇌들에 관하여 동주는 서툴지만 드레박질을 하고 또 하고 있었다.

우물 속에는 달이 밝고 구름이 흐르고 하늘이 펼치고 파아란 바람이 붉고 가을이 있습니다.

그리고 한 사나이가 있습니다.
어쩐지 그 사나이가 미워져 돌아갑니다.

돌아가다 생각하니 그 사나이가 가엾어집니다.
도로 가 들여다보니 사나이는 그대로 있습니다.

방금 캠퍼스에서 동주는 스승 앞에 두툼한 원고 뭉치를 내놓았다. "졸업기념으로 시집 한 권 내보고 싶어졌습니다. 그래서 추려낸 시고입니다."

연희전문학교에 입학하던 때부터 이제 졸업을 앞둔 지금까지 사이에 쓴 시 중에서 스스로 마음에 드는 것으로 추려내였다. 그 중에서도 각고를 기울인 시는 시집 첫머리에 놓은 "서시(序詩)"였다. 자선시집을 출간할 생각을 몽규와 병욱에게 털어놓고 동주는 이어 리양하 교수를 떠올렸다. 가장 존경하는 스승이자 언론계와 출판계에 발이 넓은 리양하 교수와 의논하고 싶어졌던 것이다.

"윤군."

십여 편의 시를 읽고 나서 리양하 교수가 제자를 빤히 지켜보다가 입을 열 었다.

"이 시고를 당분간 보류함이 좋을 듯하네."

칭찬으로 어깨를 다독여주리라 기대했던 스승의 뜻밖의 반응에 동주가 당혹한 표정을 지었다.

"요즘 같은 시국에 이런 시를 세상에 내놓을 수 있다고 생각하는가? 얼핏 눈에 뜨이는 제목만 보게나. '십자가', '슬픈 족속', '새벽이 올

때까지', '무서운 시간'… 일본 관헌의 검열을 통과할 수 없을 거네. 대번에 삭제도장이 찍히고 붉은 줄이 수없이 그어질 걸. 요즘은 고향을 그리워하는 소재만 다루어도 불온 작품으로 취급받는 시국일세. 왜놈들이 우리의 일거수 일투족을 두고 눈에 불을 켜고 있는데 하물며 이처럼 민족의식이 뚜렷한 작품을 용납할 수 있을 것 같은가? 당분간 보류함이 좋을 듯하네."

잠간 동안이나마 동주는 아득해질 수밖에 없었다. 아무 말도 없이 주섬주섬 펼쳤던 시고를 챙겼다.

그런 제자를 스승은 잠자코 바라보았다. 스승은 마음이 저릿해났다. 상처 입고 두려워 떠는 짐승의 눈이면 저럴가? 불안함이라고도, 슬픔이라고도 할 수 있는 그 떨림에 스승은 무어라고 안위의 말을 찾지 못했다.

누군가의 얼굴이 우물 속 동주의 얼굴 곁에 나란히 놓였다. "한범?"

묘하게도 길거리에서 마주쳤지만 불러놓고 동주는 머뭇거렸다. 몽규의 표정이 평소의 그답지 않게 흐트러져 있었던 것이다. 몽규의 얼굴은 홍조로 붉어져 있었고 몸에서는 술 냄새가 진동했다.

"어찌된 일이냐? 어디서 이 지경이 되도록 술 마셨어?" 동주가 핀잔조로 말했다.

"좋은 일이 있을 턱 없고 달콤하긴 커녕 들큼시큼한 래일조차 없는 우리들인데 술 안 먹고 할 일이 또 뭐 있겠냐?"

몽규가 드레박을 들어 우물에 던져넣으려 했다. 취기에 어린 몸이 비칠 거린다. 동주가 드레박을 앗아내 우물 한 드레박을 퍼서 내밀었다. 몽규가 앞섶을 흥건히 적시며 벌컥벌컥 물을 마셨다.

물을 마신 몽규가 동주를 빤히 쳐다보았다. 입가를 닦으며 한마디 했다.

"《문우》지가 폐간된다."

동주의 머리속으로 하얀 새 떼가 화르르 날개를 펴며 날아갔다. 전신의 피가 머리 끝을 향해 역류하는 듯한 처절한 분노로 동주의 얼굴은 백지장처럼 피기를 잃고 있었다.

"무슨… 무슨 리유로 《문우》지를 폐간시켜?"

동주는 소리 높여 반문했다. 급기야 말까지 더듬었다.

우물전을 부여잡은 채 몽규가 취기에 몸을 흔들었다. 몸부림치듯 말했다.

"우리 《문우》지가 민족 주체 의식을 고취시키는 작품들을 게재했다나 뭐라나?"

"교내 써클의 학우지마저 폐간시키다니?…"

동주는 마치 넋 빠진 사람처럼 중얼거렸다. 《동아일보》와 《조선일보》의 폐간에 이어 《문장(文章)》지와 《인문평론(人文評論)》까지 강제 폐간시킨 일제 는 문학을 지망하는 문학도들의 온갖 정성과 꿈이 담겨있던 그 《문우》지마저 강압적으로 접게 만들었던 것이다.

몽규의 안경에 뿌연 물안개가 고이는 것을 동주는 보았다.

—한범, 아니 몽규. 몽규, 아니 소무라 무게이(宋村梦奎) 해환, 아니 동주. 동주, 아니 히라누마 도오쥬(平沼东柱)

시인, 고백, 도항증명, 힘, 생존, 생활, 문학, 시, 거울, 비애, 금물…

그날 시는 적어내려가지 못하고 락서만이 내 시노트를 메웠다.

한범, 막상 일본 류학이 쉽게 결정되였지만 투명이 걷히고 시리고 자욱하기만 했다.

붓을 들어 시 대신 치욕의 개명계 내야 하는 무가내, 아아! 소무라 무게이, 히라누마 도오쥬 해환이가 운다 한범이가 울고 있다…

래일이나 모레나 그 어느 즐거운 날에 나는 또 한 줄의 참회록을 써야 한다. 그때 그 젊은 나이에

왜 그런 부끄런 고백을 했던가…

륙첩방에 내리는 비

–동경, 다께다 아파트 1943년 여름

창을 때리는 바람소리, 처마를 따라 흘러내리는 비의 락수소리가 밤의 고적함을 더해주고 있다. 비소리를 들으며 동주는 시작노트를 펼쳐 들었다.

남의 나라, 그것도 적국에서 부모가 대주는 학비를 허비하면서 시에 매달려있는 자신을 돌아보면서 동주는 고작 시를 통해서밖에 자신을 표명할 수 없는 처경에 대한 서글픔이 앞섰다. 그 외로움을, 그 서글픔을 이기고저 동주는 다시 필을 들었다. 노트에 적어내려갔다.

창밖에 밤비가 속살거려
륙첩방(六疊房)은 남의 나라,

시인이란 슬픈 천명인 줄 알면서도
한 줄 시를 적어볼가,

인생은 살기 어렵다는데
시가 이렇게 쉽게 씌여지는 것은
부끄러운 일이다.

일본으로 온 뒤 처음으로 펼쳐든 시작 "쉽게 씌여진 시", 동주의 외로움이 노트에 가만히 적혀졌다.

몽규와 동주의 연희전문학교 졸업식은 앞당겨 치러졌다. 전임교장인 언더우가(家)의 사람들을 밀어내고 올라온 윤치호 교장의 주재로 졸업식이 거행되였다.

졸업기념으로 곤색 더블 신사복을 새로 맞추어 입었지만 졸업식장에 흥분 같은 것은 보이지 않았다.

송몽규는 졸업성적이 2등이라서 우등상을 탔다. 시상은 윤치호 교장이 했는데 시상식장에서 내려와 풀어보니 온통 "대동아공영권(大东亚共荣圈)"이 어쩌구저쩌구하는 일본국군주의를 정당화하는 책들이였다. 몽규가 상으로 받은 책을 와락 던져버렸다.

"에이 뭐야? 차라리 아주 주지나 말지. 이똥 치워 령감님은 상이라면서 이따위 것들을 주다니."

'이 똥치워' 란 이또치오라고 창씨개명한 윤치호 교장의 일본식 이름이였다. 학생들 중에서 폭소가 터져올랐다.

그렇게 몽규와 동주의 연희전문학교 생활은 결속되였다.

릿교대학에 입학했던 동주는 그 이듬해 몽규의 권유로 동지사대학 영문학과에 입학했다. 하숙은 경도시 재경구(在京区) 27번지 다께다(武田) 아파트에 정했다. 다께다 아파트는 주로 하숙생들이 들던 "ㄷ"자형 목조 2층 건물이였다. 동주와 몽규의 하숙집은 경도제국대학과 은각사 사이, 도보로 5분 거리였다.

똑똑똑.

누군가 륙첩방의 문을 노크했다. “한범이니?”

시노트를 접고 동주가 미닫이를 열었다. 그밖에 이렇게 넘치는 힘으로 노크할 사람이 없다. 동기 고희욱 그리고 우비차림의 많은 친구들도 보였다.

몽규와 그의 친구들은 늘 동주의 다께다 아파트에 모이군 했다. 몽규가 주축이 된 경도의 조선인학생들은 이곳에 자주 모여 활발한 모임을 가지군 했다.

동주가 교쿠로(玉露)차를 내왔다. 며칠전 경도에 왔던 익환이가 선물로 들고 온 차이다. 차탁에 마주앉아 차잔을 감싸쥐고 모두들 화제를 꺼냈다.

“일본은 지금 중국에서도 힘들게 고전하고 있는 모양이던데요?”

비에 젖은 머리칼을 수건으로 닦으며 고희욱이 물었다. 안경을 벗어 비에 부옇게 흐려진 안경알을 닦으며 몽규가 말했다.

“바로 봤다. 일본은 중국과의 전쟁에서 사실상 패한 거나 다름없다. 일본이 태평양 전쟁을 일으킨 것도 전세를 역전시키려는 마지막 발악인 거야. 비록 일제가 제아무리 막강한 군대를 가지고 있다고 하지만 전세계를 적으로 싸워 이길 수는 없는 거잖아.”

“하지만 신문은 그냥 천황의 군대가 승승장구한다고 떠들어대고 있지 않는가?”

찻잔을 들어 마시려다말고 동주가 말했다.

“분명 허장성세를 하고 있는 거다. 그건 모두 다 패색 짙은 자기들의 초라한 꼴을 위장해보려는 수작이지. 어차피 판국이 기울어지고 있다는 건 일본인들도 알고 있다. 더욱 열심히 천조대신(天照大神)에게 고사를 지내는 한가지 사실만으로도 마음의 동요를 읽어낼 수 있지 않은가.”

“비슷한 추론이다.”

동주도 몽규의 의견에 동감을 표시하였다.

"일본의 패전이 시간문제라고 볼 때 지금 우리도 뭔가 보여줘야 할 때가 아니겠나?"

결연한 표정이 되여 몽규가 엄지로 안경테를 올리밀었다.

"난 이런 생각도 해봤다. 징병제도가 우리 조선사람들에겐 오히려 전화위복이 될 수도 있다고 말이야."

몽규가 전연 의외의 발언을 했다.

"막판에 접어든 일제는 징병제도와 학병제를 실시하여 40만 명의 조선의 젊은이들을 침략전쟁의 희생물로 몰아넣고 있지. 우린 태여나서 아직까지 한 번도 무기를 만져본 적이 없다. 그러나 이번에 실시된 징병제도를 계기로 우리 젊은이들은 무기를 다룰 기회를 얻고 군사지식을 기초적으로나마 터득하게 될 거다. 따라서 우리는 이 기회에 습득한 군사지식이나 무기에 대한 상식을 리용해서 역으로 일본에 대해 민족적인 무력봉기를 시도할 수가 있지 않을가?"

"한범, 그건 지나친 비약이 아닐까?"

"왜 지나친 비약이라는 거냐? 맨손으로 만세나 부른다고 독립을 쟁취할수 있는 그런 때가 아니다. 어차피 숙명적으로 징병제의 총알받이가 되여야 한다면 그 희생이 헛되지 않게 하기 위해서라도 우리의 자구책을 강구해야 한다 그 말이다."

동주와 몽규의 의견이 이처럼 팽팽하게 맞서보기는 처음이였다. "송형이나 윤형의 이야기는 모두다 일리가 있네."

고희욱이 두 사람의 팽팽한 대화 속을 비집고 들어왔다.

"어차피 종전이 눈앞에 와 있는 이상 어떤 방법으로든 우리는 이 위기를 극복해나가야 해."

약간은 상기되여 있는 몽규와 동주의 표정을 번갈아 살피며 고희욱이 말했다. 동주가 랭정을 되찾으며 말을 이었다.

"지금 학생 신분인 우리에게 있어서 민족의식을 고취하고 다져나가는 것이 가장 현실적인 처사일 것 같다. 그 구체적인 방법으로 연극활동 같은 것도 효과를 볼 수 있고 또 간행물들에 은유적인 글을 발표해서 우리의 가까운 주변에서부터 민족의식을 불러일으키는 것도 좋을 듯하다."

비소리가 높아지고 있다. 동주는 비소리 듣그러운 창밖을 얼핏 내다보며 말했다.

몽규가 준렬한 기색을 지으며 버릇처럼 엄지로 안경테를 추어올렸다. "지금 우리 민족의 운명은 백척간두에 서 있다. 2천만이 망하느냐 아니면 광복을 맞느냐 하는 기로에 서있는 그런 때이다. 미군이 구아들카낼섬을 시발로 일대 반격전을 가한 데 이어 남태평양에서는 야마모또 이소로꾸(ft本 五十六) 일본 사령관이 전사했다. 미드웨이해전에서 일본의 항공모함 주력부대가 하루 사이에 궤멸되였다는 소식도 들려왔다. 전세는 급속도로 역전이 되고 있다. "시라끼노 하고(白木の箱: 화장한 백골이 들어있는 상자)"로 돌아오는 전몰장병들의 행렬을 보아라."

몽규가 주먹으로 탁자를 내리쳤다. 찻잔 뚜껑이 튀여올랐다. 몽규가 뜨겁게 절규했다.

"사필귀정이란 말이 있지 않나? 필연적으로 전쟁은 곧 끝날 거고 일본은 반드시 패망할 거다."

이때 문쪽에서 요란한 동정이 났다. 빗장을 질렀던 미닫이문이 발길질에 나떨어졌다. 비줄기와 함께 검은 잠바를 입은 사내들이 우르르 륙첩방에 뛰여 들었다.

맨 앞장에 선, 한손에는 수갑, 한손에는 총을 빼든 사내가 흙에 젖은 구두발로 다다미를 밟고 서서 말했다.

“‘경도 한인학생 민족주의그룹’의 주모자들, 너희들을 체포한다.”

—한범, 밤은 깊어가는데 나 아직 여기 호흡이 남아 있다. 연희전문학교시절 《조선일보》에 발표했던 너의 시가 또렷이 생각나는구나, “밤”을 읊조렸던 그 시가.

고요히 침전(沉澱)된 어둠
만지울 듯 무거웁고
밤은 바다보다 깊구나
홀로 헤아리는 이 맘은 험한 산길을 걷고
나의 꿈은 밤보다 깊어
호수군한 물소리를 뒤로
멀— 리 별을 쳐다 쉬파람(휘파람) 분다

한범, 만지울 듯 무거운 어둠 속에 우리를 묶고 있는 시간들이 우리에게 고통을 주는구나. 시간은 너무 잔인하고나. 고통이 오면 그 속 시간은 너무 느리게 가나보다.

한범, 너의 꿈은 밤보다 깊고나, 나의 꿈도 바다보다 깊기를. 이 지나친 시련, 하지만 난 성내서는 안된다…

바다보다 깊은 밤
—후쿠오카 형무소, 1945년 겨울

쩔그렁, 쩔그렁!

푸른 수의를 입은 죄수들의 발목에 채워진 철쇄가 끌리는 소리가 복도에 그득 찬다. 옥사를 나와 형무소 의무실에까지 이르렀다.

의무실에서는 여느 때처럼 다른 옥사에서 끌려온 죄수들이 먼저 주사를 맞고 있다. 주사를 맞고는 던져주는 탈지면으로 주사 자리를 누른 채 간수들에게 끌려 다시 왔던 곳으로 되돌아간다.

술렁이는 죄인들 속에서 동주는 목을 빼들고 행렬의 앞쪽부터 마지막까지 유심히 살펴보고 또 보았다. 행여 먼 발치로라도 몽규의 모습을 볼 수 있을까 싶어서였다. 언젠가 면회를 왔던 당숙으로부터 몽규도 같은 형무소에 있다는 말을 들었던 동주였다. 하지만 몽규의 모습은 끝내는 보이지 않았다.

세상이 넘쳐흐를 듯 비가 내리던 그날, 다께다 아파트에서 끌려나온 동주는 시모가모류치장에서 하루밤을 새고 취조실로 불려갔다.

두 명의 형사가 동주를 질질 끌어 철제 의자에 앉혔다.

엄청 큰 키에 광대뼈가 튀여나오고 눈꼬리가 치켜올라간 뱀같이 차가운 인상의 사내가 동주를 한동안 내려다보았다.

"난 시모가모 특별고등경찰서의 고오로기 형사다. 네가 우리 대일본제국의 최고학부를 다니고 있는 대학생이라는 점을 감안해서 신사적으로 대해 주겠다. 그런 만큼 모든 것을 순순히 털어놓는 것이 네 신상에 리로울 것이다."

고오로기가 광대뼈가 닿을듯 낯짝을 들이밀었다.

"묻겠다. 소무라 무게이, 한인명(韓人名) 송몽규. 너의 교우, 너의 고종사촌 맞지?"

동주는 흠칫 몸을 떨었다. 놈들이 자신들의 신상에 대해 속속들이 알고 있었다. 두려움이 혹한처럼 덮쳐들었다.

"그리고 소무라 무게이는 리력이 아주 그럴듯한 놈이더구나." 고오로기가 동주의 주위를 뚜벅뚜벅 맴돌았다.

"그 나이에 벌써 요시찰 인물이라. 북간도 룡정에서 중학교 3학년 때 이미 조선림시정부까지 찾아간 적 있는 '후떼이 센진' 이다. 그런 송몽규와 고종사촌 간으로서 넌 매일같이 그와 함께 행동해왔다. 너희들은 우리 대일본제국이 언젠가 패망할 것이라고 입버릇처럼 지껄이고 다녔다."

고오로기가 서류 하나를 내놓았다. 서류에는 지난 일년 동안 동주와 몽규, 고희욱 등의 행적이 낱낱이 기록되여 있었다. 어느 달, 어느 날 몇 시에 다께다 아파트에 불이 꺼졌다는 것까지 상세히 적혀 있었고 어느날, 어느곳에서 누구누구가 모여 어떤 이야기를 했다는 사실이 빠짐없이 기록되여 있었다. 그 기록들을 주먹으로 두들기면서 고오로기는 소리소리 질렀다.

"우리는 너희들이 이 경도의 조선인 학생들에게 민족주의 사상을 고취시켜 일단 유사시에는 대일본제국에 대한 무력봉기를 야기시켜 조선독립을 꾀하려 했다는 사실을 낱낱이 알고 있다. 이봐, 도오쥬! 이래도 묵비권만 행사하면서 어물어물 넘어가리라고 생각하나?"

고오로기의 목소리가 또 한번 삐여져올랐다.

"만일 너에게서 추호도 반성의 기미가 없거나 교만한 태도가 보인다면 그땐 넌 인간 이하의 대우를 받게 될 것이다."

고오로기가 손짓을 했다. 형사 하나가 취조실의 문을 덜컹 열어젖혔다. 랑하를 사이 두고 또 하나의 취조실이 보였다. 형사는 그 방의 문도 활짝 열었다. 그 취조실의 철제의자에 맨 속곳바람의 사람 하나가 앉아 있었다. 쑥대머리에 얼굴은 풀물이 배인 듯 퍼렇게 멍투성이이고 갈가리 찢겨 너덜너덜해진 속곳은 피에 얼룩져 원색을 찾아볼 수 없었다. 그 사람이 간신히 떨구었던 고개를 쳐들었다. 순간 흑! 하고 동주의 입으로 헛비명이 새나갔다.

맹금의 부리에 사정없이 찢긴 듯한 모습인 그는 다름 아닌 몽규였다. 몽규가 엄지로 한쪽이 깨여져 금이 실린 안경의 테를 추어올렸다. 혼혼한 의식을 가다듬으며 동주를 바라고 처량하게 웃었다.

덜컹! 찰나에 문은 다시 닫히고 몽규의 모습은 두터운 철문 뒤로 사라져 버렸다.

1944년 3월 31일, 동주는 경도지방재판소로부터 "치안유지법 제5조, 조선독립운동 혐의"로 징역 2년을 선고받았다. 동주가 언도를 받은 20일 후인 4월 19일에 몽규 또한 같은 죄명으로 징역 2년을 선고받았다. 형이 확정되자 동주는 곧 후쿠오카 형무소(福岡刑務所)로 이감되였다.

주사는 일주일 간격으로 계속 놓았다. 불가사의한 일이 진행되고 자신의 신체에 이물질이 들어가는 순간에도 수인들은 아무런 저항도 못하고 팔을 내밀어 주사를 맞아야 했다.

3주가 지나면서부터 동주는 이상한 증상을 느끼기 시작했다. 주사를 맞으면 심한 현기증에다 속이 울렁거리며 구토증이 일어났다. 목안이 흡사 불타는 석탄 덩어리를 삼킨 듯했다. 주사를 맞은 이튿날에는 전신의 기력이 쑥 빠져나가는 듯한 무기력함에 손가락 하나 까딱할 수가 없었다.

"한마디 물읍시다. 이거 영양주사 맞습니까?"

동주의 바로 앞에서 차례를 기다리던 105번 죄수가 옥의(獄医)에게 따지듯 물었다.

"그런데?" 옥의가 105번을 노려보았다.

"왜 주사를 맞고 나면 어지럽고 기운이 없어질까요?" 105번은 걷었던 팔소매를 내리며 주사를 피하려 했다.

"헛소리 말아. 너희들의 건강을 위해서 대일본제국 정부가 베푸는 황공한 은전도 모르다니. 어서 공손히 맞고 돌아가라."

옥의가 주사기를 들고 다가들었다. 그러자 105번은 상처 입은 짐승처럼 옥의를 강하게 밀쳐냈다.

"칙쇼! 움직이지 마."

뒤걸음치는 105번을 간수들이 윽박질러 강제로 옥의 앞에 눌러앉혔다. "약명이라도 가르쳐주시오."

한사코 거부하며 105번이 부르짖었다. 간수들이 105번을 타고 누르듯했고 옥의는 사정없이 그의 가녀린 팔뚝에 주사바늘을 꽂아버렸다. 주사를 맞고 나자 간수들이 별도로 105번만을 끌고 갔다. 소란을 피운 자는 특수감방으로 이감되는 것이다.

"우린 저놈들의 인간 모르모트(실험용 흰쥐)인 셈이요!"

질질 끌려가면서 105번이 무가내로 바라만 보고 섰는 죄수들을 향해 절규했다.

"자, 그 다음!"

옥의의 다잡는 고함소리가 울렸고 뒤에서 누군가 동주의 등을 떠밀었다. 그제야 동주는 화뜰 놀라며 옥의를 향해 뼈만 남은 팔을 내밀었다.

차질고 단단한 고무튜브가 팔뚝을 죄였다. 몸부림치는 지렁이처럼 정맥이 불뚝 살아올랐고 주사의 바늘 끝이 거침없이 파란 혈관을 파고들었다. 10CC 정도의 이름을 알 수 없는 주사액이 혈관으로 흘러든다. 약명도 모르는 영양주사를 동주는 체념하듯 맞는다.

(이 지나친 시련, 나는 성내서는 안된다.)

야윈 팔뚝에서 숨어버린 혈관을 찾는 옥의의 욕설을 덤으로 정체불명의 주사를 맞고 감방으로 돌아온 동주는 힘이 빠져 나무침대에 주저앉아버렸다.

가슴이 철사로 결박된듯 옥죄여왔다. 얼굴에 보자기라도 씌운 듯 갑갑했다. 몸을 일으켜 창가로 다가갔다. 까치발을 하고 한껏 팔을 늘여 퇴창의 쇠살창을 잡았다. 쇠살창 사이로 손을 뻗쳐 창문을 열어젖혔다. 휵! 찬바람이 채찍질하듯 새여들었다. 발꿈치를 들어 한껏 까치발을 하고 창턱에 턱을 얹었다.

밤하늘의 별은 변함없이 빛나서 아름답고 창 틈새로 새여드는 소슬한 바람은 눈물겹도록 정다웁다. 동주는 그 하늘을 만지기라도 할듯 손을 쳐들었다. 그리고 노래를 불렀다.

내 고향으로 날 보내주
오곡백화가 만발하게 피였고
종달새 높이 떠 지저귀는 곳…

창밖을 바라고 소리를 지르니 속이 좀 후련한 듯싶었다. 그래서 동주는 그냥 노래를 불렀다.

문득 동주가 노래를 멈추었다. 쇠살창을 부여잡고 벽을 박차기라도 할 듯이 몸을 후딱 솟구쳤다. 창밖을 향해 고개를 탈며 귀를 잔뜩 기울였다. 저쪽에서 노래 소리가 들려오고 있었다.

내 고향으로 날 보내주
오곡백화가 만발하게 피였고
종달새 높이 떠 지저귀는 곳…

환청인듯 들려오는 노래소리를 확인하는 순간, 동주는 몸을 흠칫 떨었다. 동주의 옴푹 꺼진 눈확 속에서 빛줄기가 피여올랐다. 노래는 분명 음조가 맞지 않게 울려오고 있었고 그 노래의 임자가 누구인지 동주는 알 수 있을 것 같았다. 동주는 더더욱 목청을 살려 노래를 불렀다. 그러자 화답처럼 노래의 다음 구절이 들려왔다.

나 어릴 때 놀던 내 고향보다
더 정다운 곳 세상에 없도다

동주도 화답했다.

내 고향으로 날 보내주
그 호수가에서 놀게 하여주 거기서 내 몸을 마치리로다

삐여진 음조로 화답이 왔다.

미사와 마사는 어디로 갔나
찬란한 동산에 먼저 가셨나

복도 쪽에서 발자국소리가 울렸다. "한밤에 무슨 란동인가? 108번."

철창문의 감시문을 열고 간수가 두눈이 휘둥그래서 소리질렀다. 평소 양순한 면양처럼 모범 죄수였던 동주의 전에 없던 거동에 놀란 눈길이였다. 하지만 동주는 노래를 멈추지 않았다.

덜커덩! 문이 열렸다. 간수가 달려들어 창문가에 붙어선 동주를 확 낚아 챘다. 땅바닥에 나딩굴던 동주가 다시 기여일어났다. 간수의 손아귀를 뿌리치고 다시 창문가로 덮쳐갔다. 쇠살창을 부여잡고 노래를 불렀다. 저쪽 옥사에서 오는 환청 같은 교신음을 놓치지 않으려는 듯 목청을 다해 노래 불렀다.

미사와 마사는 어디로 갔나
찬란한 동산에 먼저 가셨나

간수가 다시 동주를 창에서 떼내려 했으나 동주가 거세게 거부하는 바람에 이번에는 간수가 넉장거리로 나가 넘어졌다.

"칙쇼!"

간수가 허리춤에 질렀던 곤봉을 꺼내들고 사정없이 윤동주의 어깨며 머리를 가격했다. 하지만 동주는 기어이 창가에서 물러나지 않았다. 부득부득 쇠살창을 부여잡고 노래를 불렀다.

동정을 듣고 간수 몇몇이 감방으로 우르르 덮쳐왔다. 창가에 고착된 듯한 동주를 우악스럽게 떼냈다. 뿌지직 마찰음이 일도록 쇠살창을 부여잡고 동주는 노래를 그 무슨 단말마의 비명처럼 부르고 있었다.

간수들이 동주를 땅바닥에 내쳤다. 그리고 무릎과 발로 머리와 잔등을 짓눌러 제압했다. 가물가물 몽혼해지는 의식의 끝머리를 부여잡고 동주는 신음처럼 노래의 마지막 음절을 내뿜었다.

자유와 기쁨이… 충만한 곳에
나 어서 가서… 쉬 만나리로다

창밖 저쪽에서도 가쁜 노래소리가 들려오고 있었다.

나 어서 가서, 나 어서 가서… 쉬 만나리로다

물밑에 가라앉듯 노래소리는 분명치 않은 웅얼거림으로 변했고 점점 더 가늘어졌다가 나중에는 들리지 않았다.

이윽고 옥사에는 죽음 같은 침묵이 괴괴하게 스며들었다.

—한범!

재회
-명동촌 1990년 봄

파묘(破墓)! 파묘! 파묘!

세 번 크게 소리를 지르고 봉분에 삽을 박았다.

시간이 오래된 봉분은 풀뿌리로 얽혀 무척 단단하다. 곡괭이를 휘둘러 겉흙을 한꺼풀 벗겨내고 삽날을 힘들게 박아넣고 앞뒤로 몇번씩 흔들어서야 겨우 촘촘하게 쩐 떼장을 한뽐씩 벗겨낼 수 있었다.

두자 반 정도 파내려가자 흙색갈이 달라지기 시작했다. 그렇게 시간이 좀더 흘러 드디여 관의 륜곽이 서서히 드러나기 시작했다.

의문의 주사를 맞고 윤동주는 1945년 2월 16일에 절명했고 피골이 상접한 모습으로 송몽규는 그 십여 일 뒤인 3월 7일에 윤동주를 따라갔다. 일제의 패망과 광복을 불과 5개월 앞둔 두 사람의 원통한 옥사였다. 둘은 같은 해에 한집에서 태여났고 같은 해 한 형무소에서 함께 죽었다. 참으로 기이한 운명이였다.

후꾸오까화장터에서 재가 된 동주의 유골은 아버지의 품에 안겨 돌아왔다. 장례는 3월 초순, 눈보라가 몹시 치는 날 영국더기의 집 앞뜰에서 거행되였다. 장례식에서 몽규가 문예부장을 맡은 연희전문학교의 《문우》지에 발표되였던 "자화상"과 "새로운 길"이 랑독되였다.

장지를 룡정 동산의 교회묘지에 정했다. 북간도는 4월 초에나 겨우 해토되는 까닭에 5월의 따뜻한 날을 기다려 묘에 떼를 입히고 꽃을 심었다. 그리고 "시인 윤동주지묘"라고 묘비를 크게 해서 세웠다.

몽규의 아버지 송창희도 동주의 아버지와 꼭같은 아픔을 반복해야 했다. 어렵게 도항증을 발급받아 관부련락선에 올랐다. 가는 내내 바람 세찬 갑판에 서 있었다.

"내가 이런 꼴을 보려고 한범이를 일본까지 류학을 보냈단 말이냐?" 핏발이 벌겋게 선 충혈된 눈으로 송창희는 란간을 부서지도록 부여잡고 오열을 멈추지 못했다.

송씨네 조상은 대대로 충청도에서 살다가 간도지역에 대한 청나라의 봉금정책이 풀리자 할아버지 송시억이 솔가하여 북을 향해 떠났다. 함북 경흥 웅기에 터전을 잡고 웅상동에 북일학교를 세웠다. 송창희는 서울에서 신교육을 받고 명동촌에 머물렀고 동주 어머니의 연줄로 그곳에서 동주의 고모 윤신영과 혼인했다. 그리고 몽규를 보았다.

하지만 어린 나이에 경성의 문예공모에 입상한 몽규가, 독립운동가들의 산실인 락양군관학교까지 나온 몽규가, 빼여난 성적으로 경도제국대학에 입학한 몽규가, 가문의 영광이였던 그 몽규가 후쿠오카 구주제대(九州帝大)의 학부 랭동실에 백포를 쓰고 누워있었다.

송창희는 엎어질 듯 덮쳐가 떨리는 손으로 백포를 벗겼다.

방부제를 사용한 탓으로 몽규의 모습은 생시와 별로 다름이 없었다. 그 얼굴은 꼭 숙면을 취한 사람의 얼굴처럼 고요했다. 시신 앞에 무릎을 꿇고 앉았다. 두 손으로 아들의 얼굴을 감싸안았다. 온기를 잃은 싸늘함이 느껴지자 송창희의 두 손이 흠칫 떨렸다. 그 차거운 뺨에 아버지는 털부숭이 자기의 뺨을 꼭 맞대였다.

"뼈가루 한 점이라도 이 원쑤의 땅에 남겨둘 수 없다."

화장장에서 서리서리 정한의 줄기를 풀어내며 오열을 거듭하던 송창희가 분노와 서러움에 가득차 말했다. 흘려진 아들의 뼈가루를 한 점이라도 흘릴 세라 흙과 함께 그러모아 챙겨담았다.

하얀 골회가 청자빛 도자기에 담겨졌다. 그 그릇을 작은 오동나무상자에 넣었다. 다시 육진장포(함경북도 지방의 베천)로 그 상자를 소중히 감쌌다.

"한범아, 어이구 한범아—"

상자를 가슴 앞에 그러안고 송창희는 또 한번 그 상자에 뺨을 맞대고 비비며 꺼이꺼이 목메인 울음을 토해냈다. 오열은 어둡고 깊었다.

고향으로 돌아와 달라자의 뒤동산에 묻으며 가족들은 "청년문사 송몽규지묘"라는 돌비석을 세웠다.

그후 둘의 묘지는 장장 40여년 간 무거운 세월의 더께 속에 묻혀 잊혀졌다. 그러다 1985년, 룡정 동산에 묻혀있던 윤동주의 묘소가 일본 와세다대학의 한 교수에 의해 발견된 뒤 연변의 유지들은 뒤미처 송몽규의 묘소도 찾기 시작했다. 송몽규가 다녔던 대성중학교가 전신인 룡정중학의 류교장을 선두로 룡정의 유지들이 송몽규의 묘소를 찾기로 했다.

일제가 패망한 뒤 송몽규의 부친 송창희는 가족과 함께 본적지인 조선으로 갔다. 게다가 연변지역에는 송몽규 집안의 친척들이 전혀 없어서 장지(葬地)는 묘연했다.

그러다 명동 장재촌에서 비슷한 무덤이 있다는 신고가 들어왔다. 확인한 결과, 과연 산웃쪽의 완만한 경사면에 있는 무덤들 중에 "청년문사 송몽규"라 는 비석이 쓰러져있는 것을 발견했다. 류교장의 가슴은 높뛰였다.

그런데 묘소 앞이 아니라 무덤군에서 몇미터 가량 떨어진 곳에 비석이 쓰러져 있었다. 이는 묘소의 확인에 혼란을 불러왔다.

어느 무덤이 구경 송몽규의 무덤일까?

명동촌이나 장재촌 린근에 사는 사람들의 증언이 엇갈렸다.

마을의 원로격인 70, 80대의 로인네 세 명이 비석이 쓰러진 곳 웃쪽에 있는 무덤을 지목했다. 그러나 84세의 늙은 할머니 한 분은 쓰러진 비석에서 5미터 떨어진 곳에 있는 아래쪽 무덤을 지목했다.

"이곳이 맞습꼬마. 5년 전까지도 이 유택(幽宅) 앞에 비세기(비석이) 서

있었는데 풀을 뜯던 황쉐(황소)들이 쌈을 하다가 쉐(소)고삐에 감겨 비세기 넘어지면서 아래쪽으로 밀려왔습꼬마."

호호백발의 할머니가 합죽이를 우물거리면서 말했다.

그래서 드디어 파묘하기로 하고 류 교장과 유지들은 다시 묘소를 찾은 것이였다.

흙을 헤치자 관우에 자작나무의 껍질이 덮인것이 보였다. "맞소, 이 유택이 맞수다."

호호백발할머니가 손벽 한번 딱 치며 울음 같은 환호를 질렀다.

옛 북간도에서는 자작나무 껍질을 벗겨내여 편편한 형태로 눌러 말려서 그것으로 관을 덮어두면 관에 물이 새여들어가지 않는다며 부모나 친지의 무덤에 쓰려고 평소 마련해 두는 풍습이 있었다고 한다.

송몽규의 묘소에는 자작나무가 네 겹이나 덮여 있었다. 자작나무 껍질을 치우자 관재(棺材)로는 최고로 치는 홍송으로 만든 관이 드러났다.

관 뚜껑 사이에 삽날을 끼워넣고 힘주어 제꼈다. 드디여 력사처럼 관뚜껑이 열렸다. 관을 열자 유골을 담은 하얀 사기그릇이 드러났다. 또 관 한쪽에 모래 섞인 뼈가루가 따로 하얗게 모아져 있는 것이 보였다.

순간 모두들 후쿠오카에서 송몽규의 시신을 화장해 가지고 오면서 원쑤의 땅에 뼈가루 한 점 남길 수 없다며 뼈가루가 떨어진 흙을 그러모아 담아 왔다는 송창희 선생의 이야기를 떠올렸다.

류교장이 어느새 눈가로 꾸역꾸역 새여나온 눈물방울을 훔치면서 목메여 말했다.

"맞습니다. 송몽규선생의 무덤임이 확실합니다!"

1990년 4월 5일, 송몽규의 유골함은 룡정 동산으로 이전돼 다시 묻혔다. 그 묘소에서 불과 몇미터 가까이 손 잡힐 듯한 곳에 친구 윤동주가 묻혀 있다.

소쩍! 소쩍!

청아한 울음을 토하는 소쩍새의 소리를 들으며 앞섶을 여미고 사람들은 고슬고슬 양지바른 뫼자리를 마주하고 섰다. 경건한 마음으로 묵도를 드리고 제주를 올렸다. 젊은 문사의 명복을 빌며 누군가 다시금 먹을 넣어 도렷해진 묘비명을 읽었다.

"천하의 애달픈 일이 한둘이 아니나 재기의 꽃이 이울어 떨어지나니 원통도 하다."

돌아간 문해 송군 몽규는 창희 씨의 맏아드님으로 정사년 8월 13일 첫울음을 명동에서 울렸다.

열네 살에 명동소학교에 들어 졸업했고 이어 곧 화룡현립 제1교의 고등과에 편입하여 이해 겨울에 마쳤다.

열다섯 살에 룡정 은진중학교에 입학하고 갑술년에 길림 문광중학으로 전학하였으며 그 다음인 을해에는 《동아일보》에서 상을 걸고 뽑는 신춘문예에서 그가 지은 단편소설이 첫번째로 뽑히자 그 명예가 문단에 드날렸다. 이 해 여름 남경국립대학 예과에 들었으나 다음해 그 학교가 문을 닫자 앙앙한 가운데 돌아왔다.

무인해 봄에 대성중학교에 들어가 졸업하고 이해에 경성 연희전문학교 문과에 입학하여 신사년 겨울에 졸업했으며 임오년에 경도제국대학 문학부에 영예로운 입학을 했으나 불행하게도 학해의 쪽배가 물결에 휘말리여 가버린 것이 을유년 3월 7일이였다."…

–한범

나는 무엇인지 그리워 이 많은 별빛이 내린 언덕 우에 내 이름자를 써보고 흙으로 덮어버렸다.

딴은 밤을 새워 우는 벌레는 부끄러운 이름을 슬퍼하는 까닭이다.

그러나 한범, 겨울이 지나고 나의 별에도 봄이 오면 무덤 우에 파란 잔디가 피여나듯이 내 이름자 묻힌 언덕 우에도 자랑처럼 풀이 무성할 게다. (끝)

주: 소설속 윤동주의 독백의 흐름에 윤동주와 송몽규의 대표적인 시편의 구절들을 차용, 변용해 넣었음을 특히 밝힌다.

김혁(金革)

룡정에서 출생 연변대학 조선어문학부 졸업, 북경 로신문학원 수료. "룡정,윤동주 연구회" 회장. 연변작가협회 부주석, 연변작가협회 소설창작위원회 주임, 중국작가협회 회원 "길림신문"," 연변일보"등 매체에서 20여년 간 언론인으로 근무 장편소설『마마꽃, 응달에 피다』『시인 윤동주』『국자가에 서있는 그녀를 보았네』『완용 황후』『춘자의 남경』 소설집『천재 죽이기』『피안교』 인물전기『별헤는 밤』『윤동주평전』『연작칼럼집』『윤동주 코드』 장편력사기행『일송정 높은 솔, 해란강 푸른 물』문화시리즈『영화로 읽는 중국조선족』 외【윤동주문학상】【김학철 문학상】【연변문학" 문학상】 연변조선족자치주정부【진달래" 문학상】을 수상했다. 한국문인협회 해외문학상 등 수상 khk6699@naver.com

끝이라야 시작이다 : '종시(終始)'

- 서울 도심에 윤동주 시인의 동상을 세우자 -

류 양 선

1. 수필과 시의 관련 양상

윤동주는 모두 4편의 수필을 남겼다. 「달을 쏘다」, 「화원(花園)에 꽃이 핀다」, 「종시(終始)」, 「별똥 떨어진 데」가 그것이다. 이 수필들은 시인의 학창 시절의 모습을 고스란히 담고 있는 소중한 자료이다. 시인이 그 당시에 어떤 생활을 하고 있었는지, 그리고 무엇에 관심을 갖고 그에 대해 어떻게 생각하고 있었는지를 세세하게 전해주고 있는 것이다.

윤동주의 수필들은 이처럼 그 자체의 내용만으로도 중요한 의미를 지닌다. 하지만 그의 수필들은 그의 시작품들과의 관련 속에서 더욱 빛을 발하게 된다. 시인의 수필은 때때로 그 시인의 시작품을 이해하는 데 귀중한 실마리를 제공해 주기도 하는데, 윤동주의 경우가 특히 그러한 것이다. 그의 시와 수필이 모두 자신의 내면을 응시하는 데서 우러나오는 진솔한 고백을 담고 있기 때문일 것이다.

이 글에서는 먼저 수필 「종시(終始)」를 읽어본 다음, 이 수필과 관련하여 시 「길」과 「또 다른 고향(故鄕)」을 읽어보기로 한다. 수필 「종시(終始)」가 어떤 정황 속에서 씌어졌으며, 시인의 어떤 생각과 고민을 드러내고 있는지를 살펴보고, 이를 실마리로 하여 시 「길」과 「또 다른 고향(故鄕)」을 해석해 보려는 것이다. 차차 밝혀지겠지만, 수필 「종시(終始)」와 시 「길」, 그리고 「또 다른 고향(故鄕)」은 그 씌어진 시기가 거의 같을 뿐만 아니라, 그 내용에 있어서도 적지 않은 유사성을 보여주고 있다.

그러나 시와 관련된 수필을 검토하여 최초의 시상(詩想)을 알게 되었다고 해서 그 시에 대한 해석이 완료되는 것은 아니다. 관련 수필을 검토하는 것은 그 시작품을 쓰게 된 첫 착상을 밝혀 그 시에 대한 오독을 방지하려는 것일 뿐, 관련 수필의 내용을 뛰어넘는 시의 깊은 의미를 무시하려는 것이 아니다. 수필은 수필이고 시는 시인 것이다. 더욱이 윤동주의 시는 시어가 지닌 고도의 상징성으로 인해, 순도 높게 정화된 내면의 정신을 표현하고 있을 뿐만 아니라, 나아가 더욱 깊은 차원의 신앙적 의미를 머금고 있는 경우가 많다.

그런데 이를 다시 생각하면, 윤동주의 시가 제아무리 순결한 내면과 깊은 종교성을 지니고 있다 할지라도, 아니 그럴수록 그것이 시인 자신의 삶에서 우러나온 것임에는 틀림이 없다고 하겠다. 그러기에 그가 실제로 겪었던 개인적 방황과 시대적 고민을 드러내고 있는 수필이 다시금 중요해진다. 말하자면 그가 처해 있던 현실 상황에 대한 그만의 고유한 반응이 그의 시에 고도의 상징성을 부여하도록 했다고 할 수 있기에, 이번에는 그의 시에 대한 해석이 그의 수필에 숨겨진 좀 더 깊은 의미를 찾아낼 수 있도록 하는 것이다.

이렇게 보면, 수필 읽기에서 시작해서 시의 해석으로 나아가는 것은 시 읽기에서 시작하여 수필의 해석으로 나아가는 것과 같다. 시와 수필은 서로를 비추어 주며 서로에게 더욱 깊은 의미를 부여해 주고 있기 때문이다. 단지 논의의 편의상, 수필 「종시(終始)」를 먼저 읽고 시 「길」과 「또 다른 고향(故鄕)」을 나중에 읽을 따름이다. 이 글에서는 이렇게 시인의 수필과 시를 읽은 다음, 시인이 말하는 '종시(終始)'의 뜻과 관련하여 한 가지 중요한 제언을 하고자 한다.

2. 새 출발에 즈음하여
– 수필 「종시(終始)」

수필 『종시(終始)』의 제목인 '종시(終始)'란 무엇인가? '끝마치고 시작한다'는 뜻이다. 그러니까 윤동주는 지난 일을 끝맺고 뭔가 새로운 출발을 하기 위해 이 수필을 쓴 것이다. 이 수필에는 연희전문학교를 졸업하고 나면 어디로 가서 무엇을 할 것인가 하는 당면한 현실적인 문제에 대한 고민이 들어 있고, 인간은 어디서 와서 어디로 가는 것인가 하는 인생행로와 관련된 더욱 근원적인 문제에 대한 생각도 암시되어 있다.

수필 「종시(終始)」에는 이 수필을 쓴 시기가 기록되어 있지 않다. 하지만 그 내용으로 미루어, 윤동주가 정병욱과 함께 종로구 누상동에서 하숙하고 있던 1941년 4~9월경에 쓴 것으로 추정된다. 이 수필에는 누상동에서 서울 도심을 거쳐 신촌에 이르는 등굣길에서 볼 수 있는 여러 광경이 묘사되어 있다. 그리고, 그런 광경들에 대한 윤동주 자신의 생각과 느낌이 서술 되어 있다.

윤동주는 하숙집에서 나와 전차를 타고 창밖으로 사람들을 관찰하기도 하고, "현대로써 캄푸라치한 옛 금성(禁城)"[1](경복궁;인용자)의 성벽을

1) 왕신영 외 편, 『사진판 윤동주 자필 시고전집』, 민음사, 2002, p.130. 앞으로 윤동주의 시와

따라 달리다가 하늘을 쳐다보기도 한다. 또 성벽이 끊어지는 곳에서부터, "총독부(總督府), 도청(道廳), 무슨 참고관(參考館), 체신국(遞信局), 신문사(新聞社), 소방조(消防組), 무슨 주식회사(株式會社), 부청(府廳)" 등을 내다보는데, 이런 건물들은 당시 경복궁에서 남대문에 이르는 길에서 볼 수 있었던 것들이다.

이윽고 그는 서울역에 도착하여 종점(終點)을 시점(始點)으로 바꾸면서 기차로 갈아탄다. "느릿느릿 가다 숨차면 가(假)정거장에서도" 서는 기차 안에서도 그는 창밖으로 사람들을 관찰한다. 기차가 터널을 벗어났을 때, 그는 복선 공사에 분주한 노동자들을 보면서 또 여러 가지 생각을 하다가, 신촌에 도착할 즈음 "이제 나는 곧 종시(終始)를 바꿔야 한다." 하고 생각한다. 그리하여 어떤 최종적인 목적지를 향해 새롭게 출발하고 싶다고 말하면서 이 수필을 끝맺는다.

그러면 윤동주가 등굣길의 차 안에서 내다본 풍경은 어떤 것들인가? 그리고 그는 그런 풍경을 보면서 무슨 생각을 하게 되는가? 먼저 전차 안에서 내다본 풍경과 그에 대한 생각을 살펴보자.

> 나만 일찍이 아침 거리의 새로운 감촉(感觸)을 맛볼 줄만 알았더니 벌써 많은 사람들의 발자국에 포도(鋪道)는 어수선할 대로 어수선했고 정류장(停留場)에 머물 때마다 이 많은 무리를 죄다 어디 갖다 터트려 버릴 심산(心算)인지 꾸역꾸역 자꾸 박아 싣는데 늙은이 젊은이 아이 할 것 없이 손에 꾸러미를 안 든 사람은 없다. 이것이 그들 생활(生活)의 꾸러미요, 동시(同時)에 권태(倦怠)의 꾸러미인지도 모르겠다.
>
> 이 꾸러미를 든 사람들의 얼굴을 하나하나씩 뜯어보기로 한다. 늙은이 얼굴이란 너무 오래 세파(世波)에 짜들어서 문제(問題)도 안 되겠거니와 그 젊은이들 낯짝이란 도무지 말씀이 아니다. 열이면 열이 다 우수(憂愁) 그것이요 백(百)이면 백(百)이 다 비참(悲慘) 그것이다. 이들에게 웃음이란 가물에 콩 싹이다. 필경(必境) 귀여우리라는 아이들의 얼굴을 보는 수밖에 없는데 아이들의 얼굴이란 너무나 창백(蒼白)하다.

수필은 이 사진판 전집에서 인용하되, 현대어 표기법으로 바꾸어 쓴다. 인용 페이지는 따로 밝히지 않는다.

여기서 윤동주는 전차가 정거장에 멈출 때마다 밖을 내다보며, 전차에 오르는 사람들에 대한 자신의 느낌을 서술하고 있다. 정거장마다 손에 손에 꾸러미를 들고 서 있다가 꾸역꾸역 전차에 오르는 사람들을 관찰하면서, 그는 말할 수 없는 비애감을 느낀다. 늙은이들의 얼굴은 세파에 찌들었고, 젊은이들의 얼굴은 우수와 비참 그것이며, 아이들의 얼굴은 너무나 창백하기 때문이다.

도무지 활기라고는 찾아볼 수 없는 사람들의 얼굴을 뜯어보다가, 윤동주는 "내상도 필연코 그 꼴일 텐데 내 눈으로 그 꼴을 보지 못하는 것이 다행"이라고 생각한다. 윤동주가 그 당시 우리 민족의 가난한 현실과 자기 자신의 무력한 모습에 대해 몹시 괴로워하고 있었음을 알 수 있다. 윤동주는 이어서, 서울역에서 신촌행 기차를 갈아탄 다음, 기차가 터널을 통과하는 것을 다음과 같이 서술하고 있다.

> 이윽고 터널이 입을 벌리고 기다리는데 거리 한가운데 지하철도(地下鐵道)도 아닌 터널이 있다는 것이 얼마나 슬픈 일이냐, 이 터널이란 인류 역사(人類歷史)의 암흑시대(暗黑時代)요 인생 행로(人生行路)의 고민상(苦悶相)이다. 공연(空然)히 바퀴 소리만 요란하다. 구역날 악질(惡質)의 연기(煙氣)가 스며든다. 하나 미구(未久)에 우리에게 광명(光明)의 천지(天地)가 있다.
>
> 터널을 벗어났을 때 요즘 복선 공사(複線工事)에 분주(奔走)한 노동자(勞働者)들을 볼 수 있다. 아침 첫차(車)에 나갔을 때에도 일하고 저녁 늦 차(車)에 들어올 때에도 그네들은 그대로 일하는데 언제 시작(始作)하야 언제 그치는지 나로서는 헤아릴 수 없다. 이네들이야말로 건설(建設)의 사도(使徒)들이다. 땀과 피를 아끼지 않는다.(이하 2행 탈락)
>
> 그 육중한 도락구를 밀면서도 마음만은 요원(遙遠)한 데 있어 도락구 판장에다 서투른 글씨로 신경행(新京行)이니 북경 행(北京行)이니 남경행(南京行)이니 라고 써서 타고 다니는 것이 아니라 밀고 다닌다. 그네들의 마음을 엿볼 수 있다. 그것이 고력(苦力)에 위안(慰安)이 안 된다고 누가 주장(主張)하랴.

기차가 터널 속에 들어서자 윤동주는 인류 역사와 인생 행로를 터널 속의 어둠에 비유하고 있다. 즉 인류 역사는 암흑시대에 처해 있으며, 인생 행로는 고민 상을 보여주고 있다는 것이다. 앞서 읽어본 민족의 현실과 자신의 무력감에 대한 비애감이 인류 역사와 인생행로로 확장되면서 역시 비관적으로 나타나고 있음을 볼 수 있다.

그러나 다음 순간, 윤동주는 "미구(未久)에 우리에게 광명(光明)의 천지(天地)가 있다." 하고 말하는데, 이것은 단순히 기차가 터널을 벗어나는 것만을 뜻하는 것은 아닐 것이다. 터널을 벗어나자, 그는 복선 공사에 분주한 노동자들을 목격하게 된다. 땀과 피를 아끼지 않는 그들을 '건설(建設)의 사도(使徒)들' 이라고 부는 것으로 미루어, 아마도 윤동주는 이 노동자들에게서 미래에의 희망을 발견하려 한 것인지도 모른다.

어쨌든 윤동주는 노동자들이 밀고 다니는 '도락구 판장' 에 서투른 글씨로 '신경행(新京行)', '북경행(北京行)', '남경행(南京行)' 이라고 씌어 있는 것을 보고는, 그 끝없는 '고력(苦力)' 에 '위안(慰安)' 을 삼으려는 노동자들의 마음을 읽어낸다. 그러면서 문득, 자기 자신의 마음으로 돌아온다. 바로 여기서, 시인은 4학년 졸업반 학생으로서 지니고 있는 자기 자신의 처지에 대해 생각하게 되는 것이다.

> 이제 나는 곧 종시(終始)를 바꿔야 한다. 하나 내 차(車)에도 신경행(新京行), 북경행(北京行), 남경행(南京行)을 달고 싶다. 세계일주행(世界一週行)이라고 달고 싶다. 아니 그보다 진정(眞正)한 내 고향(故鄕)이 있다면 고향행(故鄕行)을 달겠다. 다음 도착(到着)하여야 할 시대(時代)의 정거장(停車場)이 있다면 더 좋다.

시인은 "곧 종시(終始)를 바꿔야 한다." 이제는 1938년에 시작했던 연희전문학교의 생활을 마치고(終), 무엇인가를 새로 시작해야(始) 한다. 그래서 그는 노동자들처럼 "신경행(新京行), 북경행(北京行), 남경행(南京行)을 달고 싶다." 하여간 어디론가 떠나서 무엇인가를 시작해야 한다. 그러나 이러한 '종시(終始)'의 바꿈이 단순히 연희전문학교를 졸업하고 상급학교에 진학하는 외적인 변화만을 의미할 수는 없다.

그래서 그는 '진정(眞正)한 내 고향(故鄕)' 또는 '시대(時代)의 정거장(停車場)'을 생각한다. 시인은 자신의 삶에 뭔가 질적인 변화가 필요하고, 뭔가 새로운 도약이 요구되는 때가 왔음을 직감하고 있다. 이러한 변화 또는 도약은 한편으로는 개인적 의미를 지니면서 다른 한편으로는 시대적 의미를 지닌다. 그러면서, 좀 더 근원적으로는, 그러한 개인적 시대적 의미들을 그 안에 품으면서 그것을 뛰어넘는, 더욱 깊은 차원의 내면적 의미를 지니고 있는 것으로 보인다. 이 점, 그의 시 「길」과 「또 다른 고향(故鄕)」의 분석을 통해 확인할 수 있을 것이다.

3. 잃어버린 '나'를 찾아서
- 시 「길」

윤동주의 시는 1941년 5~6월경(연희전문 4학년 시절)에 놀라운 질적 성장을 이루게 된다. 이러한 시적 성숙은 신앙의 회복 및 그에 따른 근본 체험과 긴밀히 관련되어 있다. 그리스도교 신앙에 회의감을 갖고 있던 그는 1940년 말(연희전문 3학년 시절)에 「병원(病院)」(1940. 12)을 쓰면서 신앙을 회복하고, 이어서 다음 해 초에 신앙과 관련된 근본 체험을 기록한 「무서운 시간(時間)」(1941. 2. 7)을 썼던 것이다.

이 두 작품을 거친 다음 1941년 5~6월경에 이르러, 시인은 「태초의 아침」, 「또 태초의 아침」(1941. 5. 31), 「새벽이 올 때까지」(1941. 5), 「십자가」(1931. 5. 31), 「눈 감고 간다」(1941. 5. 31), 「돌아와 보는 밤」(1941. 6), 「바람이 불어」(1941. 6. 2) 등의 시편들을 연이어 쏟아냈다. 그런데 이 시편들은 모두가 그리스도교 신앙을 담고 있는 작품들이다. 신앙의 성숙과 함께 바야흐로 시적 성숙기를 맞이한 것인데, 이 시기가 바로 수필 「종시(終始)」를 탄생시킨 누상동 하숙 시절이었던 것이다.

윤동주는 이후, 1941년 9월에 이르러 「길」(1941. 9. 31)과 「또 다른 고향(故鄕)」(1941. 9)을 쓰면서 자신의 신앙을 더욱 심화시키게 된다. 그리하여 마침내, 그해 11월에 이르러 명편 중의 명편인 「별 헤는 밤」(1941. 11. 5)과 「서시」(1941. 11. 20)를 쓰게 된다. 그러고는 연희전문 졸업 기념으로 육필 자선시집 『하늘과 바람과 별과 시(詩)』를 묶어내게 되는 것이다.

이상에서 간단하게나마 「병원(病院)」(1940. 12) 이후의 시적 편력을 살펴본 것은 이 글에서 분석하고자 하는 작품인 「길」(1941. 9. 31)과 「또 다른 고향」(1941. 9)을 제대로 이해하기 위해서이다. 즉 이 두 작품의 바탕에는 깊을대로 깊어진 시인의 신앙이 자리 잡고 있다는 사실을 염두에 두어야 한다는 것이다. 그러면 먼저, 시 「길」을 읽어보자.

잃어버렸습니다.
무얼 어디다 잃었는지 몰라
두 손이 주머니를 더듬어
길에 나아갑니다.

돌과 돌과 돌이 끝없이 연달아
길은 돌담을 끼고 갑니다.

담은 쇠문을 굳게 닫아
길 위에 긴 그림자를 드리우고

길은 아침에서 저녁으로
저녁에서 아침으로 통했습니다.

돌담을 더듬어 눈물짓다
쳐다보면 하늘은 부끄럽게 푸릅니다.

풀 한포기 없는 이 길을 걷는 것은

담 저쪽에 내가 남아 있는 까닭이고,

내가 사는 것은, 다만,
잃은 것을 찾는 까닭입니다.

시 「길」은 그 제목에서부터 수필 「종시(終始)」와의 관련성을 짐작하게 한다. '끝마치고 시작한다'는 것이 바로 지난 일을 마무리하고 새로운 목적을 향해 '길'을 떠난다는 것이기 때문이다. 그러니까 '길'이란 말은 '종시'란 말의 변형으로 볼 수 있다.

시 「길」과 수필 「종시(終始)」의 관련성은 제목의 유사성에서만이 아니라, 수필 「종시(終始)」의 한 대목과 시 「길」의 시행들을 서로 비교해 보면 좀 더 구체적으로 드러난다. 「종시(終始)」의 다음 부분을 「길」의 제3~5연과 비교해 보자.

> 차라리 성벽(城壁) 위에 펼친 하늘을 쳐다보는 편이 더 통쾌(痛快)하다. 눈은 하늘과 성벽(城壁) 경계선(境界線)을 따라 자꾸 달리는 것인데 이 성벽(城壁)이란 현대(現代)로써 캄푸라치한 옛 禁城이다. 이 안에서 어떤 일이 이루어졌으며 어떤 일이 행(行)하여지고 있는지 성(城) 밖에서 살아왔고 살고 있는 우리들에게는 알 바가 없다. 이제 다만 한 가닥 희망(希望)은 이 성벽(城壁)이 끊어지는 곳이다.

여기서 보는 바와 같이, 수필 「종시(終始)」와 시 「길」은 그 소재와 발상에서 서로 공통점을 보여주고 있다. 공통된 소재란 성벽과 돌담, 그 안과 밖, 성벽 또는 돌담 위에 펼쳐진 하늘 등이며, 공통된 발상이란 성벽 또는 돌담으로 성 안과 성 밖이 굳게 차단되어 있다는 것, 그래서 그 위로 높이 펼쳐져 있는 하늘을 쳐다본다는 것 등이다. 이러한 소재와 발상의 유사성은 시 「길」이 수필 「종시(終始)」와 깊이 연관되어 있음을 웅변적으로 말해준다.

그러면 시 「길」의 '길'은 어떤 길인가? 사실, 이 '길'이라는 단어처럼 다양한 의미 층위를 지니는 말도 달리 찾기 어려울 것이다. 길은 어떤 목적지를 향해 갈 수 있도록 만든 일정한 너비의 공간을 뜻하면서, 또한 그 길을 가는 행위 자체인 노정이나 여정을 뜻하기도 한다. 그런가 하면 길은 세월(시간)의 흐름에 따라 우여곡절과 시련을 겪는 인생행로를 뜻하면서, 동시에 그런 인생을 살아가는 지혜로운 방법을 뜻하기도 한다. 뿐만 아니라 길은 진리를 찾아 나선 사람의 구도적 행각을 뜻하기도 하고, 그가 찾고 있는 진리 자체를 뜻하기도 한다.

그러니까 길이라는 말은, 땅 위에 난 일정한 너비의 공간이라는 길 최초의 의미를 가리키는 경우 말고는 모두가 상징어이다. 따라서 '길'의 의미는 시시각각 변하면서 무한히 확장될 수 있다. 그 자유자재하고 무궁무진한 의미변용으로 인해, '길'이라는 어휘는 그 자체로 시적 함의를 갖는다. 그런 까닭에 '길'은 시인들이 즐겨 사용하는 상징적 시어가 되는 것이다. 윤동주의 시 「길」에 나타난 '길' 역시 이러한 상징적 언어로서, 그 의미의 폭이 상당히 큰 경우에 속한다. 여기서는 이러한 '길'의 의미 변용에 유의하면서 이 시를 상세히 읽어 보기로 한다.

제1연에서 시인은 "잃어버렸습니다." 하고 어떤 상실감을 다소 급박하게 토로한다. 하지만 곧이어 "무얼 어디다 잃었는지" 모른다고 한다. 이러한 서술은 결코 잃어버려서는 안 될, 가장 중요한 내면적인 그 무엇을 잃어버렸다는 것을 암시한다. 그래서 시인은 "두 손이 주머니를 더듬어 길에 나아"간다. 주머니를 더듬는다는 것은 시인이 뭔가 깊은 생각에 골똘히 빠져 있다는 것을 말해 준다. 더듬는 두 손은 자신의 내면세계를 향해 뻗어 있는 촉수인 것이다. 따라서 시인이 밖으로 나간 것 자체는 무목적의 산책길에 불과하다. 이 산책길의 발걸음은 자신의 내면에 대한 성찰을 돕기 위한 행위일 뿐이다.

산책길은 제2연에서 돌담길로 끝없이 이어진다. 본래적인 무엇을 차단해 가리고 있는 돌담, 그 돌담을 끼고 길이 나 있다. 담 너머 고궁

안은 바로 가까이 곁에 있지만, 그 안을 볼 수도 없고 그 안으로 들어갈 수도 없다. 하지만 그 담 너머 고궁이 있기에 돌담이 있고, 돌담이 있기에 길도 있다. 이런 까닭에 돌담길은 잃어버린 그 무엇을 찾아가야 하는 마음의 길이 된다. 제1~2연에 나타난 '길'은 밖으로 나서서 걸어가는 길이자 자신의 마음을 따라가는 길이기도 하다.

제3연에서 시인은 끝없이 이어진 돌담길을 걷다가 마침내 고궁으로 들어가는 문 앞에 이르렀다. 그러나 "담은 쇠문을 굳게 닫어 / 길 위에 긴 그림자를 드리우고" 있을 뿐이다. 잃어버린 무엇이 고궁 안에 있는데, 굳게 닫힌 쇠문에 막혀 들어가 찾을 수 없다. 게다가 담의 긴 그림자 또는 쇠문의 긴 그림자가 길 위를 덮고 있다. 이 긴 그림자는 어둠의 느낌과 함께 시간의 감각을 자극한다. 이제 해질녘이 가까워진 것이다. 이렇게 해서 지금까지의 공간 감각을 다음 연에서 시간 감각으로 바꾸기 위한 준비가 이루어진다.

제4연으로 넘어가 보자. "길은 아침에서 저녁으로 / 저녁에서 아침으로 통"해 있다. 공간 감각에 의지했던 길이 여기에 와서 완전히 시간 감각으로 바뀌는 것이다. 길은 시간을 통해서만 자신을 드러낸다. 아침에서 저녁으로, 저녁에서 아침으로 통해 있는 길, 시점이 종점이 되고 다시 종점이 시점이 되는 길이다. 인간은 이 길을 단축시키거나 뛰어넘어 살아갈 수 없기에, 담 저쪽 즉 고궁 안(다른 차원의 세계)을 걸어 볼 수 없다. 시간의 흐름을 따라서만 걷을 수 있는 길, 이것이 바로 인생행로이다. 이처럼 제3연에 나타난 공간의 길은 제4연에 와서 시간의 길, 인생행로로 바뀌었다.

제5연에는 '길'이라는 단어가 나타나지 않는다. 걸음이 멈추어졌기 때문이다. 내면세계를 더듬던 촉수가 마음의 바닥에 닿았기 때문이다. 이 전환점에서 시인은 자신의 내면을 고스란히 드러냄으로써, 제6~7연에서 볼 수 있는 영적인 길로의 의미 변용을 준비한다. 시인이 돌담을 더듬으며 눈물짓는 것은 본래적 자아를 떠나 비본래적 자아로 추락한 데서 오는 지극한 슬픔의 표현이다. 그러나 이 눈물은 또한, 본래적 자아를 만나는 지점 즉 마음의 바닥에까지 이르러 시인의 내면이 깨끗이 정화되는 데서 흘러나오는 눈물이기도 하다.

그러다가 문득 하늘을 쳐다본다. 그리고는 한없는 부끄러움을 느낀다. "쳐다보면 하늘은 부끄럽게 푸릅니다." 쾌청한 하늘의 푸른 빛은 시인을 부끄럽게 하는데, 왜냐하면 시인의 내면이 거기 비추어 투명하게 드러나기 때문이다. 그런 만큼 이 부끄러움 속에는 시인의 여리디 여린 마음이 들어 있고, 그런 시인의 엄정한 자기성찰이 깔려 있으며, 시인만이 지닌 깨끗하고 명징한 윤리 감각이 녹아 있다.

가슴을 열어 보여주는 투명한 슬픔과 한없는 부끄러움의 힘으로, 시인은 제6~7연에서 볼 수 있는 영적 여로를 준비한다. 앞에서 내면을 더듬던 촉수가 마음의 바닥에 닿았다고 했거니와, 이렇게 깊이 내려간 것은 그만큼 높이 올라간 것이기도 하다. 전우주적 높이를 지닌 푸른 하늘은 시인의 영혼을 비추는 거울이다. 하늘은 담 위에 높이 펼쳐져 담 이쪽과 담 저쪽을 두루 비추어 준다. 이 세상에 추락한 비본래적 자아는 높고 푸른 하늘을 통해서만 본래적 자아와 연결된다.

제6연으로 넘어가 보자. 이제 시인은 신앙적 결단을 내릴 순간에 이르렀다. 시인의 결단은 자신의 삶의 이유와 근거를 찾았기에 가능한 그런 결단이다. 그러기에 여기서부터 '~(하)는 것은'→'~까닭이고' 하는 담담한 설명적 어조가 나타난다. 시인은 "풀 한 포기 없는 이 길"이지만, 그 길을 걷기로 하는 것이다. 이런 다짐이 가능한 것은 내면세계의 맨 밑바닥에서 본래의 자기 자신을 만나고 올라왔기 때문이다. 그리고 하늘의 푸른 빛으로 비본래적 자아의 부끄러움을 맑게 씻어냈기 때문이다. 푸른 하늘에 자신을 있는 그대로 비추어, 담 저쪽에 남아 있는 본래적 자아, 즉 자신의 맑은 영혼을 보았기 때문이다.

"풀 한 포기 없는 이 길"이란 말할 것도 없이 척박하기 짝이 없는 현실세계를 가리킨다.[2] 시인이 그 불모의 현실을 살아내겠다는 것은 본래적 자아, 즉 자신의 영혼을 찾아야만 하기 때문이다. 여기에 와서, '길'은 두 번째의 의미 변용을 일으킨다. 본래적 자아로 돌아가는 길, 그것은 이 세상에 있으면서 이 세상을 넘어서는 신앙의 길이다. 그리하여 '길'은 이제 영적 여로가 된다.

마침내, 마지막 연인 제7연에 이르러 조용한 신앙적 결단이 드러난다. "내가 사는 것" 즉 "풀 한 포기 없는 이 길을 걷는 것", 그러니까 시인이 불모의 현실 세계에서 인내하며 살아가는 것은 오직 "잃은 것은 찾는 까닭"이다.[3] 제1연 첫 행에서 "잃어버렸습니다." 하고 말했을 때의 그 '잃은 것'이란 지금까지 논의한 대로 본래적 자아이다. 이제부터 시인이 살아가는 것은 다만 본래적 자아를 다시 찾기 위해서일 뿐이다.

시인은 '다만'이라는 단어의 앞뒤에 쉼표를 두어, 오직 신앙으로만 가능성으로서의 인간 실존을 회복할 수 있음을 명징하게 지적하였다. 오직 하느님을 향한 매 순간의 결단을 통해서만, 나는 본래의 '나'가 된다. 이렇게 해서, 제6~7연의 '길'은 인생행로이자 신앙의 길, 다시 말해 척박한 현실에서의 영적 여로가 된다. 이것은 "내가 사는 것은, 다만, / 잃은 것을 찾는 까닭입니다." 하는, 한 치의 빈틈도 없는 명확한 서술로 뒷받침되어 있다.

지금까지 '길'의 의미 변용에 유의하면서 시 「길」을 꼼꼼히 읽어보

2) 여기서 "풀 한 포기 없는 이 길"은 수필 「종시(終始)」에서 보았던 윤동주의 등굣길을 연상시킨다. 등굣길에서 차창으로 내다본 창백한 얼굴들, 그런 풍경을 보고 느끼는 절망에 가까운 무력감 등은 어떤 방식의 합리적 해결도 불가능한 일제 말기의 현실세계, 즉 삶의 불모성 그 자체를 고발하는 것이다.

3) 시인이 '잃은 것'은 담 저쪽에 남아 있는 '나'이다. 그런데 이 담은 고궁의 돌담이라 할 수 있으므로, 당시의 시대상황에 비추어, 잃어버린 '나'를 민족적 정체성으로 생각해 볼 수도 있다. 특히 이것을 수필 「종시(終始)」에서 살핀 일제 말기의 삶의 불모성과 관련시켜 보면, 이 시에 그러한 민족적 시대적 의미가 포함되어 있다고 보는 것도 무리는 아니다.

았다. 그리하여 이 시에 나타난 '길'은 땅 위에 난 돌담길에서부터 끝없이 이어지는 인생행로를 거쳐 영혼을 구원하기 위한 영적 여로까지 멀리멀리 이어져 있음을 알게 되었다. 이 시에서 이처럼 '길'의 의미 변용에 성공한 것은 시인이 자신의 내면 깊은 곳까지 내려갔다가 다시 솟아올랐기 때문이다. 그리하여 이제, 이 시에 함축된 '길'이란 푸른 하늘에 비추어 자신을 가다듬는 그런 길이다. 시인은 이제 세상에 휩쓸려 가는 삶을 마치고(終), 오직 하느님을 향한 새로운 영적 여로를 시작하는(始) 것이다.

여기서 다시 한번, 시 「길」과 수필 「종시(終始)」와의 관계를 생각해 보자. 이미 앞에서, 시 「길」은 그 제목부터가 수필 「종시(終始)」의 변형이라고 하였다. 그렇다면 어떻게 달라졌는가? 「종시(終始)」의 '길'은 등굣길이자 생각의 길이었다. 「길」의 '길'은 돌담길이자 마음의 길이다. 「종시(終始)」의 '길'은 연희전문 졸업을 앞두고 장래의 진로 선택 등 현실 세계에서의 삶의 방향을 찾아 고민하는 길이었다. 「길」의 '길'은 잃어버린 자아, 잃어버린 영혼을 찾아 나선 존재론적 갈망에 따른 길이다.

그렇기는 하지만, 수필 「종시(終始)」가 시 「길」의 수준에 미치지 못하는 글이라고 쉽게 말할 수는 없다. 시인은 「종시(終始)」의 마지막 부분에서, "진정(眞正)한 내 고향(故鄕)이 있다면 고향행(故鄕行)을 달겠다."고 써 놓지 않았던가? 여기서 '진정(眞正)한 내 고향(故鄕)'이란 시 「길」에서 말한 담 저쪽에 남아 있는 나, 즉 본래적 자아에 상응하는 의미를 지니는 것이다.

4. '진정(眞正)한 내 고향(故鄕)'

– 시 「또 다른 고향(故鄕)」

시인이 말하는 '진정(眞正)한 내 고향(故鄕)'이란 어떤 고향일까? 그저

'내 고향' 이라고 했다면, 그것은 시인이 태어나 자란 북간도 명동촌 또는 북간도 용정을 뜻한다고 하겠다. 그러나 '진정한 내 고향' 이라 했으니, 그것은 그런 육신의 고향을 말하는 것은 아닐 것이다. '진정한 내 고향' 이란 시인의 그리스도교 신앙 안에서 바라보는 고향, 세속을 넘어선 다른 차원의 본래적 고향을 말하는 것이리라.

수필 「종시(終始)」와 관련하여, 이러한 특징을 가장 잘 드러내 보이고 있는 시가 「또 다른 고향(故鄕)」(1941. 9)이다. 이 시는 '백골(白骨)' 과 '아름다운 혼(魂)' 사이에서 무참히 찢기우고 있는 '나' (시인의 자아)를 적나라하게 보여준다. 여기서 '백골(白骨)' 은 육신적 자아 내지 세속적 자아를, '아름다운 혼(魂)' 은 그런 자아를 넘어선 존재론적 차원의 본래적 자아를 가리킨다. 그러면 먼저, 이 시를 읽어보자.

고향(故鄕)에 돌아온 날 밤에
내 백골(白骨)이 따라와 한 방에 누웠다.

어둔 방(房)은 우주(宇宙)로 통(通)하고
하늘에선가 소리처럼 바람이 불어온다.

어둠속에 곱게 풍화작용(風化作用)하는
백골(白骨)을 들여다 보며
눈물짓는 것이 내가 우는 것이냐
백골(白骨)이 우는 것이냐
아름다운 혼(魂)이 우는 것이냐

지조(志操) 높은 개는
밤을 새워 어둠을 짖는다.

어둠을 짖는 개는
나를 쫓는 것일 게다.

가자 가자

쫓기우는 사람처럼 가자
백골(白骨) 몰래
아름다운 또 다른 고향(故鄕)에 가자.

이 시는 제1~3연의 전반부와 제4~6연의 후반부로 나누어진다. 전반부에서는 '나'가 내면의 분열과 갈등으로 몹시 괴로워하며 울고 있는 상황을 그대로 드러내고 있으며, 후반부에서는 '나'가 그 분열과 갈등을 극복하고 새로운 방향으로 나아가겠다는 단호한 의지를 보여주고 있다.

제1연에서 시인은 육신적이고 세속적인 자아의 표상으로 '백골(白骨)'을 제시한다. 연희전문 졸업반 여름 방학 중에 시인은 고향인 북간도 용정으로 돌아와 있었다. 이 시를 완성한 것은 졸업반 2학기에 접어든 뒤이지만, 이 시를 처음 생각한 것은 아마도 용정에 머물러 있을 때였으리라. 아니, 용정으로 돌아온 첫날 밤이었으리라. "고향(故鄕)에 돌아온 날 밤에 / 내 백골(白骨)이 따라와 한 방에 누웠다." 하지 않았나?[4)]

육신적 자아 내지 세속적 자아는 결국 자연 현상으로서의 '바람'에 마모되어 어둠 속으로 사라지리라. 그것이 다름 아닌 풍화작용(風化作用)이다. 그래서 시인은 제3연에 이르러, "어둠 속에 곱게 풍화작용(風化作用) 하는 / 백골(白骨)을 들여다보며" 눈물을 흘린다. 그러면서, 그렇게 "눈물짓는 것이 내가 우는 것이냐 / 백골(白骨)이 우는 것이냐 / 아름다운 혼(魂)이 우는 것이냐" 하고 묻는다. '나'도, '백골(白骨)'도, '아름다운 혼(魂)'도 모두 울고 있는 것, 그러니까 시인의 전 존재(全存在)가 울고 있는 것이리라.

눈물과 울음은 내면의 고투가 정녕 아프게, 그리고 참으로 치열하게 진행되고 있음을 말해준다. 그런데 그때, 시인이 그렇게 울고 있을 때,

4) 다른 한편, 수필 「종시(終始)」의 말미에 '진정(眞正)한 내 고향(故鄕)'이라는 말이 나오는 것으로 미루어, 시 「또 다른 고향(故鄕)」의 최초의 착상은 이 수필을 쓸 때 이루어진 것으로 볼 수 있다.

밖에서 개 짖는 소리가 들려온다. 시인은 문득 울음을 멈추고 그 소리에 귀를 기울인다. 그와 동시에, 이 시는 본래적 자아 즉 '아름다운 혼(魂)' 을 확인하는 후반부로 접어든다.

충직한 개가 '어둠' 을 짖어대는 소리는 시인의 내면을 흔들어 깨운다. 충직한 개는 밖에만 있는 것이 아닌 까닭이다. 시인의 안에도 '지조(志操) 높은 개' 가 있다. 밖의 개가 주인을 지키기 위해서 '어둠' 을 짖는 것이라면, 안의 개는 본래적 자아를, '아름다운 혼' 을 지키기 위해서 '어둠' 을 짖는 것이다. 밖에서 들려오는 개 짖는 소리도 크지만, 안에서 울려오는 개 짖는 소리는 더욱 격정적이다. 그것은 세상의 '어둠' 을, 어둠 속에서 풍화작용 하는 '백골' 을, 혼신의 힘을 다해 물리치려는 거부의 목소리이기 때문이다.

그래서 시인은 제5연에서, "어둠을 짖는 개는 / 나를 쫓는 것일 게다." 하고 말한다. '어둠' 으로부터 어서 떠나가라고, '백골' 의 유혹에서 당장 벗어나라고, '지조 높은 개' 는 '나' 를 재촉해대는 것이다. 이어서 시인은 제6연에 이르러, "가자 가자 / 쫓기우는 사람처럼 가자" 하고 말한다. '나' 는 더 이상 망설이거나 머뭇거려서는 안 된다. '쫓기우는 사람' 처럼 화급하게 '백골' 의 고향을 떠나야만 한다.

시인은 이제, "백골(白骨) 몰래 / 아름다운 또 다른 고향(故鄕)에 가자." 하고 다짐하면서 이 시를 끝맺는다. '아름다운 또 다른 고향' 이란 말할 것도 없이 '아름다운 혼' 의 고향이다. 그곳은 육신의 고향이 아닌 '또 다른 고향' , 본래적인 자아가 자유롭게 숨 쉴 수 있는 진짜 고향이다. 그곳에 가기 위해서는 세속적인 어떤 것에도 미련을 가져서는 안 된다. 이런 사정을 시인은 '백골(白骨) 몰래' 라고 썼다.

이상, 윤동주의 「또 다른 고향」을 전반부와 후반부로 나누어 읽어보았다. 그 결과 이 시의 전반부는 시인이 내면의 갈등 상황으로 들어가는 부분이고, 후반부는 그 갈등을 이겨내고 본래적 자아를 찾아가는 부분이라는 것을 알게 되었다. 시인은 치열한 고투 과정을 거쳐, '백골'을 버리고 '아름다운 혼'을 되찾은 것이니, 가히 '백골'에 대한 '아름다운 혼'의 승리라고 할 만하다.

시인은 이 승리를 혼자만의 힘으로 이룬 것일까? 그렇지는 않으리라. 시인의 고투 과정으로만 이 시를 읽는 것은 이 시의 아득한 깊이를 제대로 가늠한 것이 아니다. 여기서 이 시의 제2연, 즉 "어둔 방(房)은 우주(宇宙)로 통(通)하고 / 하늘에선가 소리처럼 바람이 불어온다." 하는 부분에 유의할 필요가 있다. 이 제2연은 예수의 제자들이 성령을 받는 성경의 한 장면을 연상시킨다. "오순절이 되었을 때 그들은 모두 한자리에 모여 있었다. 그런데 갑자기 하늘에서 거센 바람이 부는 듯한 소리가 나더니, 그들이 앉아 있는 온 집 안을 가득 채웠다."(사도 2, 1-2)

시인이 "하늘에선가 소리처럼 바람이 불어온다." 하고 말한 것은 밖에서 부는 바람 소리가 하늘의 소리처럼 들려온다는 뜻이리라. 또한 그 하늘의 소리는 방 안의 '어둠'을 몰아낼 수 있는 힘을 지닌 그런 소리라는 뜻을 머금고 있으리라. 시인이 누워 있는 "어둔 방(房)은 우주(宇宙)로 통(通)하고" 있으니 말이다. 만일 '아름다운 혼'을 되찾은 것이 시인 자신의 힘만으로 이룬 승리라면, 이 제2연은 굳이 있어야 할 이유가 없는 군말이 아닌가? 이 시에서 '바람'이라는 시어는 단지 공기의 움직임만을 뜻하는 것이 아니라, '성령(하느님의 영)'이라는 함의를 지니고 있는 것이다.

이 지점에서, 이 시를 영성(靈性)의 관점에서 다시 읽을 것이 요구된다. 시인의 신앙은 이 시의 대전제가 되어 있는 것이다. '어둔 방'은 어떻게 '우주'로 통할 수 있으며, 하늘에서는 왜 '소리처럼' 바람이 불어오는가? 시인의 신앙 때문이다. 시인은 늘 자기 자신을 성찰하면서 하늘의 소리에 귀를 기울이고 있었던 것이다. 그래서 시인은 '아름다운 혼'을 등장시켜 '백골'과 대결할 수 있었던 것이다. 그러면 이제, 시인의 처절한 고투 과정을 드러낸 것으로 읽었던 제3연을 다시 읽어보자.

어둠속에 곱게 풍화작용(風化作用)하는
백골(白骨)을 들여다 보며
눈물짓는 것이 내가 우는 것이냐
백골(白骨)이 우는 것이냐
아름다운 혼(魂)이 우는 것이냐

이 제3연은 시인이 정녕 자신의 내면으로 깊이 들어가 있는 부분이다. 시인이 눈물을 흘린다는 것, '백골' 도 '나' 도 '아름다운 혼' 도 모두 울고 있다는 것이 이를 잘 말해준다. 시인은 치열한 고투 끝에 그만 울어버리고 만 것이다. 하염없이 울면서, 자기 자신을 놓아 버린 것이다. 그런데 시인이 이렇게 울면서 자신을 내려놓은 장면은, 다름 아니라, '나' 의 모든 것을 하느님 앞에 남김없이 열어 보인 그런 장면이었던 것이다. 바로 그때, 시인이 그렇게 울고 있을 때, 하느님께서 시인의 안으로 들어오신 것이다.

아니, 하느님께서는 늘 시인의 내면 저 깊은 곳에, '어둠' 을 몰아내는 밝은 빛으로 살고 계셨던 것이다. 시인은 자신의 모든 것을 던져 버리고 하염없이 울다가, 그렇게 빛으로 현존하시는 하느님을 느낀 것이다. 그분의 빛은 시인의 내면을 맑게 비추면서, 시인으로 하여금 자신의 무의식 아주 깊은 곳까지 투명하게 들여다볼 수 있도록 한다.

'나' 는 얼마나 분열되어 있었던가? '백골' 과 '나' 와 '아름다운 혼' , 이 셋만 '나' 였겠는가? 그 셋만 울고 있었겠는가? '백골' 과 '나' 사이, '나' 와 '아름다운 혼' 사이에는, 그리고 그 앞뒤와 양옆에는 무수히 많은 '나' 가 서로 '나' 를 주장하며 싸우고 있지 않았겠는가? 시인은 그 복잡하고 무의미한 싸움을 멈추고, 이제, 그 무수한 '나' 를 눈물 속에 녹여낸 것이다. 그런데 놀랍게도, 하느님께서는 그 눈물을 씻어주는 손길까지 벌써 준비하고 계셨던 것이다.

'나' 는 그분의 손길로 눈물을 씻고, 그분의 빛으로 새로운 '나' 를 알아본다. "그분께는 어둠도 어둡지 않고 / 밤도 낮처럼 빛" (시편 139, 12) 난다. 나는 그분의 빛을 받아 티 없이 맑아진 눈으로, 그분께서 찾아주신 '나' 를 새롭게 발견한다. 그동안 무엇이 문제였는지를 대낮처럼 환히 깨닫고, 참된 자아를, 그 누구와도 바꿀 수 없는 '나' 만의 고유한 자아를 찾아낸다. 이제, 그 확연한 깨달음은 신앙의 빛을 힘으로 변환시킨다. 제4연을 다시 읽어보자.

지조(志操) 높은 개는
밤을 새워 어둠을 짖는다.

시인은 무의식 깊은 곳에서 울려 나오는 자신의 목소리를 듣는다 따라서 개가 어둠을 짖는 소리는 그저 억눌린 정서의 폭발만은 아니다. 그런 것뿐이라면 어찌 "밤을 새워 어둠을 짖"을 수 있겠으며, '나' 를 그 '어둠' 으로부터 '아름다운 또 다른 고향' 으로 쫓아 보낼 수 있겠는가? 그 소리는 단지 거부의 목소리만은 아니다. 내면 저 깊은 곳에서, 하느님의 빛을 느낀 그 영혼의 심연에서, 그분이 새로 찾아 주신 참된 자아의 목소리이다. 격정적이지만 맑고 올곧은 목소리, 그야말로 '지조(志操) 높은' 목소리이다.

그러기에 그 목소리는, 그저 어둠을 짖는 소리가 아니라, 어둠을 깨뜨려 지워 없애는 소리이다. 어둠을 지우면서, 그 목소리는 '나' 를 빛으로 나아가도록 재촉한다. 시인은 이제, "가자 가자 / 쫓기우는 사람처럼 가자" 하고 외치는 것이다. '나' 가 '나' 에게 기우는, '나' 가 '나' 를 쫓는 이 다급한 외침은 시인의 결단이 결코 되돌릴 수 없을 만큼 결정적이라는 것을 확인시켜 준다.

시인은 마지막으로 "백골(白骨) 몰래 / 아름다운 또 다른 고향(故鄕)에 가자." 하고 다짐하지 않겠는가? 이제, '백골'의 고향에서 '아름다운 혼'의 고향으로 가야 한다. '백골 몰래', 백골과는 아예 인연을 끊고, 원래의 진짜 고향으로 달려가야 한다. '풍화작용'을 하는 시간에서 '풍화작용'이 없는 영원으로 넘어가야 한다. "이 썩는 몸은 썩지 않는 것을 입고 이 죽는 몸은 죽지 않는 것을 입어야"(1코린 15, 53) 하는 까닭이다.

이러한 변화는 이미 제2연에서부터 준비되어 있던 것이다. 시인은 자신이 누운 '어둔 방(房)'이 '우주(宇宙)로 통(通)'한다고 하면서, 하늘에서 불어오는 바람 소리를 듣고 있지 않았나? '어둔 방'은 고통스런 내면의 표상이었으니, '백골'의 유혹으로 어둠이 짙어져 가던 시인의 마음이었던 것이다. 그러나 그 '어둔 방'은 이미 '우주로 통하고' 있었던 것, 즉 시인의 마음은 이미 하느님의 영을 느끼고 있었던 것이다. 그리하여 시인은 하느님의 빛으로 내면의 어둠을 걷어내고, 바로 그 자리에서 '또 다른 고향'을 찾은 것이다.

5. 하나의 제언
- 끝이라야 시작이다

다시 수필 「종시(終始)」로 돌아와 보자. 이 수필은 "종점(終點)이 시점(始點)이 된다. 다시 시점(始點)이 종점(終點)이 된다." 하는 말로 시작된다. 이는 시인의 등굣길과 하굣길에 따라 종점과 시점이 바뀐다는 것을 표현한 것이다. 즉 어제 하굣길의 종점이 오늘 등굣길의 시점이 되고, 오늘 등굣길의 시점이 다시 하굣길의 종점이 된다는 것이다. 이것이 이 수필의 제목 '종시(終始)'의 처음 뜻이다.

그런데 이 수필의 끝부분에서 시인은 "이제 나는 곧 종시(終始)를 바꿔야 한다. 하나 내 차(車)에도 신경행(新京行), 북경행(北京行), 남경행(南京行)을 달고 싶다. 세계일주행(世界一週行)이라고 달고 싶다." 하고 말한다. 여기에 이르러 '종시(終始)' 의 뜻은 이제 곧 연희전문학교를 졸업하고(終), 외국 유학 등의 새로운 출발을 해야 한다(始)는 것으로 바뀌게 된다.

그러나 시인은 곧이어 "아니 그보다 진정(眞正)한 내 고향(故鄕)이 있다면 고향행(故鄕行)을 달겠다. 다음 도착(到着)하여야 할 시대(時代)의 정거장(停車場)이 있다면 더 좋다." 하고 말하지 않겠는가? 이 말을 방금 읽은 시 「또 다른 고향(故鄕)」에 비추어 보면, 그것은 육신적 자아 또는 세속적 자아인 '백골(白骨)' 의 고향을 떠나, 진정한 자아 또는 영적 자아인 '아름다운 혼(魂)' 이 고향으로 가겠다는 의미가 된다. 즉 세속적 욕망에 따른 삶을 끝마치고(終), 하느님의 뜻을 따르는 영적인 삶을 시작하겠다(始)는 것이다.

그렇다면 "다음 도착(到着)하여야 할 시대(時代)의 정거장(停車場)"이란 무엇일까? 그것은 아마도 일제로부터 해방되는 날, 그러니까 일제 강점기가 끝나고(終) 독립된 민족 국가가 시작되는(始) 미래의 어떤 날을 뜻할 것이다. 나아가, 시인의 깊은 신앙에서 우러나오는, 하느님 나라가 실현되는 새로운 시대를 향해 달리는 기차로 갈아탈 수 있는, 그런 '시대(時代)의 정거장(停車場)' 을 의미할 것이다.

이 수필의 제목 '종시(終始)' 는 사서(四書) 중의 한 권인 「대학(大學)」 경1장(經一章)에 나오는 "물유본말(物有本末) 사유종시(事有終始) 지소선후(知所先後) 즉근도의(則近道矣)" 하는 대목, "물(物)에는 근본과 말단이 있고, 일(事)에는 마침과 시작함이 있으니, 먼저 하고 뒤에 할 바를 알면 도에 가까울 것이다."5) 하는 대목에서 따온 듯하다. 즉 '사유종시(事有終始)' 의 '종시(終始)' 인 것이다.

---

5) 『대학 중용 - 유교경전번역총서 3』, 성균관대학교 출판부, 2007, p.18.

윤동주는 물론 그리스도교 신자이지만 유교 경전도 공부했을 것이다. 원래 함경도에서 두만강을 건너 북간도 명동촌(明東村)을 건설한 사람들은 유학자들과 그 후손들이었다. 그중에서도 윤동주의 외숙인 김약연(金躍淵)은 일찍이 이곳에 규암재(圭巖齋)를 세웠다. 이 서당이 중심이 되어 명동학교의 전신인 명동 서숙(明東書塾)이 시작된 것이다. 윤동주의 아우인 윤일주가 작성한 연보를 보면, 윤동주는 1940년(연희전문 3학년) 여름 방학 때 귀향하여 외숙인 김약연에게 『시전(詩傳)』을 배운 것으로[6] 기록되어 있다.

비록 그때뿐이겠는가? 윤동주는 어려서부터 그리스도교적 분위기에서 자랐지만, 그렇다고 유교적인 전통과 무관하게 성장한 것은 아니다. 어쩌면 당시 명동촌의 그리스도교는 유교적 그리스도교였다고 말할 수 있지 않을까? 그리고 연희전문에 입학한 이후에도 신학문과 함께 동양 고전과 관련된 과목도 공부했을 것이다.

그래서일까? 「서시(序詩)」의 "죽는 날까지 하늘을 우러러 / 한 점 부끄럼이 없기를," 하는 대목을 『맹자(孟子)』 「진심장구상(盡心章句上)」에 나오는 "앙불괴어천(仰不愧於天) 부불작어인(俯不怍於人) 이락야(二樂也)" 즉 "우러러서는 하늘에 부끄럽지 아니하며, 굽어서는 사람에 부끄럽지 않은 것이 두 번째 즐거움이고"[7] 하는 대목과 연결 짓는 해석도 더러 눈에 띈다. 물론 「서시(序詩)」는 그리스도교 신앙을 바탕으로 하고 있는 작품임에 틀림없다. 하지만 「서시(序詩)」의 첫 두 행이 『맹자(孟子)』의 '앙불괴어천(仰不愧於天)' 이라는 구절과 관련되어 있으리라는 추정이 전혀 틀렸다고 단정할 수도 없는 것이다.

한 가지만 더 이야기하고 넘어가자. 윤동주는 자신의 소장도서 중의 하나인 『예술학(藝術學)』(高沖陽造 著)의 책 케이스 앞면 아래 부분에 『맹자

6) 『사진판 전집』 말미의 「윤동주 연보」 참고.

7) 『맹자 – 유교경전번역총서 2』, 성균관대학교 출판부, 2006, p.941~942. 이하, 『맹자』 번역은 이 책에 의거함.

(孟子)』「이루장구상(離婁章句上)」의 다음 대목들을 연이어 적어놓았다. 윤동주는 이 대목을 원문 즉 한문(漢文)으로만 적어 놓았다.[8]

> 맹자왈(孟子曰) 애인불친반기인(愛人不親反其仁) 치인불치반기지(治人不治反其智) 예인부답반기경(禮人不答反其敬) 행유부득자(行有不得者) 개반구제기(皆反求諸己) 기신정이천하귀지(其身正而天下歸之) 시운(詩云) 영언배명(永言配命) 자구다복(自求多福)
>
> (맹자가 말하였다. "사람을 사랑해도 친해지지 않으면 그 사랑을 돌이켜 보고, 사람을 다스려도 다스려지지 않으면 그 지혜를 돌이켜보며, 사람을 예로써 대해도 반응이 없으면 그 공경을 돌이켜보아야 한다. 행함에 뜻대로 되지 않는 것이 있으면 모두 자신을 돌이켜보아야 하니, 그 자신이 바르면 천하가 돌아올 것이다. 시경에 말하기를, '길이 천명에 부응하는 것이 스스로 많은 복을 구하는 방법이다' 라고 하였다.")

> 맹자왈(孟子曰) 인유항언(人有恒言) 개왈(皆曰) 천하국가(天下國家) 천하지본재국(天下之本在國) 국지본재가(國之本在家) 가지본재신(家之本在身)
>
> (맹자가 말하였다. "사람이 항상 말하기를, '천하, 나라, 집' 이라고 하니, 천하의 근본은 나라에 있고, 나라의 근본은 집에 있고, 집의 근본은 몸에 있는 것이다.")

시인이 이 두 대목을 자신의 책 『예술학(藝術學)』 케이스에 옮겨 적어 두었다는 것은 그 내용이 그의 마음에 와닿았다는 것을 말해준다. 시인은 늘 위의 구절들을 염두에 두고 자신의 마음을 저 깊은 곳까지 들여다보며 성찰했을 것이다. 시인은 그리스도교 성경만이 아니라 유교 경전을 통해서도, 늘 자신을 바르게 하는 것이 모든 일의 근본임을 스스로 깨우쳐 가고 있었던 것이다.

이렇게 보니, 윤동주가 '물유본말(物有本末) 사유종시(事有終始)' 의 '종시(終始)' 를 따서 수필의 제목으로 삼게 된 좀 더 근본적인 이유를 알 듯하다. 이 구절의 의미가 먼저하고 뒤에 할 바를 아는 데 있다고 할 때, 시인은 무엇보다 먼저 자신을 바로잡는 것이 모든 일의 으뜸이 된다는

8) 『사진판 전집』, p.199 참고.

그런 의미로 이해했으리라. 그래야만 '즉근도의(則近道矣)' 곧 진리(道)에 가까워질 수 있으리라. 그렇다면 무엇을 어찌해야 자신을 바로잡을 수 있겠는가?

이 지점에서 다시, 시 「또 다른 고향(故鄕)」으로, 그리고 시인의 그리스도교 신앙으로 돌아오게 된다. 즉 세속적 자아의 일을 끝마치고(終), 영적 자아의 일을 시작한다(始)는 것이다. 아니, 세속적 자아를 떠나야만, 영적 자아가 시작된다는 것이다. 온 힘을 다해 '백골(白骨)' 의 고향을 떠나야만, '아름다운 혼(魂)' 의 '또 다른 고향(故鄕)' 으로 즉 '진정(眞正)한 내 고향(故鄕)' 으로 갈 수 있다는 것이다. 그래야만, 하느님 나라가 실현되는 새로운 시대로 넘어가는 시간의 언덕에, 즉 '시대(時代)의 정거장(停車場)' 에 도착할 수 있다는 것이다.

여기에 이르러 우리는 '끝마치고 시작한다' 는 말을 '끝이라야 시작이다' 라는 말로 바꾸어야 할 것이다. 그래야 '종시(終始)' 라는 말이 그저 이 일에서 저 일로 길을 바꾼다는 뜻이 아니라, 이전의 일을 완전히 버리고 마땅히 가야 할 새로운 방향으로 나아가려는 당위적 결단의 의미를 지닌다고 할 수 있지 않겠는가? 시인 자신이 시 「길」에서, "내가 사는 것은, 다만, / 잃은 것을 찾는 까닭"이라고 하지 않았는가? 그리고 시 「또 다른 고향(故鄕)」에서, "백골(白骨) 몰래 / 아름다운 또 다른 고향(故鄕)에 가자." 하고 외치지 않았는가? 시인은 이 세상의 일을 완전히 끝내야만 하늘의 일을 시작할 수 있다는 것을 이처럼 결정적으로 선언하고 있는 것이다.

이제, 필자는 하나의 제언을 하고자 한다. 그것은 다름 아니라, 광화문 광장이나 시청 앞 광장 등 도심 한복판에 윤동주의 동상을 세우자는 것이다. 안영환 수필가도 이미 이런 제안을 한 일이 있다. 그는 「폰델과 윤동주」라는 글에서, 네덜란드의 수도 암스테르담 도심의 폰델파크 중앙에 한 손에 시집을 든 자세로 앉아 있는, 17세기 네덜란드가 스페인과의 독립 전쟁에서 승리하는 과정에서 민족의 단결에 기여했던 국민시인 폰델(Joost van den Vondel)의 동상에 대해 언급하고 있다.

그러면서, 안영환 수필가는 윤동주의 시 「십자가」를 연상하고, 이 시에서 말한 대로 겨레를 구원하고자 후쿠오카 감옥에서 순교한 윤동주 시인의 동상이 세워졌으면 하는 바람을 피력하고 있다. "언젠가 도심 한복판에 시인의 동상이 세워지고, 사람들이 여기에 와서 희망의 꽃 한 송이씩을 바치면서 민족의 비극을 극복하는 '사랑과 평화'의 소망을 실현하는 날이 오기를"[9] 간절히 바란다는 것이다.

필자도 역시 그런 바람을 가지고 있다. 설혹 윤동주 시인이 서울 도심과 별 연고가 없다 하더라도, 도심 한복판에 그의 동상을 세우는 것은 전혀 이상한 일이 아니다. 윤동주는 온 국민이 사랑하는 민족 시인인 까닭이다. 하물며 서울 도심은 윤동주 시인과 각별한 연고가 있는 장소임에랴! 앞서 살핀 대로, 경복궁에서 광화문, 시청 앞, 남대문을 거쳐 서울역에 이르는 길은 전차를 타고 움직인 시인의 등굣길이 아닌가? 시인은 서울역에서 기차로 갈아타고 신촌에 있는 연희전문학교를 다녔던 것이다. 이를 거꾸로 생각하면, 즉 종점을 시점으로, 시점을 종점으로 바꾸면 시인의 하굣길이 되는 것이다.

뿐만이 아니다. 시인의 하굣길은 그저 신촌에서 기차를 타고 서울역에서 전차로 갈아타는 그런 경로만은 아니다. 시인과 누상동에서 하숙 생활을 함께 한 정병욱은 시인의 하굣길과 관련하여 다음과 같은 회고를 남겨두고 있다.

> 하학 후에는 기차 편을 이용했었고, 한국은행 앞까지 전차로 들어와 충무로 책방들을 순방하였다. 지성당(至誠堂) · 일한서방(日韓書房) · 마루젠(丸善) · 군서당(群書堂) 등, 신간 서점과 고서점을 돌고 나면 '후유노야도'(多の宿)나 '남풍장'(南風莊)이란 음악 다방에 들러 음악을 즐기면서 우선 새로 산 책을 들춰보기도 했다. 오는 길에 '명치

9) 안영환, 「폰델과 윤동주」, 『창작산맥』, 2015, 겨울, p.59.

좌'(明治座)에 재미있는 프로가 있으면 영화를 보기도 했었다.

극장에 들르지 않으면 명동에서 도보로 을지로를 거쳐 청계천을 건너서 관훈동 헌책방을 다시 순례한다. 거기서 또 걸어서 적선동 유길서점(有吉書店)에 들러 서가를 훑고 나면 거리에는 전깃불이 켜져 있을 때가 된다.[10)]

여기서 알 수 있는 바와 같이, 윤동주와 정병욱은 하굣길에 충무로, 을지로, 청계천, 관훈동, 적선동 등을 누비고 다니며, 책방들을 순례하기도 하고 음악다방에 들러 음악을 듣기도 하고 영화관에서 영화를 보기도 하였다. 그렇다면 서울 도심은 두 사람의 학창 시절의 추억이 묻어 있는 장소, 달리 말해 윤동주 시인의 시심(詩心)이 어려 있는 자리인 것이다. 그렇다. 서울 도심은 민족시인 윤동주의 동상이 반드시 세워져야만 할 자리인 것이다.

서울 도심이 윤동주의 시심이 어려 있는 자리라는 말은 또 하나의 중요한 의미를 내포하고 있다. 윤동주의 누상동 하숙 시절, 그러니까 윤동주가 정병욱과 더불어 서울 도심의 책방, 다방, 영화관 등을 순례하던 바로 그 시기가 시인의 시작품이 질적으로 비약한 시적 성숙기였다는 것이다. 정병욱의 다른 회고문을 읽어 보자.

문(門)안으로 들어온 뒤에도 그의 장거리 코-스는 여전히 계속되었다. 통학차를 내려 전차를 갈아타고 선은(鮮銀) 앞에서 하차하여 대판옥서점(大阪屋書店)·환선(丸善)·일한서방(日韓書房) 등(等) 신간서점(新刊書店)을 거쳐 명치제과(明治製菓)나 정유사(精乳舍)에 들러 잠시 쉬었다가는 천주교성당(天主敎聖堂) 가운데를 가로 건너 황금정(黃金町)을 지나 관훈동(寬勳洞) 헌책사에 들러 효자동(孝子洞) 차를 타고 누상동(樓上洞) 9번지(九番地) 소설가(小說家) 김송씨(金松氏)의 문간방으로 돌아가는 코-스가 가장 긴 코-스였다. (……중략……) 물론 그 긴 코-스 중간에 좋은 프로가 있으면 시네마도 부지런히 들렀고 다방(茶房)에도 웬만큼 나드는 편이었다.

이처럼 바꾸어진 문(門)안 코-스를 통하여 그는 그의 눈 앞을 스쳐

10) 정병욱, 「잊지 못할 윤동주 형」, 『바람을 부비고 서 있는 말들』, 집문당, 1980, pp.16~17.

> 가는 모든 일들을 차츰 가슴 속에 깊이 새겨 그의 시(詩)는 점점 내향적(內向的)인 경향으로 흐르기 시작하였다. 1941년(一九四一年) 4월(四月) 이후 그가 졸업할 때까지의 그의 작품은 그 이전의 작품들과 대조적(對照的)인 위치에 서 있는 것을 이해할 것이다.[11]

정병욱은 이 글에서도 역시, 윤동주의 하굣길 중 서울 도심을 관통하는 '장거리 코-스'에 대해 말하고 있다. 조선은행 앞에서 전차를 내려 여러 신간서점들을 거쳐 제과점에서 잠시 쉬었다가 명동성당을 가로질러 황금정을 지나 관훈동 헌책사를 들러보고 효자동 차를 타고 누상동 하숙집으로 돌아갔다는 것이다. 그리고 "그 긴 코-스 중간에 좋은 프로가 있으면 시네마도 부지런히 들렀고 다방(茶房)에도 웬만큼 나드는 편이었다."는 것이다.

그런데 이 글에서 정병욱은 윤동주의 시세계와 관련하여 아주 중요한 점을 지적하고 있다. 즉 "이처럼 바꾸어진 문(門)안 코-스를 통하여 그는 그의 눈 앞을 스쳐가는 모든 일들을 차츰 가슴 속에 깊이 새겨 그의 시(詩)는 점점 내향적(內向的)인 경향으로 흐르기 시작하였"고, 그리하여 "1941년(一九四一年) 4월(四月) 이후 그가 졸업할 때까지의 그의 작품은 그 이전의 작품들과 대조적(對照的)인 위치에 서"게 되었다는 것이다.

윤동주의 시세계에 대한 정병욱의 이러한 지적은 바로 이 시기가 윤동주의 시적 성숙기라는 점을 시사해 주고 있다. 이미 앞에서 살폈듯, 「병원(病院)」(1940. 12)과 「무서운 시간(時間)」(1941. 2. 7)을 거치고 나서, 윤동주의 시는 이 시기에 놀라운 질적인 도약을 이루게 된다. 그리스도교 신앙의 성숙에 서울 도심에서의 경험이 겹치면서 나날이 시적 성숙도를 더해갔던 것이다. 우리의 귀를 먹먹하게 하는 「십자가(十字架)」(1941. 5. 31) 한 편이 바로 이 시기의 작품이 아닌가? "모가지를 드리우고 / 꽃처럼 피어나는 피를 / 어두워가는 하늘 밑에 / 조용히 흘리겠습니다." 하

11) 정병욱, 「동주 형(東柱兄)의 추억(追憶)」, 『연희춘추』1953. 7. 12, 『국문학산고(國文學散藁)』, 신구문화사, 1959, p.342.

고 아주 '조용히' 순교의 의지를 노래한 저 「십자가(十字架)」 말이다.

단지 「십자가(十字架)」 한 편 뿐이겠는가? 앞에서 말했듯, 시인은 이 시기에 「눈 감고 간다」(1941. 5. 31), 「돌아와 보는 밤」(1941. 6), 「바람이 불어」(1941. 6. 2) 등 그리스도교 신앙을 바탕으로 한 시편들을 써냈다. 이 글에서 읽어본 「길」(1941. 9. 31)과 「또 다른 고향(故鄕)」(1941. 9)도 이 시기에 착상된 작품들이다. 뒤에 씌어진 「서시(序詩)」(1941. 11. 20), 「별 헤는 밤」(1941. 11. 5) 등의 명편들도 바로 이 시기의 시적 성숙을 바탕으로 해서 나온 것이다.

그렇다. 서울 도심은 시인의 발자취가 남아 있고 시인의 추억이 묻어 있는 곳, 무엇보다 시인의 시적 성숙기의 시심이 고스란히 서려 있는 곳이다. 이런 자리인 서울 도심에 시인 탄생 100주년이 되도록, 그리고 서거 72주기가 되도록 시인을 기리는 기념물 하나 세워지지 않았다는 것은 도대체가 말이 되지 않는 일이다. 이런 현상은 대체 우리에게 무엇을 말해주고 있는가?

민족의 역사가, 특히 민족의 근대사가 크게 왜곡되어 있다는 뜻이 아닌가? 민족 근대사를 바로잡는 것은 무엇보다 중요한 우리의 과제이다. 이제, 시인의 말처럼, 끝마치고 시작해야 할 때이다. 아니, 끝마치지 못하면 시작할 수 없다는 것을 절실히 깨달아야 할 때이다. 끝(終)이라야 시작(始)이다. 일제 침략과 민족 분단으로 왜곡된 근대사를 끝장내야만, 남북통일로 나아가는 새로운 역사를 시작할 수 있는 것이다.

비단 민족의 역사뿐이겠는가? 윤동주의 시는 민족적 의미를 넘어 온 인류가 기려야 할 보편적 가치를 지니고 있다. 그는 "꽃처럼 피어나는 피를"(「십자가(十字架)」) 민족사의 제단만이 아니라 인류사의 제단에 흘린 것이다. "모든 죽어가는 것을 사랑"(「서시(序詩)」)하면서 죄인으로 체포되어 순교한 의인, 그가 바로 시인 윤동주인 것이다. 그는 이 세상에서의 '최후(最後)의 나'에 도달해야만(終), 영적 자아와의 '최초(最初)의 악수(握手)' 가 시작된다(始)는 것을(「쉽게 씌어진 시(詩)」), 즉 최후(끝)라야 최초(시작)라는 것을 온전히 깨달아 알고 있었던 것이다.

서울 도심에 윤동주 시인의 동상을 세우자. 시인의 동상 건립은 지난 역사를 바로잡는 일이면서, 새 역사를 창조하는 일이다. 서울 도심에 시인의 동상이 세워질 때, 그때에야 우리는 시인이 그토록 바라던 '시대(時代)의 정거장(停車場)' 에 도달했다고 할 수 있지 않겠는가?

시인의 동상 건립은 왜곡된 과거의 역사에서 새로운 미래의 역사로 넘어가는, 크나큰 상징적 의미를 머금고 있는 현재의 사업인 것이다.

[이 글은 필자의 다른 글 「윤동주의 산문과 시의 관련양상」(『한국현대문학연구』, 2004. 12) 및 「신앙의 빛과 힘」(『월간문학』, 2015. 7)에서 발췌, 수정, 보완하면서 새로운 내용을 추가하여 작성한 것임]

류양선 평론가

가톨릭대학교 명예교수
저서 『한국현대문학의 탐색』 『순결한 영혼 윤동주』 편저 『윤동주 시인을 기억하며』 『윤동주 시인을 기리며』 장편소설 『이 사람은 누구인가』
제 1회 다시올문학상 제 7회 김우종문학상 수상
ysryu51@hanmail.net

윤동주의 초기시편 읽기

박 은 희

단시(短詩)와 이미지즘

눈 우에서
개가
꽃을 그리며
뛰오.

윤동주가 1936년 겨울에 쓴 「개」이다. 서술상 편리를 위하여 이하 「개1」로 설정하기로 하자. 본 글의 인용은 전부 『사진판 윤동주 자필 시고전집』에서 자필 원고를 그대로 옮긴 것이다.

처음 이 시를 읽었을 때 우리 말로 된 세상에서 가장 짧은 시인 하이쿠에 접한 설렘이었다. 단시(短詩)가 안겨주는 임팩트가 너무나도 강렬한 것이었다. 흰 눈으로 뒤덮인 겨울의 하얀 시적 공간을 시야에 펼쳐 보이고 이어서 시적 주인공 '개'를 클로즈업하였다. 다음 이어서 일상 생활에서 개와 크게 연관되지 않는 '꽃'이 불쑥 나타난다. 계절을 상징한 단어 '눈'이 있고 눈 우에서 '개'와 '꽃'의 만남이 있다.

요즘 세상엔 애완견을 꽃단장하는데 왜 연관이 없냐고 할 수도 있겠다. 그러면 잠시 개에 대한 전통적인 동물관에 대해 되새겨 보자. 마침 거의 같은 시기에 쓴 윤동주의 또 하나의 시편 「개」가 있다. 서술상 편리를 위하여 「개2」라 하겠다.

「이 개 더럽잔니」
아-니 이웃집 덜렁 숳개가
오날 어슬렁어슬렁 우리집으로 오더니
우리집 바두기의 미구멍에다 코를대고
씩々 내를 맛겟지 더러운줄도 모르고,
보기 숭해서 막차며 욕해 쫓앗더니
꼬리를 휘휘 저으며
너희들보다 어떻겟냐하는 상으로
뛰여가겟지요 나-참.

윤동주의 첫 번째 원고노트인 『나의 習作期의 詩 아닌 詩』의 뒷표지 안쪽에 썼다가 가위표를 친, 미발표의 작품이다. 윤동주의 초기 창작 활동을 살펴봄에 있어서 하나의 힌트가 되는 작품이라고 생각된다.

「개1」과 선명하게 대조를 이루는 '개'의 이미지가 아닌가. 일상 속에서 늘 볼 수 있는 개들 사이의 커뮤니케이션 장면이다. 그런데 그것이 인간에게는 더럽고 징글스럽게 보인다. 하여 더럽고 야비한 것이 개이기에 그러한 사람을 욕할 때 늘 개를 거들어 욕을 했다. 미국과 구라파 사람들의 비웃음을 받고 그렇게 좋아했던 보신탕을 마다한 것도 광복 후의 일이다. 그런데 이것이 과연 윤동주의 시인가? 내성적인 북간도의 청년시인 윤동주, 순결한 영혼의 시인 윤동주의 시란 말인가? 하고 의문을 갖기 전에 당혹하여 어쩔 바를 모르는 사람이 많을 것이다. 그가 왜 이런 시를 썼을까?

「개2」의 이미지가 전통적인 것이라 하면 「개1」은 이 전통적 이미지를 파괴한 혁신인 것이다. 전통적인 시나 근대 서정시에서는 상상조차 할 수 없는, 시어가 아닌 단어로 네거티브 이미지를 대담히 시로 표현한 이 거동은 19세기 20년대로부터 30년대에 활약한 일본의 모더니스트들의 움직임과 동일한 것이다. 그렇다면 과연 일본의 단시 운동이나 초현실주의 운동 등 모더니즘과 어떠한 관련이 있는 것이 아닐까? 하고 오랫동안 고민하고 있었는데 올해 타고 키치로가 저서 『생명의 시인 윤동주』(多胡吉郎 『生命の詩人·尹東柱』 影書房 2017. 2. 16)에서 이와 비슷한 지적을 한 것을 읽고 놀라움을 금치 못했다. 타고는 1930년대 중반에 한반도에서 『녹지대(緑地帯)』라는 초현실주의 모더니즘 동인지를 꾸리려고 했던 우에모토 마사오가 윤동주를 주목한 것은 1935년 10월호 『崇實活泉』에 발표된 「空想」이 누군가에 의해 일본어로 번역된 것을 읽었기 때문이 아닌가 하고 추리했다. 사진판 스크랩에서 확인해 보면 『숭실활천』에 게재된 시 「空想」의 마지막 연은 '金錢, 知識의 水平線을 向하여' 로 되어 있다. 타고는 여기서 '金錢' 을 '욕망에 젖은 추악함을 노정했다' 고 해석했다. 그리고 '시어가 아닌 시어를 당당히 사용한 각신성' 을 보여준 「空想」은 '시니시즘, 회의(懷疑)주의, 폭로주의 등 근대의 음서(陰書)를 포함한 상당히 뒤틀린 문학성을 띤 작품이었다.' 고 평가했다.

타고의 저서에서 더욱 놀라운 것은 당시 평양역에서 윤동주가 우에모토에게 보드레르나 니시와키 쥰자부로의 시가 마음에 든다고 한 말이다. 우에모토의 증언의 신빙성 여하에 대해서는 불문하고, 우에모토의 입에서 니시와키 쥰자부로의 이름이 나온다는 것은 극히 자연스러

운 일이다. 니시와키 쥰자부로(西脇順三郎)가 누구인가? 일본에 최초로 쉬르리얼리즘을 소개하고 일본 모더니즘 운동의 중심에서 활약한 인물이 아닌가. 일찍 런던에서 영문판 시집을 출판했고 당시 활약했던 해외의 모더니즘 작가들과 교류가 깊고 이미 창작과 이론의 양립에 성공한 그는 당시 젊은 시인들과 문학도들의 동경의 대상이었다. 가와바다 야스나리, 타니자키 쥰이치로, 미시마 유키오가 노벨상 후보로서 세상의 주목을 끈 것은 알고 있지만 니시와키가 1958년부터 거의 매년 후보로 올라온 것에 대해 알고 있는 사람은 많지 않을 것이다. 니시와키를 추천한 사람은 다름 아닌 미국의 천재적 시인이며 문예평론가인 에즈라 파운드다. 파운드의 이미지즘은 일본의 단가, 배해(徘諧), 배구(徘句)의 영향 하에서 이루진 것임은 널리 알려진 일이다. 로마의 단시나 프랑스의 상징시와 같이 간결한 이미지, 암시성(暗示性)에 매료된 것이었다. 파운드와 니시와키에 관한 연구에는 니이쿠라 이치로의 저서 『시인들의 세기』(新倉俊一 『詩人たちの世紀』 みすず書房 2003)가 있다. 그는 저서에서 니시와키의 시에서 보이는 파운드의 이미지즘의 영향에 대하여 긍정적인 진술을 하였다. 니시와키의 주위에는 많은 젊은 시인들이 모였었다. 그 중에는 1924년 11월부터 대련에서 잡지 『亞』를 통하여 단시 운동을 일으킨 안자이 후유에와 키다가와 후유히코, 키타조노 가츠에, 하루야마 유키오 등과 초현실주의의 금열쇠를 니시와키한테서 넘겨받았다고 자칭한 타키구치 슈조 등 모더니스트들이 있었다. 안자이 후유에 등이 1927년 12월에 『亞』를 폐간했지만 '일본에 있어서의 단시운동의 사명은 충분히 다하였다' 고 하시즈메 켄이 종간호에서 말한 바와 같이 단시운동은 많은 추종자를 낳았다. 또한 일본뿐만 아니라 여러 나라의 문학도와 시인들에게 준 충격과 영향도 아주 큰 것이었다. 그런데 단시라고 하면 일본에 이미 하이쿠가 있지 않는가. 5•7•5 운율로 키고(季語 즉 계절을 상징한 단어)를 쓰는 정형시로서 마사

오카 시키 등 근대 하이진(俳人)들에 의해 근대 이전의 하이카이(俳諧)를 계승하고 혁신하여 정착시킨 것이다. 그런데 이 운율이나 키고 등 제한에서 벗어난 자유시를 위한 단시 운동이 『亞』나 『面』, 『犀』 등 멤버들보다 몇 년 앞서 1920년에 이미 하이쿠나 단카를 지었던 카네코 노부오, 니시무라 요우키치를 비롯한 시인들에 의하여 일어났다. 겨우 3년 만에 동인지 『우리들의 시』(我等の詩)는 폐간이 되었지만 20년대 중반에 다시 단시집 『제1단시집』을 냈다. 안자이를 비롯한 모더니스트들의 단시 운동의 자극을 받아 단시 역사 개척자로서의 자신들의 위치를 확정하기 위한 것이 아니었느냐고 하는 견해(와다 히로부미 논문 「단시운동과 후쿠토미세이지」)도 있다. 어쨌든 이 시기에 이미지즘, 다다이즘, 쉬르리얼리즘 등 다양한 모더니즘의 흥행과 더불어 모더니즘으로서의 단시가 성행하였다.

일찍 일본에 유학하여 근대 서정시인 키다하라 하쿠슈로부터 사사한 정지용의 1935년의 첫 시집 『정지용시집』에도 단시 형식의 시가 몇 편 보이는데 상술한 문학적 동향과 갈라놓고 볼 수 없다.

오리 모가지는
호수를 감는다.

오리 모가지는
자꼬 간지러워.

「호수2」의 전문이다. 오리가 동동 떠있는 잔잔하고 평화로운 호수와 긴 모가지를 자꾸 비틀어대는 오리 모습이 눈에 보이듯이 이미지 묘사가 절묘하다. 그런데 안자이, 키타가와 등 모더니스트 시인들의 단시와는 거리가 멀고, 카네코, 니시무라 등의 하이쿠나 단카에 접근한 단시와 가깝다고 할 수 있다. 제목과 시, 그리고 시행 사이에 시간적 공간적 펼쳐짐이 없이 전체가 하나로 관통된 하나의 이미지를 부각하였다. 음악성이 강하고 노스탤지어의 정서를 경물묘사에 담아 표현한 점은 역시 근대 서정시인 정지용다운 것이 아닌가.

정지용의 이런 단시를 포함한 시집을 사 가지고 윤동주는 1936년 3월에 평양에서 용정으로 돌아왔다. 그렇다고 윤동주에게 준 영향을 정지용에 국한시키면 초기의 시편을 읽어낼 수 없다. 윤동주는 그 이전부터 시를 썼다. 그리고 윤동주보다 나이가 한 살 정도 어린 우에모토가 당시 반도에서 초현실주의 모더니즘 동인지를 꾸리려 했다는 사실로부터 일본에서 일어난 초현실주의 모더니즘 열풍이 한반도에도 미쳤다는 사실을 알 수 있고 우에모토만큼 그 소용돌이 속에 빠지지 않았다고는 해도 윤동주도 많이 접했을 것임을 짐작할 수 있다. 위에서 보아온 「개2」와 같은 시편은 정지용한테서는 찾아볼 수 없었던 것이다.

이제 「개2」를 다시 보자. '「이 개 더럽잖니」' 하고 지극히 일상적인 대화로 시작되어 다음 시적화자에 의한 설명도 누군가에게 전하는 일상적인 대화형식으로 되어 있다. '덜렁 숳개' 가 인간의 심미판단 기준에 의하여 부정되어 추한 것으로 판결된다. 그리고 이 추한 것을 추방하기 위한 인간의 폭력은 정당한 것처럼 보인다. 그런데 '개' 의 '너희들보다 어떻겠냐하는 상' 이 이를 역전시킨다. 제멋대로의 가치판단에 의해 폭력을 휘두르는 인간이 결국 개보다도 못하다는 해학적인 역전이다. 또 그런데, 단지 개와 인간의 역전에 그친다면 이 시는 지금 현재 출판된 윤동주 시집에서 거의 찾아볼 수 없듯이 누구도 눈길을 돌리지 않는(연세대학교에서 편찬한 『원본 대조 윤동주 전집 하늘과 바람과 별과 詩』에 옮겨진 것이 지금까지 유일하게 발견한 것이다) 작품에 지나지 않는다. 왜냐하면 이쯤의 해학적인 역전 수법은 별로 대단한 것도 아니기 때문이다. 이 해학적인 역전이 재미있기는 하지만 너무도 일상적이고 너무도 네거티브한 언어 때문에 독자가 생각하고 있는 시적 이미지를 파괴하고 말기 때문이다. 이게 무슨 시인가? 이렇게 생각할 수도 있다. 그러나 이것이 바로 이 시의 진정한 대역전인 것이다. 흔히 시에서 향수할 수 있는 자연의 아름다움이나 감상적인 속삭임, 낭만적인 서정, 심오한 사상 같은 것이 비문화적인 언어에 의해, 하찮은 아이들의 일상생활의 한 장면에 의해 말살되고 뒤엎어졌다. 그리고 또 시인이 시를 쓸 때 감정이나 사상 같은 것을 토로하기 위해 시어를 선택하는 것은 자연스러운 일인데 이 시는 이 과정을 역전시킨 것이다. 알게 모르게 이쁜 말도 더러운 말도 좋은 말도 나쁜 말도 배우고 그런 말로 일상을 살고 있는 우리가 아닌가. 그리고 그런 말에 의해 감정이 좌우되고 행동이 옮겨지는 경우가 많다. 시 「개2」가 바로 이 과정을 그린 것이다. 시어를 선택하지 않고 굳이 일상적인 말과 현실생활의 진실을 그대로 옮기고 그로부터 생겨 나오는 감격과 충격을 감수하는 것이다. 이렇게 활자로 옮겨 놓으니 하찮고 시시한 일상이, 평시에 무의식적으로 내뱉는 네거티브의 언어들이 따뜻하게 느껴져 빛난다. 일상의 재발견이다. 일상적인 언어로 현실의 진실을 그리는 것은 이미지즘 시인들의 주장과 수법의 하나이기도 했고 기유(旣有)의 언어나 표현을 인용하거나 나열하여 새로운 이미지를 그리는 것은 예의 니시자키의 특이한 수법이기도 했다. 그러나 윤동주는 다만 현실을 그대로 옮겼을 뿐이고 니시자키의 초현실적 이미지즘과는 다른 것이다. 이렇게 보니 '동시' 「개2」는 1934년 12월 30일자에 정리된 최초의 「초 한 대」라든지 「삶과 죽음」등 관념시나 세기말적인 정서를 읊은 「거리에서」(1935.1)등 여러 시편들과 다른, 역전적인 작품이라 할 수 있다. 그런데 시인은 제목 「개」위에 '동시' 라고 써 놓았다. 어린 동생들의 일상을 관찰하고 어린 동생들의 말을 그대로 옮겼지만 고스란히 동생들에게 돌려주기에는 네거티브 이미지가 너무 강렬한 충격적인 작품이다. 시를 쓴 잉크의 색과 가위표를 친 잉크의 색이 다른 것으로 보아 재차 숙고한 끝에 버린 것으로 보인다. 그는 무엇을 두고 고민했을까?

돌고 돌아 이제 다시 「개1」에 돌아가 보자. 「개1」는 음악성이 있는 정지용의 단시 「호수2」에 비해 보면 시각성이 강조되었다는 것을 알 수 있다. 눈에서 개에게로 다시 꽃으로 시각을 이동시킨다. 행을 나누어 배열했기에 이 사이에는 시간적 공간적 거리가 생긴다. 그리고 그 하나하나가 업된다. 마지막에 '뛰오' 하는 동사로 정적 풍경을 동적 장면으로 보여 주었다. 「개2」에서 본 개의 모습이 전통적인 이미지라고 할 때, '개'와 '꽃'은 서로 거리가 멀고 심지어는 네거티브 이미지와 포지티브 이미지라는 점에서는 상반되는 것이기도 하다. 그런데 이 '꽃'은 자연의 꽃이 아니라 눈 위에 난 개의 발자국, 또는 개의 몸이 스친 자리를 비유한 것이다. 이는 예를 들어

故郷や犬の番する梅の花

고향아 개가 번을 서는 매화로다

에도 시기의 하이진 고바야시 잇챠의 이 하이쿠에서 보이는 것처럼 완전히 서로 다른 사물이 아니다. 덧붙이자면 일본 문화 속의 개는 포지티브 이미지다. 또 다른 하나의 예를 들면

犬

彼女は西蔵の公主を夢にみた

寝床は花のようによごれてゐた。

개

그녀는 티베트의 공주를 꿈에 보았다

침상이 꽃처럼 더러워져 있었다.

단시운동의 기수인 안자이의 시이다. '그녀' 는 암캐이다. 황녀를 꿈꾸는 고귀한 암캐의 잠자리가 아주 난잡하게 더럽혀진 모양을 꽃에 비유하여 표현한 작품이다. '두 행의 하이쿠를 통하여 사람들은 관능의 퇴폐 속에서 질식하는 한 마리의 고귀한 애완견을 상기할 뿐만 아니라 개 이상의 것을 상기하게 된다.' 고 절찬(『日本の詩歌』 中央公論社 1969)되고 있다. 윤동주의 「개1」에는 이러한 관능적인 표현은 없지만 '개' 와 '꽃' 의 관계는 안자이의 「개」와 동일한 것이다. 즉 여기에서 '꽃' 은 '개' 의 소행이다. 그러나 안자이의 「개」는 '그녀' (암캐)와 '티베트 공주' , 서로 멀리 떨어진 이 두 개의 이미지를 한 곳에 모아 새로운 한 이미지를 만들었다.

그런데 윤동주에게도 서로 멀리에 떨어져 있는 두 사물을 배합한 단시가 있다.

눈

눈이
새하야케 와서
눈이
새물새물 하오.

동음이의어인 사람의 눈과 자연의 눈을 배합하여 세상 천지가 새하얀 눈에 뒤덮인 정경을 표현한 단시이다.

겨울

난간 밑에
시라지 다람이
바삭 바삭

춥소.

길 바닥에
말똥 동그램이
달랑 달랑
어오.

이번에는 듣기만 해도 쳐다보기만 해도 입에 감칠맛이 도는 전통음식에 쓰이는 '시라지'와 이와는 대립되는 이미지인 '말똥'이 대칭되어 있다. 이와 비슷한 일본의 하이쿠에

鶯や餅に糞する椽の先

휘파람새야 떡에 똥 누는 툇마루

에도시기 마츠오 바쇼의 하이카이이다. '휘파람새'는 초봄의 계어(季語)다. 여기에도 음식과 똥의 배합이 있다. 휘파람새가 울고 있는 평온한 마당에서 무심결에 보니 툇마루에 말리고 있던 떡에 똥이 떨어져 있다. 그 당시에는 사람들을 놀라게 하는 획기적인 언어의 배합이 아니었는가 한다. 일본에는 일찍 이렇게 서로 다른 사물의 배합에 의한 새로운 이미지 구성이라는 짧은 형식의 시가 있었다. 그것도 서로 멀리 떨어져 있는 사물일수록 시적공간이 펼쳐짐으로 묘한 배합으로 평가되었다. 바로 이러한 문화적 수용 배경이 있었기에 니시와키의 초현실주의 이미지즘이나 안자이 등에 의한 단시운동이 일본 시단에서 성공할 수 있었지 않았을까 생각한다. 이에 비하면 윤동주에게는 그러한 문화배경이 없다고 해도 과언이 아니다. '말똥'을 시로 읊다니? 그저 젊은 시인의 익살로 보일 수 있다. 하지만 짧은 편폭에 담은 북국의 엄동설한의 이미지는 아주 선명하고 인상 깊은 것이다. 여분의 언어가 없이 짧은 표현이기에 그려지는 이미지가 주는 임팩트는 보다 강렬한

것이고 또한 시간적 공간적으로 시의 세계가 무한히 펼쳐지는 것이다. 입으로 들어가는 음식 '시래지' 로부터 배설물 '말똥' 에 이르기까지, 이 사이 공간은 무한히 펼쳐진다.

시각시(視角詩)의 보기와 읽기

윤동주가 단시를 썼다는 그 자체가 시어로 표현하는 내용 외에 시의 시각적 모양에 관심을 가졌다는 것을 의미한다. 전통적 시에 평시조와 같은 짧은 시가 있고 그 보다 더 짧은 시로는 초장과 종장만 있는 2행시 양장시조가 있었다. 3 · 4조 혹은 3 · 5조의 운율로 된 시각성과 음악성을 띤 시이다. 근대에는 이런 시각성과 음악성의 틀을 파괴한 자유시가 흥행하고 편폭이 긴 서정시나 서사시, 서정 서사시 등 다양한 장르의 시가 이를 대체하였다. 모더니즘으로서의 단시는 시의 시각성을 되찾아 놓았다. 단시는 보고 읽는 이중성을 띤 시이다.

보는 시로서는 일찍 20세기 초반에 이탈리아의 미래파나 뉴욕의 다다이즘의 시인들에 의한 시각시가 있다. 구미의 영향 하에 일본이나 한국의 다다이스트도 시각시를 실험하였다. 대표적인 시인으로 일본의 하기와라 교지로, 한국의 이상을 들 수 있다. 시행에 따라 시어를 읽고 독해하는 행위보다 그림 같은 시를 보는 행위를 앞세웠다. 다다이스트들의 실험은 쉬르리얼리즘 시인들에 의해 계승된다. 미래파나 다다처럼 문자가 아닌 기호는 별로 쓰지 않지만 시의 모양, 시각성을 추구했다. 읽는 행위를 보는 행위 뒤에 미루었다는 공통점에서 단시도 시각시라고 할 수 있다. 위에서 본 윤동주의 단시 「개1」이나 「눈」, 「겨울」 3편의 시는 짧음이라는 모양과 더불어 시행의 배치에서도 기하학적인 시각성을 추구했다는 것을 알 수 있다.

우선 「개1」은 첫 행과 셋째 행이 길고 두 번째 행과 네 번째 행이 짧다. 즉 '길게 짧게 길게 짧게' 가 이 시의 모양이다. 윤동주의 개는 빠른 속도로 멀리 뛰어 가는 것이 아니라 앞발을 높이 길게, 뒷발을 낮추어 짧게 뛰고 있다. 쌓인 눈의 깊이가 어느 정도인지 독자들은 상상할 수 있지 않을까. 이 시의 모양이 이렇듯 개의 뛰는 모습과 눈의 깊이를 제시해 주고 있다. 상술한 바와 같이 '눈' 과 '개', '꽃' 세 사물을 서로 다른 행에 배열하여 이들 사이에 시간적 공간적 거리를 두었다. 드넓은 공간에서 작은 물체에로 천천히 움직여 업하는 영상을 보는 듯하다.

다음 「눈」은 1연과 3연의 같은 '눈이' 에 의하여 1, 2연과 3, 4연이 서로 대칭을 이루고 있다. 대칭되는 사람의 눈의 모양이다. 긴 행은 강한 빛 때문에 가늘고 길어진 눈의 모양이다. '눈이' 를 빼고 긴 행만 읽으면 '샛하얗게 와서 새물새물 하오', 즉 눈이 가늘고 길어진 원인이다.

그 다음, '겨울' 은 중간 시행이 양쪽 시행보다 길다. 자필 시고는 세로줄로 된 시이다. 세로줄로 보면 추운 겨울에 처마 밑에 생기는 고드름의 모양이다.

이렇듯 세편의 단시에 접할 때 우선 그 모양부터 보게 된다. 모양이란 원래 구체적인 물체나 그림이 가지고 있는 속성이 아닌가. 여기서 추상적 영역(領域)의 시가 물체화 되고 그림화 되고 상품화 된 것을 알 수 있다. 윤동주의 초기의 시, 특히 동요•동시에 이런 경우가 많다.

기와장내외

비오는날 저녁에 긔와장내외
잃어버린 외아들 생각나선지
꼬부라진 잔등을 어루만지며

쭈룩쭈룩 구슬피 울음웁니다
×
대궐집웅 우에서 긔와장내외
아름답든 넷날이 그리워선지
주름잡힌 얼골을 어루만지며
물끄럼이 하늘만 쳐다봅니다.

4 · 3 · 5 운률로서 전통적인 음악성을 살린 시(노래)라는 것을 대뜸 알 수 있는 외에 「기와장내외」라는 제목 밑에 가지런히 배열된 시행은 기와집 지붕을 연상케 한다.

조개껍질
—(바다물소리듯고싶어)—

아롱아롱 조개껍대기
울언니　　바다가에서
주어온　　조개껍대기
×
여긴여긴 북쪽나라요
조개는　　귀여운선물
작난감　　조개껍대기
×
데굴데굴 굴리며놀다
짝잃은　　조개껍대기
한짝을　　그리워하네
×
아롱아롱 조개껍대기
나처럼　　그리워하네
물소리　　바다물소리

의식적인 배열이라는 것을 한 눈에 보아낼 수 있다. 2행과 3행에서 위의 단과 아랫단 사이의 두자의 공간은 조개를 두 조각으로 갈랐을 때 보이는 옴폭히 패인 조개의 속 모양을 제시한 것이 아닐까?

닭

–닭은 나래가커두
　　　왜, 날잖나요
–아마 두엄파기에
　　　홀, 잊었나봐.

이번에도 기하학적 대칭이다. 어린이의 천진한 물음과 이에 대한 해답이라고 할 수 없는 어른의 농담이다. 그런데 왜 「닭」은 이런 모양일까? 이 모양의 암시를 푸는 것 또한 이 시를 보고 읽는 재미일 것이다.

그런데 안타까운 것은 지금까지 나온 시집들 거개가 현대 띄어쓰기 문법에 의하여 원시(原詩)의 모양을 파괴한 것이다. 시행에 따라 독해하는 읽는 시만 남고 여러 가지 의미를 암시하는 그림으로서의 보는 시는 말살되고 말았다. 윤동주의 초기의 시편을 잘 살펴 읽으면 시인의 세심한 관찰에 의한 섬세한 이미지의 묘사가 상당히 많다는 것을 알게 된다. 시각에 특별히 관심을 쏟았다는 것을 의미한다. 이 시기에 어른의 눈으로 본 세상을 그린 시와 어린이의 눈으로 본 세상을 그린 동요•동시의 창작활동이 병행한 것도 이 점을 설명하고 있다. 동요•동시는 누가 무엇을 위하여 쓰는 것인가? 이는 대체로 크게 다음과 같이 세 가지 종류로 나눌 수 있지 않을까? 하나는 어린이가 쓴 시가 될 수 있고, 다음 하나는 어른이 어린이를 위해 쓴 시가 될 수 있고, 또 하나는 어른이 자신을 위해 쓴 시가 될 수 있다. 윤동주의 초기의 동요•동시는 대부분이 생전에 미발표한 것으로서 그 중 많은 동시가 세 번째 경우에 속하지 않을까하고 생각된다. 왜냐하면 위에서 예로 올린 「개」나 「눈」과 같이 그것은 그의 모더니즘 실험 현장이었기 때문이다. 즉 놀음 장소이기도 했다. 그에게 있어서 놀음과 같은 것이었기에 '동시' 라고 하지 않았을까? 「개2」외에 「개1」과 「눈」은 시인이 직접 동시라고 밝히지 않았지만 '童詩 봄' 뒤에 이어진 몇 편의 동시다운 시 속에 들어 있으므로 모두들 동시로 취급한 것으로 생각된다. 그런데 동시라는 장르를 밝히지 않고 일본의 어느 한 연구기관에서 여러 권위적인 문학 연구자들 앞에서 읽고 후에 동시라고 밝혔는데 그 시가 왜 동시인가라는 질문을 받았다. 그래서 여기서 당시의 일본의 모더니즘 단시 몇 편을 함께 읽어 보기로 하겠다.

春

てふてふが一匹韃靼(だったん)海峡を渡って行った。

봄

나비가 한 마리 따단 해협을 건너갔다.

단시운동의 기수 안자이 후유에의 단시 「봄」이다. 1920년대 중반부터 성행한 신시에 대해 얘기할 때 반드시 예로 드는 단시이다. 여기서 '따단 해협(韃靼海峡)' 이란 타타르 해협의 중국어이다. '닷딴 해협이라는 황량하고 암담한 이미지를 가련한 한 마리의 나비에 비추어 봄의 운명이라는 것을 암시하였다' (『日本の詩歌』中央公論社 1969). 당시 극미적(極微的)인 이미지와 거시적(巨視的)인 이미지를 동시에 단시라는 작은 언어 공간에 집어넣은 것에 모두들 혀를 찼던 것이다.

雀

いつも雲天の衣装をつけてゐる。

참새

언제나 구름하늘의 의상을 입고 있다.

안자이 후유에의 또 다른 한편의 시 「마을」중의 「참새」이다. 시속의 시다. 참새의 깃색을 '흐린 겨울날의 추울 듯 어둡고 가라앉은 색으로 감각하였다' (위와 같음).

雪

だまって′この羽毛に埋れてゐよう
きれいな白鳥の羽交締だ！

눈

가만히, 이 깃털에 파묻혀 있자
예쁜 백조의 날갯죽지 조르기다!

타케나카 이쿠의 단시이다. 날갯죽지 조르기란 일본의 스모나 레슬링 등 스포츠에서 사용되는 격투기 기술의 하나로서 상대방의 뒤에서 겨드랑이에 손을 넣어 대방의 양팔을 뒤로 졸라 움직이지 못하게 하는 제압술이다. 타케나카의 「눈」은 '쏟아지는 눈 속에서 느껴지는 즐거움과 활기와, 부드럽게 해 나른해지고 숨막히는 감각을 섬세하고 예민하게 살려 냈다' (위와 같음). 이러한 안자이와 타케나카의 단시를 기준으로 하여 볼 때 윤동주의 '동시' 는 과연 동시인가 하는 의문이 든다.

1930년대 후반(태평양전쟁 전야)으로부터 단속이 엄해짐에 따라 일부 전위적(前衛的)인 시인들이 구속되고 초현실주의 모더니즘 동인지가 하나 하나 폐간되어 대부분의 모더니즘 시인들이 전향하였다. 윤동주의 그 후의 작품에서 초기의 시와 같은 모더니즘을 볼 수 없는 것은 이와 같은 사회적 문학적 배경이 있었기 때문이고 개인적으로는 상술한 바와 같이 그가 1920년대로부터 1930년대 중반에 흥행한 모더니즘을 한낱 놀음으로 생각했기 때문이 아니었을까 생각한다. 반전통이나 반기성

(反旣成)이라든지 혁신이라는 깃발을 내든 모더니스트들과는 달리 단지 방법이었다. 하지만 경성 연희전문학교 시절 이후의 시편들에서는 보기 드문 순수한 감각적 표현들이 초기의 작품에서 많이 찾아 볼 수 있다. 그에게 있어서 북간도는 몸의 고향이고 반도는 마음의 고향이라 할 수 있다. 이 점에서 그는 나서 자란 고향을 떠나 이국 땅에 이민하여 창작활동을 한 디아스포라 작가들과는 다르다. 몸의 고향에서는 마음의 고향이 그리웠을 것이고 마음의 고향에서는 몸의 고향이 그리웠을 것이다. 한쪽이 늘 잃어버린 다른 한쪽을 그리워한다. 이는 또한 중화인민공화국 성립 이후에 중국에 태어난 조선족 작가들의 심리와도 다른 것이라고 생각된다. 왜냐하면 지금 젊은 조선족 작가들에게 있어서 몸의 고향이나 마음의 고향은 동일한 것이기 때문이다. 윤동주의 시를 조선족 문학으로 읽을 수 있는 것은 겹쳐진 부분이 있기 때문이다.

지금까지 밝혀진, 또는 공개되었다고 보아야 할, 윤동주에 관한 자료는 극히 제한되어 있다. 시인이 생전에 소장했던 도서나 스크랩들은 거의 다 1938년 이후, 즉 그의 연전시절의 것들이다. 윤동주의 첫 원고노트에 정리된 시는 '昭和九年 十二月 二十四日', 즉 1934년 12월 24일자로 되어 있다. 이 날짜로 「초 한 대」와 「삶과 죽음」, 「래일은 없다」 세 편이 함께 정리되어 있다. 시인은 이 시간 훨씬 이전부터 시를 썼을 것이라고 보는 견해가 일반적일 것이다. 그렇다면 과연 그에게 준 영향들은 어떠한 것이었을까? 그 당시 북간도의 문화 배경뿐만 아니라 반도의 경향은 물론 일본의 동향도 함께 생각하여 보아야 한다고 생각한다. 북간도에는 당시 많은 일본인들이 살고 있었고 또 학교에서 가르치기도 했다. 윤동주의 주위에는 많은 일본판 신문, 도서들이 있었을 것이다. 그리고 그의 부친인 윤영석이 관동대지진(1925년)때 일본에 유학하고 있었는데 문학공부를 했다고 한다. 그럼 그 때 윤영석은 어떤 공부를 했었고 귀향 시에 또 어떤 책들을 가지고 돌아갔을까? 아이들한테는 또 어떤 문학적인 얘기를 들려주지 않았을까? 등 많은 것을 염두에 두고 윤동주의 초기의 시편들을 읽어야 하지 않을까? 윤동주의 초기의 작품을 지금의 감각으로, 현재의 가치관으로 읽어서는 아무것도 보이지 않을 것이다. 당시의 문학 환경에 돌려놓고 다시 읽어야 하지 않겠는가? '나의 習作期의 詩 아닌 詩' 라고 한 시인의 겸손한 말에 속아서는 안 된다. '시 아닌' 것이 아니라 '시' 이다. 이렇게 말할 수 있는 그 시각에 윤동주는 이미 시인인 것이다. 그가 무슨 시인인가고 결론을 내리기에 앞서 우선 그의 시를 잘 읽어야 하지 않겠는가? 이것이 시인에 대한 최대의 경의라고 생각한다.

박은희

1989년 중국 연변대학 조선문학부 졸업
2004년 오사카대학 문학연구과 박사과정 졸업 문학박사학위 취득
2009년-현재 일본 불교대학 강사
공저 "Multi Translation Communities in Contemporary Japan"
Edited by Beverley Curran, Nana Sato-Rossberg, and Kikuko Tanabe
Routledge 2015.

윤동주의 평양 숭실중학교 시절

조 영 환

여는 글
– 윤동주와 『숭실100년사』

1986년 12월 중순 오후 늦은 시간이었다. 은평구 응암동 버스정거장에서 205번 버스를 내려 신사동 숭실고등학교로 가는 언덕길을 터벅터벅 걸어서 오르고 있었다. 우산을 써야 할 정도로 진눈깨비가 내리고 있었으나, 날씨는 겨울날답지 않게 푹했다. 도로변 좌우로 보이는 야산의 나무 색깔은 온통 무채색뿐이었는데 문득 오른쪽 시야에 노란 빛이 스쳤다. 고개를 돌려보니 개나리꽃이었다. 숭실고 교문 바깥 화단에 철 이르게 핀 노란 개나리꽃 몇 송이가 진눈깨비를 맞고 있었다. 나는 웬일인지 온몸의 긴장이 풀어지면서 '여기서 오래 지낼 것 같다.' 는 예감이 들었다.

숭실고 교장실의 문을 두드렸다. 숱이 많은 머리칼에 머릿기름을 발라 단정하게 뒤로 빗어 넘긴 숭실고 김창걸 교장이 내게 커피를 권했다. 그리고 뚜렷한 이북사투리로 신임교사 채용 첫 번째 면접문제를 물어왔다.

“동국대 국문과를 나오셨구레. 시인 뉘기를 좋아하시우?”

“서정주 시인을 좋아합니다. 제 은사님이시기도 합니다.”

“기리쿠먼요. 그런데 윤동주 시인은 안 좋아하시우?

“아, 윤동주 시인도 좋아합니다. 윤동주 시인을 제일 좋아합니다...”

그렇게 나는 윤동주가 다녔던 숭실고에 1987년도부터 국어교사로 부임하여 현재 만 30년째 근무하고 있다. 사실, 나는 그 당시에 윤동주의 생애를 잘 알지 못했고, 그의 시도 썩 애호(愛好)하는 편이 아니었다.

내가 숭실고에 부임한 지 4년째 되던 해, 김창걸 교장은 내게 『숭실100년사』를 집필할 의향이 있는지를 물어보았다. 나는 정중하게 거절했다. 두 가지 이유에서였다. 첫 번째, 나의 역사의식이 극히 부족하다고 판단했기 때문이다. 100년 된 학교 역사를 쓰려면 설립 당시인 구한말시대와, 이후 일제강점기를 거쳐 해방공간에 대한 분명한 역사 인식이 있어야 하는데 나는 전혀 그렇지 못하다고 본 까닭이다. 두 번째, 학교역사 자료가 거의 전무했기 때문이다. 학교에서는 그 동안 『숭실90년사』는커녕 『숭실10년사』도 발간한 적이 없었다. 숭실은 1897년에 미국 북장로교 선교사들에 의해 평양에서 설립되었으나, 일제 강점기에 신사참배를 끝까지 거부하고 폐교한 학교이다. 1948년 서울에서 재건하였으나 평양 시절의 학교 자료는 학교 교지인 『숭실활천』 3권과 졸업앨범 4권이 전부였다. 그런 상황에서 평양시대의 역사를 집필한다는 것은 무모한 일이라고 판단했다.

그러나 우여곡절 끝에 나는 결국 『숭실100년사』를 쓰게 되었다. 하지만 「서울숭실편」을 집필하고 나서, 「평양숭실편」은 착수도 하지 못하고 병원 신세를 졌다. 김창걸 교장은 개교 100주년인 1997년에 『숭실100년사』를 발간할 목적으로 「평양숭실편」 집필을 외부인에게 발주했다. 그러나 1년 후에 외부인이 써가지고 온 「평양숭실편」편은 숭실과 관련된 내용이 거의 없었다. 하릴없이 내가 다시 「평양숭실편」을 집필할 수밖에 없었다.

나는 수소문 끝에 숙명여대 기독교 역사연구소에 1800년대 말부터 1900년대 중반까지 미국 선교사들이 본국에 보고한 '연례보고서(Annual Report)' 영인본이 있다는 정보를 얻었다. 그리고 이만열 교수의 도움으로 수십 권이나 되는 영문보고서를 모두 열람하고, 내용 중에 당시 숭실학교를 지칭하는 'Pyong-Yang Academy' 라는 말이 들어 있는 페이지는 모두 복사했다. 그리고 「대한매일신보」와 「동아일보」, 그리고 「기독신보」와 「조선일보」의 영인본을 검색하고 '숭실중학교' 라는 말이 들어 있는 페이지도 모두 복사했다. 그리고 이들 자료와 김창걸 교장이 쓴 『실(實) 찾아 30년』을 참고하면서 수업을 전폐하고 「평양숭실편」 집필에 돌입했다.

산재(散在)한 숭실 100년의 발자취를 모아 힘들게 역사의 뼈대를 세우고 살을 붙이던 1995년 여름날이었다. 김창걸 교장이 고생한다며 냉면을 먹으러 가자고 했었다. 그리고 평양냉면을 먹으며 당신이 평양 숭실학교를 다니던 이야기를 들려주었다. 윤동주가 3학년 때 급우였다는 것과 윤동주가 왜 숭실학교를 자퇴하였는지도 술회하였다. 그리고 당시 숭실학교가 일제의 폭압적인 신사참배 강요를 결연히 거부하고 폐교되던 회고담을 흥분된 어조로 들려주면서, 『숭실100년사』가 왜 중요한지를 강변했다. 그러면서 별도로 시킨 소 불고기를 젓가락으로 집어서 자꾸 내 그릇에 넣어 주었다. 그리고 "얼마나 힘 드시우. 그러나 『숭실100년사』를 쓰는 일이 얼마나 보람 있는 일이우?" 라고 말했다. 평양냉면을 먹고 음식점을 나서려 신발을 찾고 있는데, 김창걸 교장이 어느새 내 신발을 찾아 허리를 숙이고 내 발밑에 가지런히 놓아주었다. 그때 그분의 연세가 76세였다. 나는 그날 세상에서 가장 값진 음식과 신발을 선물로 받은 느낌이었다. 『숭실100년사』는 예정대로 개교 100주년인 1997년에 「평양숭실편」 572쪽, 「서울숭실편」 609쪽, 총 1,181쪽 분량에 4.6배판으로 출간되었다.

이 글의 상당 부분은 『숭실100년사』를 근거로 하여 집필하였음을 밝혀둔다.

1. 윤동주의 편입

– 용정의 은진중학교에서 평양의 숭실중학교로

윤동주가 1932년부터 1935년 8월까지 다녔던 은진중학교는 용정의 민족 학교였다. 은진중학교는 만주의 독립운동가인 김약연과 이동휘 등이 캐나다 선교회에 요청하여 설립된 학교로서, 용정의 동산(東山) 일대의 1만평 부지에 600평의 본관과 150평의 기숙사, 400평의 대강당을 갖추고, 본관은 3층 벽돌 건물에 스팀 보일러로 난방을 할 정도로 교육시설이 다른 학교에 비해서 월등히 선진적이었다. 또한 은진중학교는 캐나다 선교회가 선교부 구역 내에 설립한 학교여서 '치외법권'이 적용되는 덕분에 일제의 간섭을 받지 않고 민족교육을 실시할 수 있었다.

그러나 1935년 9월, 윤동주는 은진중학교 4학년 가을학기에 평양 숭실중학교로 전학을 하게 된다. 4년제인 은진중학교를 졸업하고 상급학교로 진학하기가 대단히 어려웠기 때문이다. 1922년 2월 일제가 공포한 제2차 조선교육령에 따라 중학교 학제가 4년제에서 5년 제로 바뀌었다. 그리고 1923년 문부성령 1호로 공포된 '조선교육령'에 의거하여, 조선 내 각종 사립학교와 같은 미인가(未認可) 학교의 졸업자들이 상급학교로 진학하려면, 총독부가 지정한 '지정학교(5년제)' 나 5학년제의 중학교로 전학해서 졸업하거나 고난이도의 시험을 거치도록 돼 있었다. 이는 일제가 우리나라의 중등학교 기관을 국가 관리에 종속시키려는 식민지 교육정책 가운데 하나였다. 당시 용정에도 유일한 5년제 학교인 광명중학교가 있었으나 친일파가 운영하는 학교여서, 윤동주는 부득이 많은 교육비를 감수하면서 평양의 기독교 계통의 지정학교인 숭실중학교로 전학을 하게 된 것이다.

2. 숭실인들의 독립운동과 일제의 기독교 사학 탄압

숭실중학교는 미국 북 장로교 선교사인 베어드(William Martyne Baird, 한국명 배위량)가 1897년 평양에서 설립하였다. 숭실중학교도 은진중학교처럼 기독교학교이면서 학생들에게 민족의식을 투철하게 교육한 민족학교였다. 숭실중학교 제1회 졸업생으로서 상해임시정부 국무위원을 지낸 차리석(車利錫)을 비롯하여 우리 민족의 지도자로 추앙받는 '한국의 간디' 고당 조만식, 임시정부 의정원 의장을 역임한 손정도, 임시정부 교통부 차관을 지낸 선우 혁, 그밖에도 일제의 관공서에 폭탄을 투척하고 경찰과 총격전을 벌인 김예진, 김정련, 백기환, 오운홍, 정찬조 등 무수한 독립운동가와 기독교계 지도자를 배출하였다.

1905년 을사보호조약 체결 당시, 숭실은 김영서 등 재학생 80여 명이 서울로 올라가 약 200여 명 동지들을 모아 연 3일간 대한문(大漢門) 앞에서 을사조약을 취소하라고 투쟁을 하였다. 일제가 한국의 독립운동을 철저히 탄압하려고 날조한 '105인사건' 에 숭실중학교에서는 차리석과 김두화 등 동문 교사와 졸업생 등 9명이 관련된 혐의로 체포되었다. 그리고 기독교 단체로서 무력에 의한 항일 투쟁 단체였던 '조선

국민회'의 전체 회원 25명 중 숭실 출신은 14명에 달했다.

1919년 평양 3.1만세운동 때는 숭실 정일선 동문의 독립선언서 낭독에 이어 만세 삼창과 시위가 전개됐다. 숭실교사 윤원삼은 학생들을 동원하여 독립선언서와 소형 태극기를 시위 군중에게 배포하였다. 당시 시위군중은 5천 명으로 평양 인구 4만 명의 1/8에 해당하는 대규모 인원이었으나, 독립선언서는 서울에서 밀송된 것이 6, 7백 매에 불과하였다. 숭실의 안라공업소 인쇄부에서 독립선언서 3천 매를 별도로 인쇄하여 시위 군중에게 배부하였다.

일제강점 치하에서 윤동주가 다녔던 은진중학교와 숭실중학교 등 다수의 기독교 학교들은 학생들에게 민족의식을 고취하였다. 조선총독부는 이러한 기독교 학교를 고사(枯死)시키기 위해 탄압을 자행했다.

첫 번째, 일제는 1908년 '사립학교령'의 굴레를 씌웠다. 그 요지는 학교 설립 시 총독부 학부대신의 인가를 반드시 받아야 하고, 경우에 따라 학부대신이 폐교 명령까지도 가능하게 한 것이었다. 그 결과 1910년에 1,973개교였던 사립학교가 1925년에는 604개교로 격감했다.

두 번째, 1914년 조세법을 개정하여 재한 외국인 선교사 및 선교 단체에 면세 혜택을 폐지하였다. 1914년 4월 1일부로 시행된 조세 제도로 인하여 선교사들은 토지 1평당 지가의 7/1000에 해당하는 토지세는 물론 각 도와 읍에 지방세를 납부하게 되었다. 개정된 조세 제도로 1914년도에 재한 북 장로교 선교부가 증액해야 할 연간 재정액수가 5,000원에 달했다. 당시 1원의 현재가치를 약 4만 원으로 추정할 때 대략 2억 원에 해당하는 금액이었다. 기독교 학교 운영비를 본국의 교인들의 헌금에 절대적으로 의존했던 선교사들로서는 감당하기 버거운 금액이었다.

세 번째, 1915년 조선총독부령 제24호로 공포한 개정 사립학교 규칙에서 총독부는 한국 내의 기독교회와 선교회가 설립 운영하고 있는 수백의 학교를 포함한 모든 사립학교에 종교교육과 종교의식을 중단할 것을 제시하였다.

마지막으로, 1930년대 일제가 사립학교들에 강압한 '신사참배' 였다. 기독교계 학교에서 「신사문제」가 발생하기 시작한 것은 1910년대까지 거슬러 올라간다. 이 시기의 '신사문제' 의 주된 것은 천황 사진 배례 강요와 요배강요(遙拜强要)라 할 수 있다. 기독교 교인들은 그것이 우상 숭배와 인간 숭배를 강제하는 것으로 보고 완강하게 반대했다. 숭실의 제 4대 교장을 역임한 맥큔 선교사(G. S. Mccune, 한국명 윤산온, 당시 선천 신성학교 교장)도 항의하였다.

> 학당 학생들이 일황의 사진을 숭배함을 원치 안이 함은 차(此)는 즉 천연물을 숭배함과 동일한 즉 교중에셔 당연히 차이단(此異端)을 척(斥)할 것이요 약(若) 기숭배(其崇拜)함을 허(許)한 즉 일인의 황제를 천신과 갓치 시(視)함을 승인함이니 교의(敎義)의 불허하는 바라.
>
> – 국사편찬위원회, 『한국독립운동사자료』4 임정편 Ⅳ pp. 95.

맥큔 교장은 '일황숭배는 곧 우상숭배이므로 기독교인으로서 교의에 어긋나기 때문에 응할 수 없다' 고 천명했다. 신도는 일본제국주의 내지 침략적 군국주의와 깊이 관련되어 있었으므로 사실 기독교의 적일 뿐 아니라 우리 민족의 적이었다. 그럼에도 불구하고 이에 대한 깊이 있는 연구나 이해가 없었던 당시에는 단순히 '기독교의 적' '우상숭배' 정도로 이해하여 민족적 차원에서 공동으로 대처하지 못했다. 그렇기 때문에 그 후에도 '신사문제' 에 있어서만은 기독교계 단독의 외로운 투쟁을 전개하였다.

신사참배 강요를 위시한 '신사문제' 가 다시 대두하게 된 것은 1930년대에 들어서였다. 일제는 1920년대에는 3.1운동 직후 소위 문화정치를 표방한 기만적인 회유 · 분열 정책으로 약간 유화된 타협적 동화정책을 실시하였으나, 1930년대에 들어서서 대륙침략을 재개하면서 다시 폭압적인 정책으로 환원하였다. 즉, 1930년대에 보다 강화된 민족말살의 동화정책인 '황국신민화 정책' 을 시행한 것이다. 조선총독부는 이러한 목적을 달성하기 위하여 신사참배의 강요, 동방요배(東方遙拜)의 강요, '황국신민서사' 의 제창, 창씨개명 강요, 일본어 상용 등을 강제하였다. 일제는 천황신앙과 신사 신도를 교육의 기초로 삼고, 충성심과 애국심을 기르기 위한 훈련으로서 그때까지 묵인하여 왔던 기독교계 학교 학생들에게까지도 신도의식 참여와 신사참배를 강요하였다.

3. '불령선인(不逞鮮人)의 소굴', 숭실중학교

그러나 숭실중학교는 일제의 온갖 탄압에도 불구하고 학생들에게 성경을 가르치고 민족교육을 실시하였다. 그리고 신사참배는 단호하게 거부했다. 당시 숭실중학교의 총체적인 교육상은 3.1운동 이후에 해마다 3월 1일을 대하는 학생들의 태도에 상징적으로 드러나 있다.

> 3월 1일이 되면 우리는 첫 시간부터 온종일 교과서나 노트를 책상 속에 넣은 채, 책상 위에 머리를 숙이고 수업을 받지 않았다. 선생님들도 아무런 말씀 없이 의자에 앉아 계시다가 시간이 되면 나가셨다. 일본인 선생님들은 시학관(장학사)이 올지도 모르니 책만은 꺼내어 놓으라고 타일렀으나 우리는 이에 응하지 않았다. 일본 관헌의 감시는 심했다. 일본의 감시 속에서 이날을 수업도 거부하며 보내는 것은 우리 학교가 아니면 할 수 없는 일이었다.
>
> – 김창걸, 『實 찾아 三十年』 70쪽

숭실중학교는 기독교 학교였지만 우리나라의 독립을 위한 민족교육에도 힘을 다했다는 것을 위의 증언을 통해서 알 수 있다. 숭실중학교 학생들은 1919년 3.1만세운동 이후 해마다 3월 1일이 되면 수업을 거부하고 만세운동으로 희생당한 사람들을 추모했고, 학교는 이를 묵인했다.

숭실중학교 내에는 '숭실공제회' 라는 기구가 있었다. 학생들의 협동 사업의 일환으로 생활필수품을 공동 구입, 매출하여 그 이익금을 회원에게 할당하는 소비 경제의 이익을 도모하는 모임이었다. 숭실공제회는 본래 고당 조만식 동문의 지령으로 독립운동자금을 확보하기 위하여 설치된 것이었다. 숭실공제회 제1회 회장이었던 강태국 동문(재학시는 康泰民, 전 한국성서신학대학장)은 그 내용을 다음과 같이 밝히고 있다.

> 고당 조만식 선생님은 독립운동을 성취하기 위하여 여러 방면으로 자원을 준비하고 계셨다. 그 자원의 첫째는 독립운동 성취를 위한 물질적 자원이었다. 그 실례를 들면 그 당시 숭실중학교 한 교실에는 숭실공제회라는 간판이 붙어 있었다. 이 공제회는 표면적으로는 숭실중학교 숭실전문학교 두 학교의 학생용품과 교직원들의 생활필수품을 판매하는 작은 슈퍼였다. 나는 고 정재윤 교수의 지령에 따라 이 공제회를 시작하였다. 그 목적은 독립운동을 위한 자금을 얻기 위한 조만식 선생님의 계획이었다. 이 비밀을 아는 사람은 오직 나 하나뿐이다
>
> – 강태국, 「내가 만난 조만식」
> 『고당 조만식 회상록』(고당 기념사업회 편, 1995), p. 113.

숭실중학교의 재학생이 고당 조만식 동문의 지령으로 학교매점인 숭실공제회를 운영하고 그 이익금의 일부를 독립운동 자금으로 제공하였다는 회고담이다. 강태국 동문은 1931년 숭실공제회 회장이었고, 정재윤 교수는 고문이었다. 그 내용을 하는 사람이 조만식 동문과 정재윤 교수, 강태국 동문 등 극소수였기 때문에 독립운동 자금으로 지원한 액수가 어느 정도였는지는 알 수가 없다. 그러나 감시가 삼엄한 일제 강점 치하에서, 적발되면 징역형 등 혹독한 처벌을 받아야 하는

상황에서, 학교의 매점을 이용하여 독립운동 자금을 조성했다는 것은 조국광복에 대한 투철한 신념이 없이는 불가능한 일이었다.

숭실중학교는 조선총독부의 시각에서 볼 때 그야말로 '불령선인(不逞鮮人)의 소굴'로서 무슨 트집을 잡아서라도 당장 폐교하고 싶은 학교였을 것이다. 그리고 드디어 윤동주가 1935년 9월에 숭실중학교로 편입한 지 두 달 보름이 되는 11월 중순, 일제가 신사참배 거부를 이유로 숭실중학교 제4대 맥큔 교장을 해임하는 등 직접적인 제재를 가하기 시작한 '평양 시내 중등학교장 회의 신사참배 거부 사건'이 발생했다.

4. 일제의 신사참배 강요
–'평양 중등학교장 회의' 사건

평남도지사 야스다케가 주재하는 평양 시내 중등학교장 회의는 통상 도청 회의실에서 열렸다. 그러나 1935년 11월 14일부터 15일까지 이틀간 개최된 그 회의는 사전 예고도 없이 평양신사에 참배하는 것으로부터 시작됐다. 회의 당일 도지사와 부 도지사, 그리고 학무국장이 입장하기 전에 중등학교장들은 회의실 의자에 앉아 대기하고 있었다. 그러나 정각 9시에 나타난 사람은 사무직원뿐이었다. 그는 도지사가 중등학교장 회의를 평양신사에서 참배 의식 후에 개최할 예정이라는 것과 도지사가 교장들을 차량에 태우고 가기 위하여 밖에서 기다리고 있으니 속히 이동하라고 안내했다.

기독교 학교장들에게 이와 같은 일은 처음이었다. 논란 후에 감리교 계통의 남녀 고등 보통학교장들과 한국인이 운영하는 기독교 학교장은 신사에 참배하기 위하여 밖으로 나갔다. 이들을 포함하여 신사에 참배하기 위해 떠난 학교대표들의 수는 50여 명이었다. 그러나 숭실중학교장 맥큔 선교사와 숭의여학교장 대리 정익성, 안식교계의 순안 의명학교장 에이치 엠 리(한국명 이희만) 선교사, 그리고 맥큔의 보좌관인 강봉우 교사와 에이치 엠 리 선교사의 보좌관 1명 등 5명은 회의실에 그냥 남아있었다. 당시 숭의여학교장 미스 스눅은 롭(Robb) 박사의 부인 전송회에 참석하느라 중등학교장 회의에 불참하였다.

그러자 밖에 있던 학무국장이 회의실에 들어와 나머지 사람들도 평양신사에 같이 가는 것이 좋을 것이라고 영어로 말했다. 맥큔을 비롯한 학교 대표들은 정중하게 이를 거부하였다. 학무국장은 그렇다면 선교사들의 한국인 보좌관들이라도 학교 대표로 보내달라고 간청을 하면서 도지사를 비롯한 다른 사람들이 지금 기다리고 있다고 말했다. 그러나 맥큔 교장은 기독교학교들은 이전에 결코 신사에 참배하도록 요청받은 일이 없었고, 교장들이 엄연히 있는데 한국인 보좌관을 학교 대표로 보내는 것은 부적절하므로 응할 수 없다고 거듭 거부 의사를 표명하였다.

도지사 일행이 평양신사에서 돌아온 뒤 회의실에 남아있던 5명은 도지사의 집무실로 호출되었다. 도지사는 이들이 평양신사에 참배하러 가는 것을 거부한 데 놀라움을 표시하고, 신사는 천조대신(天照大神)과 메이지 천황의 영(靈)을 모신 곳으로서 신사에 참배하지 않는 학교는 일본 제국 내에 존재할 필요가 없고, 아울러 신사에 참배하지 않는 교장 또한 마찬가지라고 단언했다. 그리고 맥큔 교장 일행에게 신사참배를 거부하는 개인적인 이유와 학교장으로서의 이유를 명확하게 사유서에 기록하여 제출하라고 명령했다.

그리고 야스다케 지사는 이들에게 한 번 더 기회를 줄 테니 밖에 대기된 차를 타고 평양신사로 가라고 하였다. 명령이라고 단호하게 말하면서 즉시 학무국장과 함께 평양신사에 참배하고 올 것을 촉구하였다. 그러나 맥큔 교장은 최대한 예의를 갖추고 이를 거부하였다. 그리고 도지사에게 자신과 입장을 바꾸어 생각해 볼 것을 청하였다.

> 당신이 나를 통해서 내린 명령에 숭실중학생들은 당연히 복종해야 할 것으로 생각할 것이다. 그런데 나를 비롯하여 우리 학교의 교사, 그리고 모든 학생들은 기독교인이다. 평양에는 1만 5천 명, 한국에는 40만 명의 기독교인이 있다. 그런데 내가 이들에게 가르쳐 온 것은 내가 오늘 아침에 받은 명령 내용에 전혀 상반되는 것이다. 청컨대 이 문제에 대하여 좀 더 상의하고 생각할 시간을 주기 바란다.
>
> – 맥큔, 1935, 연례보고서 중에서

맥큔 교장은 동 보고서에서 마치 '어린아이처럼 무력하고 비굴한 자세'로 도지사에게 (학교 폐교와 학교장 해임) 징계를 연기해 줄 것을 간청하였다고 적고 있다. 야스다케 지사는 맥큔 교장에게 다소간의 시일을 주겠다고 말한 뒤 그들과 함께 도청 회의실로 돌아와 회의를 주재하였다. 그는 회의를 개최하기 전에 맥큔 교장 일행이 신사참배를 거부하여 중대한 문제를 야기했다고 말하고, 학교 폐교와 학교장 해임의 최종 결정은 일단 보류하지만 이것은 초미(焦眉)의 사안임을 강조하였다. 신사참배에 응했던 다른 학교의 대표들은 맥큔 교장 일행을 마치 범죄자 보듯이 하였다. 그러나 맥큔 교장은 자신의 신앙 양심에 조금도 부끄럽지 않았으므로 이에 전혀 개의하지 않았다.

중등학교 교장 회의는 이틀간 계속되었다. 모든 학교들이 신사참배에 응해야 한다는 것이 회의의 주제였다. 나아가서 야스다케 지사는 모든 교사들이 자택에 신사를 모셔야 할 뿐만 아니라 참배하는 모습을 학생들과 지역사회의 주민들에게 모범적으로 보여 주어야 한다고 강조하였다.

맥큔 교장은 귀교 직후 숭실중학교 이사장인 마펫(S.A. Moffett) 선교사에게 이러한 사실을 보고하였다. 마펫 이사장은 북 장로교 한국 선교부와 뉴욕 선교본부, 한국장로회와 회의하여 1936년 9월까지 신사참배와 관련된 입장을 결정하기로 했다. 그리고 1935년 11월 25일 북장로교 한국선교부 실행위원장인 홀드크로포트와 벡커 선교사가 평남지사를 방문하여 동 내용을 전달하고 이러한 사정이 있으므로 내년 9월경 확답을 할 수 있으니 기간을 유예해 달라고 요청했다.

그러나 야스다케 평남지사는 "정부가 여러 차례 발표를 통하여 신사는 종교가 아니라는 것을 분명히 하였고, 신사참배는 교육상 이유에 기초하여 애국심과 충성심을 표하는 것으로서 국민교육상 본질적으로 대단히 중요하여 매일매일 수행해야 하는 것이기 때문에, 이 문제를 오랫동안 미해결인 채로 방임할 수 없다."라고 단호하게 거부 의사를 표명하였다.

한편, 한국 선교부 실행위원 4명은 같은 날 우가키 총독을 직접 방문하고 진정서를 제출했다. 그 내용은, '기독교 학교가 신사참배에 대한 최종 결정을 할 충분한 시간을 줄 것과, 그동안 지방 관리들은 어떤 기독교학교나 교장에게도 신사의식에 참여하도록 더 이상 압력을 행사하지 말며, 참배하지 않았다고 해서 어떤 학교도 처벌하지 말도록 배려할 것.' 을 요청하는 것이었다. 그러나 그들은 조선 총독으로부터 부정적인 답변을 들었다.

맥큔 교장이 신사참배 여부를 확답해야 하는 기한은 12월 20일까지였다.

5. 편입생 윤동주의 학교생활

숭실중학교가 학교장 해임과 학교 폐교라는 극단적인 상황에 빠져들기 시작하기 두 달 전인 1935년 9월, 윤동주는 은진중학교에서 숭실중학교로 편입하여 적응기를 지나고 있었다.

1935년 당시 숭실중학교의 교육 연한은 5년, 연간 수업 기간은 시험 기간을 제외한 37주였다. 시험은 신입생의 입학시험과 재학생의 편입 시험으로 나누어 실시하였다. 전체 학기를 3학기로 나누어, '1학기 : 4~8월, 2학기 : 9~12월, 3학기 : 1~3월' 로 구분하였다. 학생들은 1주일에 6일간 주당 32시간에서 36시간의 수업을 받았으며, 매 교시 수업 시간은 45분이었다.

교과목은 성경, 수신(修身), 공민(公民), 국어(일본어 - 강독회화, 작문 문법, 습자), 조선어 및 한문, 영어(강독회화, 작문 문법 습자), 역사, 지리, 수학(산술, 대수, 기하, 삼각), 박물(식물, 동물, 생리위생, 광물 및 박물통론), 물화(물리, 화학), 법제 경제, 부기, 공업, 용기화(用器畵), 자재화(自在畵), 창가(唱歌), 체조, 교련(教鍊) 등이었다.

학기별로 시험을 치르고 학년 말에 이를 합산하여 성적을 산출하였다. 학과목의 점수는 100점 만점, 각 과목의 급제점은 40점이었고, 진급시험과 졸업시험을 엄정하게 치러 일정 점수 이상자만 진급 및 졸업을 시켰다.

1930년대 숭실중학교가 지정학교로 인가를 받은 이후에 입학시험의 과목은 일본어와 산술(算術)의 두 과목이었고, 시험날짜는 3월 6, 7일이었으며, 입학시험과 편입시험의 경쟁률이 각기 5:1 이상이 될 정도로 지원자가 많았다.

1935년 8월, 윤동주가 치렀던 숭실중학교 편입시험은 시험 과정과 절차가 대단히 엄정했다. 1934년도 편입시험에 숭실중학교 재단 이사의 아들이 시험을 치렀는데 낙방할 정도였다. 윤동주는 은진중학교 4학년에 진급하여 1학기를 다니고, 2학기 때 숭실중학교 4학년 편입시험을 치렀으나 실패하고 3학년 2학기에 편입되었다. 숭실중학교에서는 윤동주가 편입 시험에서 받은 점수로 4학년에 편입되기에는 부족하다고 보았던 것이다.

숭실중학교에는 윤동주의 연변 죽마고우인 문익환과 이영헌이 4학년에 재학 중이었다. 그들은 은진중학교 3학년을 마치고 숭실중학교 4학년 편입 시험을 치러 합격했다. 윤동주는 두 사람보다 은진중학교 시절에는 성적이 우수하였으나 숭실중학교 편입시험에서는 뜻밖의 고배를 마시게 되어 크게 상심했다. 그는 누이동생인 윤혜원에게 보낸 편지에서 "그들이 나를 제 학년에 넣어주지 않는다."라고 서글픔을 토로했다.

그러나 윤동주는 문익환과 이영현의 덕분에 학생회 활동 등 학교생활에는 누구보다도 쉽게 적응했으리라 보인다. 숭실의 학생회는 교사의 지도나 간섭이 없이 학생회 임원을 학생들이 직접 투표로 선출하고, 예산의 수립에서 집행, 조달까지 자율적으로 운영하였다. 학생회의 부서는 지육부(智育部), 종교부(宗敎部), 체육부(體育部), 음악부(音樂部), 의사부(議事部), 사교부(社交部) 등 6개였다.

윤동주는 문익환을 따라 종교부가 운영하는 교회 주일학교의 교사로 활동했다. 당시 숭실중학교 학생들은 교회 출석은 물론 교회 봉사도 거의 의무적이었다. 학생회의 사찰(司察 : 지금의 기율부)은 상급생이 담당하여 학생들의 종교 활동을 확인하고 권면했다. 학생들은 일요일에는 교회에 출석하여 소속교회에서 출석했다는 도장을 받아 오고, 소속교회의 유년 주일학교에서 봉사하도록 교육을 받았다. 그러나 학생들 가운데 불만을 제기하는 일은 일어나지 않았다. 숭실중학교에 입학한다는 사실 자체가 기독교 신자가 되어 기독교 신앙에 입각한 지도자가 된다는 각오에서 이뤄졌기 때문이다.

숭실중학교에서는 여름방학과 겨울방학, 그리고 봄방학 때 교회학교의 교사가 부족한 지방교회에서 주일학교에 숭실중학교의 학생들을 교사로 파송하였다. 그 기간은 각각의 방학 기간 중의 약 1달이었고, 상급학년의 학생을 교장으로 선정하였다. 당시 4학년생이자 목사 지망생이었던 문익환은 평양 대동강변에 위치한 봉수리(鳳凿里) 교회 주일학교 교장이었다. 윤동주는 겨울방학 12월 초순에서 1월 초순까지 봉수리교회에서 주일학교 교사를 하였으며, 그 기간 중에 동시 「조개껍질」 등을 썼다. 윤동주는 특별히 그 시의 끝에 '1935. 12. 鳳凿里에서' 라고 명기하여 이를 기념했다.

아롱아롱 조개껍대기
울언니 바닷가에서
주어온 조개껍대기
×
여긴여긴 북쪽나라요
조개는 귀여운선물
작난감 조개껍대기.
×
데굴데굴 굴리며놀다.
짝잃은 조개껍대기
한짝을 그리워하네
×
아릉아릉 조개껍대기
나처럼 그리워하네
물소리 바다물소리

-윤동주, 「조개껍질 - 바닷물 소리 듣고 싶어」 전문.
1935년 12월 봉수리(鳳凿里)에서

전체 4연에 각 연은 3행씩 총 12행으로 이루어진 동시이다. 윤동주가 문익환을 따라 평양의 봉수리교회 주일학교에서 교사로 봉사하면서 영감을 얻어 지은 시로 추정된다.

윤동주는 교지 편집을 담당했던 지육부 부원인 이영헌의 추천으로 숭실중학교 교지(校誌)인 『숭실활천(崇實活泉)』 제15호의 편집에 일정 부분 관여했고, 그 책자에 시 「공상(空想)」을 발표했다.

동주는 숭실중학교에 한 학기*(두 학기의 착오-인용자 주)밖에 다니지 않았지만, 그 동안 학교 문예지 편집을 맡았었고 거기 동주의 시 한 편이 실렸던 걸로 기억하고 있다. 갓 편입해온 학생에게 그 일이 돌아간 것은 '은진중학교'에서 먼저 숭실에 나가 있던 이영헌(李永獻, 현 장로회신학대학 교수)이가 문예부장이 되면서 동주에게 그 일을 맡겼기 때문이다. 그때 동주는 내게도 시를 한 편 써 내라고 하였다. 그래서 한 편 써 내었더니 "이게 어디 시야" 하면서 되돌려주는 것이었다.

– 문익환, 「하늘 바람 별의 詩人 尹東柱」, 『월간중앙』, 1976. 4, 312쪽. *은 인용자

『숭실활천』은 평양 시내는 물론 전국 서점에서 20전~40전, 현재의 원화가치로 환산하면 약 8,000~16,000원에 시판될 정도로 이름 있는 잡지였다. 후일 한국 문단에 뚜렷한 발자국을 남긴 황순원(黃順元) 김현승(金顯承) 김조규(金朝奎) 등도 재학 당시 『숭실활천』에 활발하게 작품을 투고했던 문학가 지망생들이었다. 그 중에서 황순원은 숭실중학교 3학년 때인 1931년 7월, 문예지 『동광(東光)』에 시 「나의 꿈」을, 9월에는 「아들아 무서워 말라」 등을 발표하며 문단에 등단했다.

이영헌이 윤동주를 『숭실활천』의 편집위원으로 추천한 것은 당연한 일이었다. 왜냐하면 이영헌은 윤동주가 문학에 관심이 많았을 뿐만 아니라 책자를 편집하는 일에도 능숙하고 열의가 높다는 사실을 잘 알고 있었기 때문이다. 윤동주는 명동소학교 4학년 때 서울로부터 『아이생활』이란 잡지를 구독했고, 5학년 때는 송몽규 등과 등사판 학교 월간지 「새 명동」을 몇 호 발간했다(은진중학교 동창 김정우 회고). 은진중학교 시절에도 급우들과 함께 학교 내 문예지를 발간하고 자신의 문예작품을 발표하는 등 열심히 문예활동을 했다. 윤동주의 여동생 윤혜원 여사가 "오빠의 손가락에는 늘 등사잉크가 묻어 있었다."고 회상할 정도였다(2007년 윤혜원과 김혁의 인터뷰).

윤동주의 3학년 때 같은 반 친구였던 김창걸(전 숭실고 교장)은 윤동주에

대해 다음과 같이 회상하고 있다.

> 숭실중학교에는 만주 지방에서 많은 학생들이 유학을 왔었다. 상급생 중에는 정대위(鄭大爲 : 전 한신대 학장), 강춘희(姜春熙 : 전 대사), 문익환(文益煥 : 목사)과 그 밖에 많은 학생들이 있었다. 우리 반에는 윤동주(尹東柱 : 시인)가 있었다.(중략) 우리나라가 일본에 강점당하게 된 후에는 많은 애국지사와 독립 운동가들이 만주 땅으로 망명하여 갔었다. 그리하여 만주 일대는 우리 민족의 독립운동의 거점이 되었다. 윤동주는 이러한 후손의 한 학생이었다. 그는 나보다 키가 훨씬 컸다. 그의 가냘프면서도 늘씬한 몸매는 우리들의 시선을 끌었다. 그의 책상은 내 책상보다 훨씬 뒤에 있었다. 그러나 우리 반의 학생들이 모두 50명도 될까 말까 하였으므로 서로서로의 사정들을 속속들이 잘 알고 있었다. 그는 만주 이야기를 가끔 했다. 특히 만주 지방이나 연해주 지방에서 항일 투쟁하는 조선독립군에 관한 이야기도 해 주었다. 그는 별로 말이 없는 편이기는 하나 꼭 필요할 때는 서슴없이 이야기를 했다. 그는 나보다 한두 살 위인 것으로 기억된다. 그러나 나이보다 훨씬 어른스러워 보였다. 그는 몸가짐이나 행동 등 매사를 신중하게 처신하려고 하는 것 같았다. 그는 광활한 만주 벌판에서 자라서 그런지 그의 감정은 언제나 무게가 있어 보였고 희로애락에 대범한 것 같았다. 그러나 무뚝뚝하거나 차가운 성격은 아니었다. 언제나 미소 짓는 얼굴이었고, 후리후리한 키에 애티가 나는 얼굴 모습에서 미남임을 느끼게 하였다. 그는 숭실교지 『숭실활천』에 「공상(空想)」이라는 시를 실은 적이 있었다.
>
> – 김창걸, 같은 책, pp. 77~78.

김창걸은 윤동주가 만주에서 온 학생으로 키가 훤칠한 미남에 과묵하며 어른스럽지만, 얼굴에 미소를 잃지 않는 온유한 성품의 소유자이며, 만주에서 투쟁하는 독립군에 대해서 서슴없이 이야기하는 용기 있고 애국심 강한 학생이었다고 회고한다. 그리고 또래의 친구들과는 달리 인생의 희로애락을 초월한 듯이 정신적으로 매우 성숙해 보이는 학생이었다고 술회한다.

『숭실활천』에 실린 윤동주의 시 「공상」은 두 가지 점에서 큰 의의를 가진다고 할 수 있다. 첫 번째는, 그 시가 윤동주의 시 가운데 최초로 활자화된 시라는 점이다. 윤동주라는 이름 석 자가 우리나라의 전역에 알려질 수 있는 가능성이 열린 것이다. 그리고 두 번째는 윤동주의 자기성찰적인 시의 특성이 나타난 시라는 점이다. 윤동주는 1935년 9월에 숭실중학교에 편입하고, 곧이어 10월 30일에 발간된 『숭실활천』에 「공상」을 발표한다. 그 기간은 불과 1개월 남짓이었으나, 편입시험에서 1차 실패한 자신을 추스르고 공부에 대한 의지를 회복하고자 노력한 중요한 기간이었다.

윤동주는 인생의 변곡점에서 시를 쓰곤 했다. 예컨대, 숭실중학교를 자퇴하고 연변의 광명중학교로 편입하고 나서 「이런 날」(1936. 6. 10)을 썼다. 만주국기와 침략국인 일본 국기가 춤을 추는 축제일, 만주 국민도 일본국민도 아닌 연변의 소외된 우리나라의 아이들이 즐거워하는 모습을 보면서 '모순을 모르는 단순함'에 안타까워하는 시이다. 광명중학교를 졸업하고 연희전문에 입학한 1938년에는 「새로운 길」(5. 10)을 썼다. 제목 그대로 새로운 대학 생활, 새로운 인생길에 대한 설렘을 매우 흥겹고 발랄한 이미지와 리듬으로 노래한 시이다. 연희전문을 졸업한 이듬해인 1942년에는 「참회록」(1. 24)을 썼다. 일본유학을 가기 위해서 하릴없이 총독부에 창씨개명계를 제출하기 전에 뼈아픈 통회의 심경과 미래의 희생적 삶에 대한 예견, 그리고 다짐을 고백한 시이다.

숭실중학교에 편입한 직후 발표한 「공상」 또한 마찬가지이다. 이 시를 쓸 때 윤동주에게는 그때까지의 생애에서 가장 큰 변화가 있었다. 첫 번째, 윤동주가 태어나고 자랐던 연변의 부모 슬하를 떠나 대도시 평양으로 홀로 이주하여 생활해야 하는 환경의 변화이다. 두 번째, 숭실중학교 4학년 편입시험에서 쓰라린 실패를 맛본 데서 비롯된 심리적인 변화이다. 윤동주는 두 가지의 큰 변화 속에서 「공상」을 썼다. 『숭실활천』에 실린 「공상」을 원문 그대로 소개한다.

空想 —
내 마음의 塔
나는 말 없이 이塔을 쌓고있다
名譽와 虛榮의 天空이다
문허질줄도 몰으고
한층두층 높이 싸ㅅ는다
×
무한한 나의空想
그것은 내마음의 바다
나는 두팔을 펼쳐서
나의 바다에서
自由로히 헤염친다
金錢 知識의 수평선을向하여.

— 윤동주, 「공상(空想)」 전문

1연에서 화자는 공상을 마음의 탑이라고 말한다. 그러나 그 탑은 제작자가 진심과 공력을 기울여 쌓는 특별한 대상이 아니다. '명예와 허영의 천공', 즉 명예와 허영뿐인 텅 빈 공간이며, 언제 무너질지 모르는 허망한 것이다. 더욱 아이러니한 것은, 그럼에도 불구하고 화자는 그 사실조차 모르고 한 층 두 층 계속하여 탑을 쌓고 있다는 사실이다.

2연에서 화자는 공상을 마음의 바다에 비유하고 있다. 그리고 자신을 그 바다에서 자유로이 헤엄치는 존재로 그린다. 그런데 화자는 바다에서 단순히 헤엄을 즐기는 것이 아니라 목표점을 향해 가는 존재로 그려지고, 그 목표점은 '금전과 지식의 수평선'으로 제시된다.

시 「공상」에서 화자가 성찰한 자기 자신은 다분히 부정적이다. 1연과 2연은 형식과 내용 면에서 대응구조를 이룬다. 1연의 '명예와 허영'은 2연에서 '금전과 지식'에 대응된다. 그리고 화자는 부정적인 행위를 현재 진행하고 있는 존재로 나타난다. 즉 화자는 현재 명예와 허영의 탑을 쌓고 있고, 금전과 지식을 추구하고 있는 존재이다. 한마디로 말해서 헛되고 부질없는 욕망을 꿈꾸는 존재이다.

윤동주는 나중에 어른이 된 후에 그의 습작시집 『나의 습작기의 시 아닌 시』에 이 시의 "금전 지식"을 "황금(黃金) 지욕(知慾)"이라는 더 적극적인 부귀와 지식에 대한 욕망을 뜻하는 말로 바꿈으로써 그것이 더욱 허망함을 나타내려 한 것 같다(이상섭, 「윤동주가 경험한 이적」 중에서).

그렇다고 해서, 그는 이 시에서 자신이 지향하는 삶이 어떤 것인지를 명시하고 있지는 않다. 다만 부정적인 스스로의 모습을 적나라하게 펼쳐 보임으로써 앞으로의 자신의 삶의 방향을 암시하고 있을 뿐이다. 즉, 지금까지 명예와 허영을 좇고, 금전과 지식만을 추구해 온 헛된 생각을 버리고 바른 마음을 가지고 학문연마에 정진하겠다는 의지를 간접적으로 표명하고 있는 것이다.

윤동주의 시 「공상」이 수록된 『숭실활천』 제15호에는 당시 명사(名士)들의 글이 실려 있다. 조만식 동문의 「졸업할 이들에게 기(寄)함)」이란 글과 당시 숭실전문학교 교수였던 무애(無涯) 양주동의 신라 이두(吏讀) 연구 논문인 「화한삼재도회조선어고(和漢三才圖會朝鮮語考)」, 문예란에는 졸업생 김조규의 「북으로 띠우는 편지」 「오후 2시의 산곡(山谷)」 등의 시 2편, 그리고 역시 졸업생 황순원의 「봄을 압두고」와 「고아(孤兒)」 등의 시 2편이 수록돼 있다.

숭실중학교 학생회 서기로서 『숭실활천』에 활발하게 작품을 투고했던 김조규는 북한 시인이라는 이유로 일반인들에게는 널리 알려져 있지 않지만 우리 문학사에서 새롭게 조명해야 하는 시인이다. 숭실중학교 1학년 때 광주 학생 만세사건으로 6개월간의 옥고를 치르기도 했던 그는 시 「추억」 「이날도 저들의 가슴엔」 「오날도 붉은 피는 거리를 물드렷나니」를 『숭실활천』 제12호에 발표했었다.

이 작품들은 대개가 현실 참여적인 성격을 강하게 띠고, 일제의 폭압을 풍자하거나 고향을 상실한 자의 비애와 그리움을 노래하고 있다.

이 가운데 이전의 행복했던 농촌 공동체가 일제의 착취 속에 병들어가는 아픔을 대조의 기법으로 극명하게 표현한 김조규의 「이날도 저들의 가슴엔」과 황순원의 「봄을 앞두고」를 보도록 하자.

(전략)
하거든, 하거든, 그네ㅅ줄을 붓잡고 喜悅에 우숨지을 이날이거든
아아 저기서 산비탈 조악돌 밭에
구슬땀 흘니며 풀뽑는 저 여인은 누구인가
녹아 흘으는 녹음을 바라보며 깁분노래 불을 이날이거든
밭기슬 흐릿한 나무그늘 앞에서
새ㅅ빩안 쥬먹을 떨며 슲이우는 저 어린애는 웬일인가

가슴 앓어라 참혹하게도 빼아ㅅ긴 저들의 명절이여
오날도 훈풍(薰風)은 초록색 포푸라 닢에서 노래를 하고
꾀꼴새 욱어진 숲속에서 금빛 나래를 흔들것만은
아아 이날도 저들의 뼈짬의 기름은 말으는구나,
아아 이날도 저들의 염통엔 고름이 고이는구나.

– 김조규, 「이날도 저들의 가슴엔」– 단오ㅅ날 – 부분

'단오ㅅ날' 은 사람만 즐거운 것이 아니라 뻐꾹새도 즐겁다. 그러나 일제에게 땅을 빼앗겨 산비탈 조약돌 밭을 일구는 과부와, 밭기슭에서 새빨간 주먹을 떨며 우는 그녀의 젖먹이 어린애는 행복감을 느끼지 못한다. 저들은 나라만 빼앗긴 것이 아니라 명절도 빼앗긴 것이며, 토지뿐만 아니라 생존까지도 박탈당해 뼛속에 기름이 마르고 염통에는 고름이 고이는 아픔을 겪는다.

소설가 황순원은 간결한 시적인 문체로 인간의 삶을 궁구(窮究)하는 소설들을 주로 발표하여 예술주의 또는 예도(藝道)주의의 대표적인 작가로 일컬음을 받고 있다. 그리고 그의 이러한 특징은 소위 순수니 참여니 하는 문학가들의 이분법적 구분에서 순수 쪽에 이름을 올리는 원인이 되기도 하였다. 그러나 이러한 구분은 인생을 폭넓게 아우르는 황

순원의 큰 문학을 진정하게 이해하는 데 별로 도움이 되지 않는다는 것을 『숭실활천』 제15호에 발표한 그의 시가 대변한다.

(전략)
그 동안 그렇게도 풀피리를 졸으든 복녀가 팔녀갓고,
울기쟁이란 놀림받은 차손이가 저수지(貯水池) 제물이 되엿고, -
아아 초췌해 가는 고향의 얼굴이여.
쓰디쓴 옛일일낭 덮어두자는 이 마음의 아픔
오늘도 멍하니 흐린 이곳 구름에 뿜어준다.
동무야 우리게라 한때 가슴죄던 예ㅅ날이 없었으랴만
낫들고 호미쥐고 듣든 앞개의 물소리를, 산새들의 노래를, 그리고
각장이 메고 바라보든 높은 하늘을, 넓은 들판을 다시는 꿈속같은
그때 마음으로 대할 수 없을 것만 같구나
깊이깊이 물든 의지없는 겨레의 깨여진 심사여,
(하략)

- 황순원, 「봄을 압두고」 일부

1930년대는 일본 식민 통치의 잔학상이 극에 달했던 시기였다. 표면적으로 일제는 이른바 문화정책을 내걸었으나, 내면적으로 이미 한반도는 일제의 대륙 진출을 위한 전진 기지로서 구조적 개편의 정착 단계에 이른 상황이었다. 모든 경제 체제가 전시 동원을 위한 병참 기지로서의 기능을 갖도록 꾸며짐으로써 농촌은 농촌대로 도시는 도시대로 피폐해졌다. 이 시에서처럼 고향의 '복녀' 는 팔려가고, '차손이' 는 저수지에 제물로 빠져죽었다. 고향이 깨어지고, 겨레의 심사는 의지할 데가 없어졌다. 그러나 숭실 출신의 문인들은 그대로 주저앉지 않았었다. 때로 강한 절규를 통해, 때로 강한 눈물의 해학을 통해 그들은 시대를 증언하고 절망적인 삶을 초월해보고자 안간힘을 썼던 것이다.

위에서 살펴본 것처럼, 윤동주는 문익환과 이영헌의 도움을 받아 빠르게 '숭실' 의 일부가 된 것으로 보인다. 만주 용정의 은진중학교와 유사하면서도 다른 숭실의 기독교교육과 민족 교육을 받아 내면화하

고, 숭실의 선배 문인들이 쌓아올린 문학적 전통을 자연스럽게 계승하였으리라고 추정된다.

6. 1935년 당시 숭실중학교의 학교 현황과 맥큔 교장

윤동주는 숭실중학교 1935년 9월 3학년 2학기에 편입하여 1936년 3월말에 그가 신사참배 문제로 학교를 자퇴하기까지 만 7개월 동안 재학하였다. 윤동주의 27년 2개월이라는 단명한 생애에서 숭실중학교에서 보낸 7개월은 짧다면 짧고 길다고 하면 긴 세월이었다. 그 당시 윤동주의 나이는 만 18세로, 자기 존재에 대해 새로운 경험과 탐색이 이루어지고, 자기정체성이 형성되는 매우 중요한 시기였기 때문이다. 실제로 윤동주는 숭실중학교 재학하던 7개월 동안 무려 시 18편을 남긴 바, 이는 그가 시인이 되겠다는 목표를 세우고 치열하게 노력했다는 것을 반증한다.

윤동주가 숭실중학교에 재학 당시 어떤 교육환경에서 공부를 했는지 학교시설과 교육내용, 그리고 맥큔 교장의 교육관과 교육철학에 대해서 알아보도록 하자. 먼저, 1930년대의 숭실중학교의 자산 현황을 소개하면 다음과 같다.

[1930년대의 숭실중학교의 자산 현황]

용도	평수
교사(校舍)	502평
기숙사	146평
도서관	76평

대강당	756평
운동장	7,185평
기타	1,260평
총부지	9,925평

당시의 중학교에 대강당과 도서관은 물론 기숙사가 있는 학교는 매우 드물었다. 숭실중학교에는 전국의 목사나 기독교계, 또는 민족 운동계의 자제들이 입학하였다. 멀리는 만주지방에서 제주도, 함경도, 경상도, 전라도, 충청도, 황해도, 평안도에서 학생들이 몰려들었다. 숭실중학교의 초창기에는 인간교육은 기숙사교육에서 이루어진다고 하여, 전교생을 기숙사에 입소시켜 철저하게 교육을 시킨 적도 있었다. 그 후에 학생 수가 불어나서 학생들을 기숙사에 전부 수용할 수 없게 되자, 기숙사 사용은 지방 학생에게만 허용이 되었고 이들은 전원 수용되었다. 윤동주가 숭실중학교에 재학하던 1930년대에 숭실중학교의 교사(校舍) 건평이 502평인데, 기숙사 건평은 146평인 것을 보더라도 기숙사의 비중이 얼마나 큰지를 알 수가 있다. 윤동주는 만주에서 온 학생이었기 때문에 누구보다 우선하여 기숙사 생활을 할 수 있었다. 기숙사는 단층 벽돌집이었고, 건물 앞에 작은 마당이 있었다. 기숙사는 방마다 4, 5명씩 배당되어 있었는데, 1학년에서 5학년에 이르기까지 상급생과 하급생이 골고루 섞여 있었다. 그들은 한 울타리 안에서 침식을 같이했기 때문에 마치 형제간처럼 관계가 친밀했다. 기숙사 생활을 통해서 학생들은 전국 각 지방에 관한 정보와 풍습을 배울 수 있었다. 지방 사투리, 생활환경, 문화 등, 산지식을 배울 수 있었다.

김창걸은 "숭실중학교에서 자유주의적이고 인간존중의 교육을 받은 것을 대단히 자랑스럽게 생각하고 있다."고 증언한다. 그 당시 관립학교의 학생들은 틀에 얽매인, 억압적인 교육 풍토에서 인간성이 상실된 교육을 받았지만, 숭실중학교 학생들은 맥큔 교장을 비롯한 선교사 교장들이 추구하는 미국식 민주주의 교육을 받아 창의성과 자율성이 크게 신장될 수 있었다고 회고한다.

윤동주가 숭실중학교에 재학하던 당시 교장이었던 맥큔 선교사는 1905년에 미 북장로교 선교사로 평양 선교지부에 배치되었다. 숭실의 설립자인 제1대 베어드 교장을 도와 4년 동안 교육 활동을 하다가 1909년 선천 선교지부로 전임하면서 신성학교 교장으로 부임하였다. 부임 즉시 신성학교내에 자조근로사업부인 공작부와 농장을 조성하고 기숙사를 신축하는 등 학교 발전에 크게 공헌하였다.

맥큔은 1910년 '105인 사건'의 배후 인물로 지목되어 일경의 감시 대상이 되었다. 그러나 그는 이에 개의치 않고 1919년 선천지역의 3. 1 운동에 참가한 신성중학교 학생들이 일경에 쫓기자 자택에 숨겨주고 일경의 가택 수사를 거부하여 학생들을 보호하였다, 그리고 1920년에 미국 의원들이 한국을 방문했을 때 한국의 독립 운동가들이 쓴 진정서를 직접 영문으로 번역하여 의원들에게 전달하는 등 적극적으로 한국의 독립을 도왔다. 맥큔 선교사는, 같은 해에 박치의(朴治毅) 열사의 선천경찰서 폭파 투탄 의거에 관련된 혐의로 법정에 서기도 했다. 그리고 그는 1921년에 신성중학교 교장 임기를 마치고 미국에 귀국한 이후 미국 남다고타주의 휴론대학 총장으로 부임하여 1927년까지 재직하다가, 숭실중학교 및 숭실전문학교 제4대 교장으로 선임되었다.

맥큔 선교사는 숭실의 교장으로 부임하기 전에 미국의 교회를 순회하고 독지가를 방문하여 숭실중학교에 재정지원을 해 줄 것을 호소했다. 그 결과 시카고의 제4 교회의 신도인 크로웰(H. P. Crowell)로부터 15,000불, 일리노이주의 록 아일랜드에 거주하는 데이비스(T. B. Davis)로부터 10,000불 지원 등 수만 달러의 재정을 확보하였다. 이 자금으로 숭실대강당과 기숙사를 건축하고 대농장을 확보하는 등 괄목할 만한 학교의 발전을 이룩하게 되었다.

특히 실내 체육관을 겸한 대강당은 1928년 7월에 맥큔 교장의 설계로 기공하여 1930년 10월 완공했다. 이 대강당은 당시 공사비로 54,400원, 현재 가치로 환산하면 20억 원 이상이 들어간 건물로서, 건평 303평, 연건평 756평의 당시로써는 한국 제일의 대강당이었다. 2층 기와지붕으로 음악회, 강연, 가극, 영화상영 등과 일반 대중 집회를 열 수 있었다. 실내 체육관의 기능도 겸하였는데 테니스, 농구, 탁구, 권투, 유도 등을 할 수 있었다. 지하실에도 400여 명을 수용할 수 있는 강당과 50여 명을 수용할 수 있는 목욕탕 시설을 3개나 갖추고 있었다. 참으로 엄청난 규모의 호화시설이었다. 자연히 이 강당은 숭실중학교 학생들뿐만 아니라 당시 한국기독교 교계의 전국 규모 주요 행사를 유치하고, 이로 인하여 숭실을 전국적으로 알리는 역할도 하게 되었다. 개관 기념으로 전조선 주일학교 대회를 이곳에서 개최하였다.

맥큔 교장이 가장 역점을 둔 것은 전도 활동과 학생들의 교양과 신앙심을 함양하는 교육이었다. 1935년도의 종교부 활동 내용을 보면 종교부 학생이 교회학교 교장이 되어 운영하는 지역교회의 수가 3개, 하기방학 때 종교부원 및 기타 학생 개인이 교사로 파송된 교회 수가 58개, 봉사하는 학생 수는 67명이었다. 그리고 이와는 별도로 학교의 교육 목사가 인솔하고, 학생들은 악사와 연사가 되는 '하기 순회 음악전도대'를 조직하여 7월 20일경부터 8월 4, 5일까지 약 15일간을 지방 전도 활동을 전개하는 등 해마다 방학 때면 200~250명의 숭중 전도대원이 한국의 각지로 흩어져 전도 활동을 전개하였다(맥큔 선교사 연례보고서 1932, 1933, 1935.). 전도 활동에 소요되는 1년간 경비만 해도 450여 원에 달하였으니, 이는 당시 학생회 총 예산 900여 원의 절반에 해당하는 금액이었다. 맥큔 교장은 '숭실의 학생들이 예수그리스도를 좇아 하나님의 사역에 동참하는 전도 활동'을 기독교교육의 최우선 과제로 삼고

이를 수행하였다.

맥큔 교장이 두 번째로 역점을 둔 학생들의 교양과 신앙심을 함양하는 교육은, '교양과목(어학, 예술, 역사, 철학, 문학 등)과 종교 연구에 강조를 둔 교육이었다. 그는 분주한 가운데에서도 학생들이 잠재된 예술적 재능과 소질을 계발할 수 있도록 항상 격려를 아끼지 않았다. 특히 그는 성품이 쾌활하고 명랑할 뿐만 아니라 청소년들을 지극히 사랑하여 언제나 그들을 만나면 특유의 동작으로 쓰다듬어주거나 안아주었고, 학생들과 함께 호흡하기를 즐겨하여 숭실의 축구시합 때는 몸소 앞에서 응원단장과 함께 뛰면서 응원할 정도였다. 맥큔 교장의 이러한 교육자적 인품과 교육철학, 그리고 교육목표는 학교의 운영에도 그대로 반영되어 학생회가 명실공히 학생들의 자치기구로서 활발하게 활동을 하고, 이러한 분위기 속에서 종교, 문학, 음악, 미술, 체육 등 장차 한국의 예체능 분야를 주도해나갈 무수한 인재가 배출되었다. 문학 부문의 윤동주, 김현승, 김조규, 황순원 등과 음악 부문의 박태현, 김동진, 이인범, 전봉초, 임만섭, 미술부문의 김 원, 윤중식, 박고석 등이 이때 배출된 인물들이다.

7. 윤동주의 본격적인 습작 활동

현존하는 윤동주의 유작품은 총 124편이다. 윤동주가 1934년부터 1939년까지 6년간 습작한 작품은 『제1 습작집』에 실린 59편(이 중 「짝수갑」은 제목만 기록), 『제2 습작집』에 수록된 53편 등, 총 112편이다. 앞엣것의 명칭은 『나의 습작기의 시 아닌 시』로 1934년 12월부터 1937년 10월까지 창작한 작품을 모아놓았다. 뒤엣것의 이름은 『창(窓)』인데, 1936년부터 1939년 9월 사이에 새로 창작한 작품군(36편)과 『나의 습작기의 시 아닌 시』 수록 작품을 수정 혹은 그대로 옮겨 적은 작품군(17편)으로 구성되어 있다. 이 습작품들은 윤동주의 자선(自選) 육필시집인 『하늘과 바람과 별과 시』에 수록되지 않았다.

윤동주는 은진중학교에서 숭실중학교로 편입하고 난 직후부터 본격적으로 시의 습작기에 접어든 것으로 보인다. 윤동주는 숭실중학교에 재학하면서 시 12편, 동시 6편 등 18편의 시를 썼다. 윤동주가 은진중학교에서 3년간 재학하는 동안 쓴 시는 4편뿐이었다. 그런데 숭실중학교에 불과 7개월 재학하는 동안 18편의 시를 썼다는 사실은 특기할 만한 일이 아닐 수 없다. 윤동주는 이후 숭실중학교에서 광명중학교로 편입하여 2년간 다니는 동안에도 시 27편, 동시 26편 등 총 53편을 썼다. 윤동주가 남긴 작품 총 124편 가운데 57%에 해당하는 71편을 숭실중학교와 광명중학교 재학 기간인 2년 7개월 동안에 썼으니, 숭실중학교 시절에는 한 달에 2.5편, 광명중학교 때는 한 달에 2.2편을 쓴 셈이다. 비록 이 시기에 쓴 시 가운데 후일 윤동주의 자선 시집 『하늘과 바람과 별과 시』에 수록된 작품은 단 한 편도 없으나, 중학교 시절의 왕성한 습작 시기가 없었다면 어떻게 주옥과 같은 명편들이 실린 그 시집이 탄생할 수 있었겠는가. 윤동주는 습작시기에 다작(多作)만 한 것이 아니었다. 작품에 상징어를 사용하여 시적 의미의 층위를 더하고, 자기 자신과 시적 대상에 대한 깊은 성찰을 통해 인식의 지평을 넓히는 등 시적 역량을 꾸준히 키워나갔다. 그리하여 연희전문에 입학한 이후에 비로소 감동적인 명편들을 꽃 피울 수 있었다.

윤동주가 숭실중학교 시절에 쓴 시들은 다음과 같다. 여러 종류의 『윤동주 시집』이나 '윤동주 연구 서적' 들이 윤동주가 작품을 발표한 연도를 조금씩 다르게 기록하고 있어서, 『윤동주 평전』(송우혜, 2004), 『처럼』(김응교, 2016), 『윤동주★전 시집』(스타북스, 2017)을 참고하여 정리했음을 덧붙인다.

[윤동주가 숭실중학교 재학 시절에 쓴 시 목록]

번호	장르	제목	창작 연대	비고
1	시	「공상(空想)」	1935년 10월 이전	
2	〃	「창공」	1935년 10월 20일, 평양에서	
3	〃	「꿈은 깨어지고」	1935년 10월 27일 탈고 (1936년 7월 27일 개작)	『처럼』(김응교, 2016). p. 90. 참고
4	〃	「남쪽하늘」	1935년 10월, 평양에서	
5	〃	「비둘기」	1936년 2월 10일	
6	〃	「이별」	1936년 3월 20일	
7	〃	「식권」	1936년 3월 20일	
8	〃	「모란봉에서」	1936년 3월 24일	
9	〃	「황혼」	1936년 3월 25일, 평양에서	
10	〃	「가슴 1」	1936년 3월 25일, 평양에서	
11	〃	「가슴 2」	1936년 3월 25일, 평양에서	나중에 발굴된 시. 『윤동주★전 시집』(스타북스, 2017). p. 116. 참고.
12	〃	「종달새」	1936년 3월, 평양에서	
13	동시	「조개껍질 - 바닷물 소리 듣고 싶어」	1935년 12월, 봉수리에서	
14	〃	「고향집 - 만주에서 부른」	1936년 1월 6일	
15	〃	「병아리」	1936년 1월 6일 (『가톨릭소년』, 1936년 11월)	『처럼』(김응교, 2016). p. 90. 참고
16	〃	「오줌싸개 지도」	1936년 초(추정)	『윤동주 평전』(송우혜, 2004) p. 182. 참고. 『처럼』) p. 90. 참고

17	〃	「기왓장 내외」	1936년 초(추정)	〃
18	〃	「창구멍」	1936년 초(추정)	『처럼』(김응교, 2016). p. 90. 참고.

위의 시 11번 「가슴 2」는 1955년과 1979년에 발간된 시집 『하늘과 바람과 별과 시』에 수록된 「가슴 2」와는 다른 시이다. 그 시집 속의 「가슴 2」는 윤동주의 원문에는 「가슴 3」이고 1936년에 썼다. 11번의 「가슴 2」는 나중에 발굴된 시로서 1935년에 썼다.

윤동주가 숭실중학교에 재학할 때 쓴 18편의 시를 주제별로 분류해 보면 다음과 같다.

· 가족과 고향에 대한 그리움을 노래한 시 9편 : 「남쪽하늘」, 「비둘기」, 「황혼」, 「이별」, 「조개껍질」, 「고향집」, 「오줌싸개 지도」, 「창구멍」, 「기왓장 내외」
· 꿈이 파괴된 상실감을 노래한 시 3편 : 「꿈이 깨어지고」, 「가슴1」, 「종달새」
· 일제 강점기의 비애를 형상화한 시 1편 : 「모란봉에서」
· 기타 5편 : 「공상」, 「창공(蒼空)」, 「병아리」, 「식권(食券)」, 「가슴2」

가족과 고향에 대한 그리움을 노래한 시가 9편으로 전체 18편 가운데 절반을 차지한다. 만주 연변의 가족의 품을 떠나 평양에서 홀로 학교생활을 해야 하는 윤동주로서는 당연한 일이 아닐 수 없다.

제비는 두 나래를 가지었다.
스산한 가을날 —

어머니의 젖가슴이 그리운

서리 내리는 저녁 —
어린 영(靈)은 쪽나래의 향수(鄕愁)를 타고
남쪽 하늘에 떠돌 뿐 —

– 윤동주, 「남쪽 하늘」 전문

작품의 창작 날짜와 장소가 '1935년 10월, 평양에서' 라고 기록된 「남쪽 하늘」이라는 시이다. 시적 화자는 제비는 두 날개를 가졌기 때문에 서리를 피해 남쪽으로 날아갈 수 있지만, 자신은 "쪽 나래의 향수를 타고" 그리운 어머니가 있는 남쪽 하늘을 떠돌 뿐이라고 안타까워한다.

그런데 재미있는 것은 시적 화자가 있는 곳이 북쪽, 어머니가 있는 곳은 남쪽으로 설정돼 있다는 점이다. 실제로 윤동주는 1935년 10월에 평양에, 그의 어머니는 연변에 거주하고 있었다. 즉, 윤동주는 그의 어머니가 있는 연변보다 상대적으로 남쪽인 평양에 있었던 것이다. 그러므로 이 시에서 시적 화자는 '어린 영이 북쪽 하늘에 떠돈다.' 고 해야 맞는 말이겠다.

그러나 이것은 두 가지의 측면에서 모순을 내포한다. 첫 번째는 시인이 반드시 그가 쓴 시의 시적 화자와 일치해야 한다는 숨겨진 전제가 모순이다. 두 번째는 어법상 모순이다. 즉 제비가 겨울을 피해 남쪽으로 갔는데, 시적 화자는 겨울을 피해 북쪽을 떠돈다고 한다면 이는 어법상 앞뒤가 맞지 않는 것이다.

이 시에서 '남쪽' 은 지리적인 위치를 가리키는 것이 아니라 상징적 의미를 내포한다고 볼 수 있다. 즉, 어머니는 부산이나 제주도에 거주하는 존재가 아니라 '따뜻한 모성' 이라는 상징적 의미를 가진다. 윤동주는 외롭고 쓸쓸한 평양의 객지 생활, 어머니가 그리운 심경을 '남쪽 하늘' 이라는 상징적 시어를 써서 매우 효과적으로 표현했다. 그런데 '남쪽' 의 이미지는 다른 시에서도 나타난다.

헌 짚신짝 끟을고
나 여긔 웨 왓노
두만강을 건너서
쓸쓸한 이 땅에
×
남쪽 하늘 저 밑에
따뜻한 내 고향
내 어머니 계신 곧
그리운 고향 집.

– 윤동주, 「고향집」– 만주에서 불은 (1936년 1월 6일), 전문

이 시도 어머니에 대한 그리움을 노래하고 있다. 그러나 시적 화자가 있는 곳은 평양이 아니라 만주이다. 이 시의 부제처럼, 만주에 있는 시적 화자가 남쪽에 있는 어머니를 그리워 부른 노래이다. 그런데 시적화자의 상황이 예사롭지 않다. 그는 헌 짚신짝을 끌고 두만강을 건너 쓸쓸한 땅, 만주에 와 있는 존재이다. 즉, 가진 것도 없이 홀로 고향 집을 떠나 만주에 정착하려는 존재이다. 그러나 만주는 생각만큼 녹록하지 않아서 막막히 고향 집 어머니를 그리워한다는 내용이다.

이 시에서도 시적 화자는 윤동주 자신이라고 말하기 어렵다. 윤동주는 실제로 남쪽의 고향 집을 떠나 홀로 만주에 온 사람이 아니다. 숭실중학교를 다니기 위해 북쪽에 있는 만주를 떠나 남쪽에 있는 평양에 와 있는 학생이다. 그런데 왜 이 시에서 시적 화자는 그렇게 그려지고 있을까? 이 시의 화자는 가족과 고향을 등지고 홀로 만주에 정착하려고 했으나 여의치 않아 고생하는 당시 우리나라의 디아스포라를 연상시킨다.

'가족을 떠나야 가족이 보이고, 조국을 떠나야 조국이 보인다.'는 역설이 있다. 연변의 가족을 떠나 평양에서 생활하는 윤동주에게 비로소 그의 가족이 디아스포라인 것이 뚜렷하게 인지된 것이 아닐까? 그

리고 일제강점 치하에서 그의 가족처럼 수많은 사람들이 토지를 찾아 고향과 조국을 등지고 만주를 떠돌아다니는 상황을 인지한 게 아닐까? 그런 점에서 이 시에서 '남쪽'은 '떠나온 고향', 더 나아가서 '잃어버린 조국'을 상징한다고 할 수 있을 것이다.

위의 시들을 통해 살펴본 것처럼, 우리는 윤동주가 숭실중학교에 재학하는 동안 우리 민족이 처한 식민지 상황을 분명하게 인식하고 시를 썼다는 것을 알 수 있다.

8. 맥큔 교장 해임

숭실중학교에서 윤동주가 시작(詩作)에 몰두하던 시기에, 평남도지사 야스다케는 숭실중학교 맥큔 교장에게 신사참배 이행 여부를 확답하도록 종용하였고, 그 기한은 1935년 12월 20일이었다. 만약 숭실중학교가 신사참배에 불응한다면 교장의 해임과 학교의 폐교를 단행하겠다고 통첩을 한 상태였다.

그런데 이런 상황에서 사태를 더욱 악화시킨 사건이 발생했다. 이른바 '소화 천황 2남 명명 축하행사 사건'이 바로 그것이다. 1935년 11월에 교장 회의가 있은 후 20여 일이 지난 12월 4일, 일본의 소화 천황(昭和天皇)의 둘째 아들의 명명(命名)을 축하하는 행사가 있었다. 이 행사에는 평양시의 초등학교를 비롯하여 남녀 각급 학교 및 일반 시민이 기(旗) 행렬과 제등행렬을 거행하기로 한바, 각 기독교계 사립학교 학생들도 일반 공립학교 학생들과 같은 행동을 취하기로 되어 있었다.

그러나 숭실중학교의 맥큔 교장을 비롯하여 숭실중학생들이 신사참배 거부의 태도가 너무 완강하기 때문에 평남도청 학무과에서는 숭실중학교만은 신사에는 참배하지 않고 일본 천황이 있는 동쪽을 향하여 목례를 하고 일본 천황 만세만 삼창하는 조건으로 행사에 참가하도록 하였다.

예정대로 숭실중학교 학생들은 기(旗) 행렬에는 참가하지 않고 학교에서 봉축식을 거행한 뒤 야간 제등행렬에만 참가하였다. 그러나 대열의 맨 나중에 위치한 대부분의 숭실중학교 학생들은 황거요배나 만세 삼창도 하지 않고 마치 시위를 하듯이 일제히 해산하고 귀가함으로써 고의로 신사에 참배를 하지 않았다.

> "…내가 숭실중학교 3학년이던 1935년 12월 어느 날 아침이었다. 일본 천황 '히로히토(裕仁)' 가 둘째 아들을 낳았다고 하여 평양 시내 전학생이 이른바 '등불행렬' 을 하도록 명령받았다. 학생들은 모두 와카마쯔(若松) 소학교 앞에 모였다. 줄곧 신사참배를 거부해오던 숭실중학교도 이날만은 다 모였다.
>
> 평양신사는 모란봉 산정 부근에 위치하고 있었다. 신사에 올라가기 위해서는 가파른 돌계단을 한참이나 올라가야 했다. 돌계단을 오르고 있을 때 이미 참배를 마친 다른 학교 학생들이 찡그린 표정으로 계단을 내려오고 있었다. 숭실중학교는 참배 대열의 맨 꼴찌였다. 계단의 한가운데쯤 올라갔을 때였다. 당시 5학년이던 숭실 YMCA 회장인 임인식(林仁植)형이 갑자기 "제자리 섯, 뒤로 돌아"라고 고함쳤다. 학생들은 마치 일시에 전류가 통한 듯 "와! " 하는 함성과 함께 그대로 돌계단을 뛰어 내려오고 말았다. 그것은 이심전심의 무서운 결속이었다…"
>
> – 김두찬 「그 蠻行 그 眞相」, (숭실 제 33회, 1938 졸),
> 『동아일보』 1982. 8. 16.

이 사건이 발생한 후로부터 일본 당국은 더욱 크게 분격하여 숭실중학교의 동태를 극히 주목하기 시작했다.

1935년 12월 9일부터 13일까지 미국 북 장로회 선교부 실행위원장인 홀드크로포트(J. G. Holdcroft, 한국명 허대은)의 서울 자택에서 선교부의 실행위원회가 소집되었다. 실행위원 6명과 선교사 몇 명이 참집하여 평양의 숭실중학교와 숭실전문학교, 그리고 숭의여학교의 신사참배와 관련된 심각한 문제에 대하여 논의하였다. 그 결과 '신사참배 문제는 한국 선교부 총회와 한국장로회 총회, 그리고 선교본부와의 협의를 통하여 일정한 결론이 내려지기 전까지는 임시로 당국에 항의하는 것' 을 기본 방침으로 정하였다.

그리고 야스다케에게 보내는 맥큔 교장의 회신은 '천황폐하 및 황실에 대한 깊은 존경의 뜻을 가지고 또 나아가서 황조(皇祖) 황종(皇宗)을 숭경할 용의가 있지만, 신사에서의 여러 의식을 종교적 행위라고 믿는 이상 하나님의 뜻에 위반되고 신앙의 자유와도 일치되지 않는 행위라고 믿으며, 나의 양심에 따라 이를 거부한 것밖에 없다' 는 내용으로 할 것을 결의하였다.

맥큔 교장은 동년 12월 13일 자로 다음과 같은 서신을 야스다케 지사에게 발송하였다. 그러나 1935년 12월 30일 와타나베 학무국장은 맥큔 교장과 홀드크로포트 위원장, 그리고 솔토 선교사를 본부에 초치(招致)하고, '만약 맥큔 교장과 숭실중학교가 신사참배를 하지 않으면 교장직 해임과 학교 폐쇄를 단행할 것' 을 재차 엄중 경고하였다.

맥큔 교장과 마펫 이사장은 평양 선교 사회를 소집하고 신사참배 문제를 예의 검토하였는데 신사참배 불가론이 우세하였다. 마지막으로 신사참배문제에 깊은 관심을 가지고 있는 평양신학교 교수인 박형룡(朴亨龍) 목사와 평양 산정현교회 주기철(朱基徹) 목사에게 그 찬부를 문의하였던바, 그들 또한 신사참배는 불가하다는 의견을 강하게 내세웠다.

맥큔 교장은 '신사참배를 거부할 뿐 아니라 교장직의 사면(辭免)도 불사한다.' 는 내용의 답서를 1월 18일 오후 2시 평남 도지사에게 제출하였다. 다음은 맥큔 교장이 그에게 요구된 두 가지 문제에 대하여 평남 도지사에게 보낸 마지막 회신이다.

존경하는 각하

1936년 1월 16일자 각하의 요구에 의하여 나는 다음과 같은 회신을 제출합니다. (중략) 나는 당신에게 다음과 같이 알려드리게 됨을 매우 유감으로 생각합니다. (1) 현재 봉재하고 행하는 신사의식들은 나에게는 분명히 종교적 의미를 내포하고 있는 것으로 보이기 때문에 (2) 대부분의 일반인들이 실제로 거기서 신령들을 예배한다고 믿기 때문에 (3) 기독교인들은 효도와 구분하여 조상숭배는 하나님께 대한 죄라고 믿기 때문에 그리고 (4) 나도 하나님의 말씀(성경)에 의해 기독교인들에게 그 같은 것이 금지되어 있다고 믿기 때문에, 나는 당신이 학교교장인 나에게 요구한 행위를 한 개인으로서 양심적으로 행할 수 없습니다. 나는 내 자신이 개인으로서 신사에 참배할 수 없기 때문에 나의 학생들에게도 그것을 하도록 할 수 없음도 알려드리게 됨을 유감스럽게 생각합니다.(하략)

그가 답신에 천명한 신사참배 반대 이유는 다음 네 가지이다. '1) 신도의 의식(儀式)이 명백한 종교적 중요성을 포함하고 있다. 2) 많은 사람들이 신사에서 영령에 대한 제사가 이루어지고 있다는 것을 알고 있다. 3) 기독교인들이 조상숭배는 하나님에게 죄를 짓는 것으로 인식하며 4) 성경도 그것을 금하고 있다. 따라서 자신만이 아니라 학생들에게도 신사참배를 강요할 수 없다' 는 것이다. 그러나 이 주장은 신사참배가 국민의례일 뿐 종교의식이 아니라는 총독부 측의 주장과 상반 대립하는 것이었다.

맥큔 교장 개인은 물론 학교장으로서 신사참배를 거부한다는 의사를 명확히 함에 따라 야스다케 지사는 1월 18일자로 맥큔 선교사의 숭실중학교장 인가를 취소하였다. 그리고 맥큔 선교사는 숭실전문학교 교장직도 겸하였기 때문에 이의 취소를 위하여 야스다케 지사가 미리 작성해 두었던 '사립학교 규칙에 의한 학교장 인가 취소 요청' 의 공문을 1936년 1월 16일자 인비(人秘) 제 15호로 조선총독에게 발송하였다. 이 공문을 접수한 조선총독부는 1936년 1월 20일자로 학무국장의 이름으로 '숭실학교장 파면에 대한 언급'과 더불어 조선총독부 총독의 명의로 맥큔 교장 인가 취소 공문을 북장로교 한국선교부 유지재단 대표자 밀러(E.H. Miller, 한국명 밀의두) 앞으로 발송하였다.

9. 맥큔 교장 해임에 반대하는 숭실중학생들의 동맹휴교

1936년 1월 20일자로 맥큔 선교사의 교장직 인가가 취소되자 이 사실이 즉시 일반에 알려졌다. 이 사실에 가장 충격을 받은 사람들은 북장로교 선교사들과 그 계통의 학교 관계자들, 그리고 누구보다도 숭실중학교 학생들이었다. 동년 2월 초순의 주일날 숭실학교 YMCA, 즉 학생회 종교부가 운영하는 평양시 서북부의 인흥리교회에서 봉사하는 동문과 재학생들을 중심으로 논의가 시작되었다. 교회학교의 구흥남(1936卒), 장이규(1935卒), 장윤홍(1935卒), 유성복(당시 4학년), 강춘희(당시 4학년), 김희영, 이종완(당시 4학년) 등이 논의를 주도했다.

학생들은 이 사건이 맥큔 교장 개인의 사건이 아니라 숭실중학교의 장래문제에 직결된다고 보았다. 신사참배와 관련하여 자신들의 신앙고수와 학업 여부가 걸린 문제라는 데 인식을 같이 했다. 그리고 무엇보다도 일제의 신사에 참배하는 것은 자신들의 혼(魂)이라고 할 수 있는 신앙을 포기하는 행위라고 결론을 내렸다. 이들은 그 다음날 아침 기도회 때 이것을 공식 문제화하기로 결정하였다.

그리고 이들은 누가 철야기도를 하자고 특별히 제안한 것도 아닌데 함께 모여 기도하고 묵상을 하면서 밤을 새웠다. 새벽이 가까워오자 당일의 거사를 위하여 새벽기도회를 열기 위하여 장대현교회로 갔다. 장대현교회에는 관서지방 신사참배 거부운동의 핵심 인물인 주기철 목사와 숭실동문 고당 조만식 장로가 시무하는 곳이었다. 이들은 '오늘 학교에서 일어나는 일을 통하여 자신들이 한국교회의 재생을 위한 희생 제물이 될 수 있기' 를 기도하였다.

드디어 거사 당일 2교시가 끝난 후 전교생은 기도회를 하기 위하여 강당에 집결하였다. 강단에는 이사장 마펫 박사와 미국인 선교사 1명, 정재호 목사가 좌정했고, 그 왼쪽에는 김성찬 학감, 강봉우 교무부장 등이 앉아 있었다.

예배가 끝날 무렵, 마펫 박사는 무언가 중대한 발표를 하려는 듯이 자세를 가다듬었다. 그는 긴장된 모습이었고, 학생들 앞에서 마음속의 괴로움을 얼굴에 나타내지 않으려고 애쓰는 기색이 역력하였다. 그의 훤칠한 모습이 평소와는 달리 불안정해 보였다. 먼저 유성복이 일어났다. "맥큔 교장님은 어디에 계십니까?" 큰 소리로 물었다. 그러나 대답이 없었다. 그러자 이번에는 강춘희가 일어났다. "윤산온(한국명) 교장님은 왜 학교에 나오시지 않습니까?" 다소 격앙된 목소리였다.

마펫 박사는 어쩔 줄을 몰랐다. 그는 손을 저으면서 "안 될 것인데는…"을 되풀이하였다. 장내가 약간 소란해지면서 이번에는 이종완이 일어났다. "우리 믿음의 아버지 윤산온 교장님은 어디에 있습니까?"라고 외치자 같은 내용의 질문들이 여기저기서 터져 나왔다.

그러나 장내가 소란스러워지자 어디서 나타났는지 강단 쪽에는 벌써 약 4, 50명의 고등계 형사들이 버젓이 서서 학생들을 감시하였고, 뒤 출입문 좌우에도 10여 명의 사복 경관들이 학생들의 동태를 날카롭게 주시하고 있었다. 강당 옆 기숙사와 학교 정문 사이의 길에는 수십 명의 기마 경찰이 출동하여 숭실 교정을 완전히 에워싸 버렸다.

이때 이종완이 다시 일어나 "맥큔 교장님은 신사참배를 반대하고 우리에게도 그렇게 가르쳤는데 이제 그는 가고 대신 들어오는 다른 교장은 우리에게 어떻게 가르칠 것인가를 말해 주시오."하고 문제의 핵심을 찔렀다. 그러나 아무 대답도 들을 수 없었다. 학생들의 흥분은 더욱 고조되고 "윤 교장을 내놓으시오."하는 고함소리가 여기저기서 일어나 학생 대중의 흥분은 이미 그 도가 넘은 듯했다. 종교개혁자 루터가 부르고 용기를 얻었다는 "내 주는 강한 성이요."하는 찬미 소리가 터져 나왔다. 이어서 "믿는 사람들은 군병 같으니 앞에 가신 주를 따라 갑시다."하는 찬송들을 연이어 우렁차게 불렀다.

이종완은 다시 일어나 "학교 당국이 아무 태도가 없는 것은 우리에게 신사참배를 시키기 위하여 맥큔 교장을 파면한 당국의 입장을 받아들이는 것이 아닙니까?" 하고 결정적인 포문을 연 뒤 다른 학생들을 향하여 "너희는 남아서 신사참배를 하며 학교에 더 다니겠느냐? 다니려면 잘 다녀라. 나는 그런 학교엔 다시 다닐 수 없다."고 고함치며 먼저 강당을 뛰쳐나갔다. 이것을 신호라도 삼듯이 학생들이 무더기로 밀려 나갔다. 저지하던 경찰들도 이를 당하지 못했다. 기숙사 앞에서는 길을 열려는 학생들과 이를 제지하려는 경찰들 사이에 큰 충돌이 일어났다. 경찰 모자가 땅에 떨어지고 경찰복 소매가 찢기는 격투가 벌어졌으나 학생들의 물결을 막지는 못했다. 5백 명 숭실중학생들과 교사들은 순식간에 숭실전문학교 앞마당을 꽉 채워 긴장한 모습으로 웅성댔다.

잠시 후에 담장 밖을 에워쌌던 기마 경찰들이 교정 안에까지 들어왔다. 이들이 군도를 빼어들고 휘두르며 시위 학생들 속으로 들어가니 일부 학생들은 운동장가로 피해 달아나고 일부는 일경들에게 달려들어 육박전을 벌였다. 그들의 모자와 옷을 벗겨 땅에 내팽개치고 칼도 빼앗아 부러뜨렸다.

그러나 시위 학생들과 교사들은 교정 밖으로 진출하지 못하고 기마 경찰에 둘러싸여 몇 시간을 대치한 끝에 해가 저물자 지쳐버렸다. 새로운 연락이 있을 때까지 '동맹휴교'를 선언하고 해산하기에 이르렀다. 경찰은 많은 학생들을 검거하지는 않고 주동자인 이종완 외 4학년생들을 트럭에 싣고 경찰서로 연행하였다. 그러나 이들은 처벌은 없이 장시간의 설유를 듣고 훈방되었다.

이날 학생들의 시위는 '숭실중학생들은 맥큔 교장의 신사참배 거부에 생명을 걸고 동참한다.'는 의지의 표명이었다. 이 시위는 일제로서는 유혈 희생자가 발생하지 않고, 학생 측에서는 무기 동맹휴교라는 선에서 모호하게 마무리되어, 교회에 경각심을 일으키게 한다는 당초의 목적을 달성하지는 못했다. 그러나 신사참배 거부를 확고히 하여 숭실중학교가 장차 일제의 계교대로 신앙을 팔아 학교를 운영하지 않고 당당하게 폐교를 선택하는 데 밑거름이 되었다는 점에서 의의를 찾을 수 있었다.

10. 윤동주의 자퇴와 숭실중학교의 폐교

윤동주가 당시 맥큔 교장의 해임을 반대하는 시위 현장에 있었는지의 여부는 확인할 길이 없다. 그러나 일제 강점기에 우리나라에서 유일하게 유혈 독립 투쟁이 전개되었던 만주에서 태어나 성장했던 윤동주가 그자리를 피했을 리는 만무하다. 누구보다도 일제의 부당한 신사참배 강요와 맥큔 교장이 강제 해임된 것을 적극적으로 규탄했을 것으로 추정된다. 그 당시 맥큔 교장의 해임에 항의한 여러 학생들이 동맹퇴학을 감행하였는데 윤동주, 문익환 등도 이때 함께 자퇴하였다.

> 숭실중학교에 대한 일제의 신사참배 강요는 민족 감정과 기독교 신앙을 한꺼번에 짓밟는 사건이었다. 동주와 나는 서로의 심정을 묻지 않았다. 묻지 않아도 다 아는 듯 우리는 말 없이 짐을 꾸려가지고 북간도로 돌아가고 말았다.
>
> – 문익환 목사, 「학창시절의 윤동주」, '윤동주기념사업회'

제일 큰 사건은 3학년 끝나고 나서 신사참배 문제가 나왔어요. 그래서 이제 우리 학생들 가운데 신사참배를 하고도 학교를 계속 가느냐, 교장선생님도 다 물러나고 그러니까 신사참배를 거부하고 학교를 떠나느냐, 그 문제가 제일 컸었지요. 친구였던 윤동주 시인은 만주에서 숭실중학교로 왔다가 '나는 다시 만주로 가면 된다, 그러면 신사참배 안 해도 된다.' 는 결론을 내렸지요.

– 김형석(전 연세대 교수), '동문 인터뷰' 중에서,
『숭실교지』 제 149호, 9쪽, 2016.

문익환과 김형석의 증언을 통해 볼 때 윤동주는 일제의 신사참배 강요를 거부하고 자퇴를 결행한 것으로 보인다. 물론 이때는 숭실중학교가 폐교 되기 전이었다.

숭실이사회에서는 1936년 3월 5일, 제5대 숭실중학교의 교장으로 정두현(鄭斗鉉) 숭전 교수를 선임하였다. 숭실중학교에 한국인 교장이 부임하게 된 것은 평안남도 학무과의 강압에 의한 것으로 외국인 교장보다는 한국인 교장이 다루기가 용이하다는 당국의 판단에 따른 것이었다. 그러나 정두현 교장의 부임 후에 북 장로교 한국 선교부는 1936년 6월 학교의 인퇴를 결정하고 선교본부의 승인을 얻었다. 따라서 정두현 교장이 담당했던 것은 학교의 폐쇄와 이에 따른 한국인의 후계경영에 관한 업무 등이었다.

1936년 7월 서울에서 열린 북 장로교 선교사대회에서 '1938년 3월 말까지 새로운 경영자가 나서지 아니하면 학교를 폐쇄하자.' 고 결의했다. 그 뒤에 '어쨌든 학교는 그대로 계속하여야만 하겠다.' 는 공통된 희망을 가지고 후계를 위한 움직임이 계속되었으나 결국 무산되었고, 북 장로교 선교부에서는 숭실중학교를 폐교하기로 결정했다.

1897년 설립되어 40년 역사의 종막을 닫는 숭실중학교는 1938년 3월 3일 오전 10시 30분 숭실대강당에서 숭실중학교 졸업식을 거행하

였고, 3월 12일 최후의 방학식을 거행하고 해산하였다. 실로 이는 방학이 아닌 해산으로서 12일 아침 9시 30분부터 대강당에서 3백 명의 재적생과 교직원이 참집, 눈물의 예배를 드린 후 정두현 교장의 마지막 고별사로 해산식을 마치고 서로 작별을 하였다. 그리고 1938년 3월 19일, 숭실중학교는 마침내 폐교되었다.

닫는 글

올해로 윤동주는 탄생 100주년, 숭실중학교는 설립 120주년을 맞이했다. 윤동주는 100세, 숭실중학교는 120세이다. 그 나이의 윤동주와 숭실중학교의 얼굴을 각각 떠올려 보려고 시도했다. 그러나 끝내 불가능했다. 숭실중학교의 얼굴을 떠올릴 수 없는 것은 당연하다 쳐도, 실존 인물이었던 윤동주의 100세 된 얼굴도 전혀 떠올릴 수 없었다.

윤동주는 항상 청년의 얼굴이다. '청년 윤동주!' 이다, 죽은 사람의 이름 앞에 희귀하게 '청년' 이 붙는 경우가 있다. 요절한 사람들이라고 해서 그 앞에 '청년' 이라는 수식어가 오지 않는다. '청년' 이라는 말은 물리적인 나이뿐만이 아니라, 정신적인 어떤 의미도 포함한다. 즉, 정신의 '동정성(童貞性)' 을 끝까지 지킨 사람을 '청년' 이라고 부른다. 그래서 비록 신체는 죽었으나, 사람들의 기억 속에 정신이 깨끗하게 살아 있는 존재를 '청년' 이라고 부르는 것이다.

그런 점에서 '꽃답다' 는 말과 '청년' 이라는 말은 동의어이다. 윤동주는 꽃답게 죽었다. 숭실중학교도 꽃답게 죽었다. 그들은 일제의 신사참배를 거부했다. 그들은 하나님이라는 진리, 하나님이라는 절대가치를 믿고 신봉한 존재들이다. 일제는 그들에게 신사에 참배하도록 강요했다. 그러나 그들은 신앙의 지조를 지켜 결단코 신사에 참배하지 않았다. 숭실중학교는 일제의 신사참배 강요에 대항하여 '죽으면 죽으리라.' 는 각오로 학교의 문을 닫았고, 윤동주는 그보다도 앞서 학교를 자퇴했다.

윤동주는 시인이기에 앞서 애국자였다. 진실로 나라를 사랑한 청년 시인으로서 모국어로 시를 쓰는 것을 자신의 사명으로 인식했고, 죽기까지 추호도 굽힘이 없었다. 기독교 학교인 숭실중학교가 끝까지 고수한 것도 민족 교육이었다. 일제 강점 치하에서 삶과 죽음이 모두 부끄러웠던 존재가 허다하다. 그러나 윤동주와 숭실중학교는 죄 없이 고통당했던 삶과 비명(非命)에 맞은 죽음이 모두 '가시면류관' 처럼 영예로웠다. 윤동주와 숭실중학교는 일제의 야만과 무력에 무참히 희생되었다. 그러나 그들은 우리 겨레는 물론 인류의 마음과 역사 속에 깨끗하게, 꽃답게, 그리고 영원히 부활했다.

숭실중학교는 1948년 동문들에 의해 서울에서 재건되었다. 1997년 개교 100주년 때, 숭실에서는 윤동주에게 명예 졸업장을 수여했다. '청년' 윤동주와 숭실중학교의 고귀한 정신을 기린다.

너는 스물아홉에 영원이 되고
나는 어느새 일흔 고개에 올라섰구나
너는 분명 나보다 여섯 달 먼저 났지만
나한테 아직도 새파란 젊은이다.
너의 영원한 젊음 안에서
이렇게 구지구질 늙어가는 게 억울하지 않느냐고
그냥 오기로 억울하긴 뭐가 억울해 할 수야 있다만
네가 나와 같이 늙어가지 않는다는 게
여간만 다행이 아니구나
너마저 늙어간다면 이 땅의 꽃잎들
누굴 쳐다보며 젊음을 불사르겠니
김상진 박래전만이 아니다
너의 '서시' 를 뇌까리며
민족의 제단에 몸을 바치는 젊은이들은

후쿠오카 형무소
너를 통째로 집어삼킨 어둠
네 살 속에서 흐느끼며 빠져나간 꿈들
온몸 짓뭉개지던 노래들
화장터의 연기로 사라져버릴 줄 알았던 너의 피 묻은 가락들
이제 하나둘 젊은 시인들의 안테나에 잡히고 있다.

– 문익환, 「동주야」 전문

조영환 시인

동국대학교 국어국문학과 졸업, 《다시올문학》 시부문 신인상,
흰뫼문학회 동인, 다시올문학회 회장, 현 숭실고등학교 교사,
동인시집 『꽃에 대한 예의』 외 5권
jyh724@hanmail.net

하늘 바람
별 시

윤동주

제4부 - 문학기행과 기념사업 보고

윤동주의 발자취를 따라 가보는 역사문화탐방

-일본 동경과 쿄토, 2017.07.03.(월)~07.06(목)

김 성 은 (숭실고등학교 교사)

올해는 윤동주 시인이 탄생한 지 100년이 되는 해이다.

한국인이 가장 사랑하는 시인 윤동주. 그는 중국 용정에서 태어나 한국에서 숭실학교와 연희전문을 다녔고, 일본으로 유학을 떠나 릿쿄 대학과 도시샤 대학을 다니다 일본 경찰에 체포되어 해방하던 해에 안타깝게 세상을 떠났다. 은평구청에서는 은평구 관할 내의 숭실중고등학교 출신인 윤동주 시인을 기념하여 그의 발자취를 따라 일본을 방문하는 기회를 마련했다. 윤동주 시인이 다녔던 도쿄의 릿쿄 대학과 교토의 도시샤 대학을 3박 4일 간 돌아보는 일정이다.

7월 3일(월) 맑음

1) 인천공항

여름답게 날씨가 무척 더웠다. 아침 일찍 인천공항으로 향해서 일행을 처음 만났다. 일행은 모두 10명이다. 10시 35분 비행기인데도 은평구청 직원들께서 7시부터 나와서 출발 준비를 하고 계셨다. 일정 동안에도 일행을 위해 잠시도 쉬지 않았던 직원들의 수고와 열정에 감사드린다.

일행은 김우영 은평구청장, 이주식 비서관, 성흠제 은평구의회위원장, 김미경 장우윤 서울시의회 의원, 라미영 은평구 교육청소년과 팀장과 박대진 문화관광과 주무관, 사단법인 더불어배움 배경임 사무국장과 박현철 팀장 그리고 나까지 모두 10명이다. 안내를 해주실 홍이표 박사님은 도쿄 현지에서 합류하기로 했다.

2) 나리타공항

도쿄에는 공항이 두 개 있다. 나리타공항과 하네다 공항이다. 우리로 이야기하면 인천공항과 김포공항인 셈이다. 나리타공항은 도심과 거리가 멀어서 하네다로 입국하는 것이 더 편리하다. 하지만 우리는 나리타로 입국을 했다. 아마도 예약을 한 분이 이런 사정을 몰랐던 것 같다. 며칠 전 파리에서 테러가 있어서인지 보안검색이 철저하다. 여행용 가방 하나에 기념품뿐이었는데도 짐을 모두 열어보라고 해서 입국절차에 시간이 꽤 걸렸다.

공항청사로 나와 보니 홍이표 박사님이 마중 나와 계셨다. 수수한 외모의 홍 박사님은 연세대학교 신학과를 나와서 교토 대학에서 박사 과정을 마친 분이다. 성격이 활발해서인지 서먹함도 없이 일행과 금방 친해졌다. 언변도 좋아서 일정 동안 설명해 주시는 내용이 귀에 쏙쏙 들어왔다. 이동시간을 아낄 겸 공항에서 점심을 간단히 해결했다. 나는 좋아하는 카레 우동과 튀김을 함께 시켰다. 예상대로 맛이 있다. 올 때마다 느끼는 거지만 확실히 일본의 우동과 튀김은 수준이 높다.

3) 릿쿄 대학(立教大學)

윤동주 시인은 도쿄 릿쿄 대학 영문과에 다녔다. 1874년 성공회에서 세운 릿쿄 대학은 도쿄 한복판인 이케부쿠로에 있다. 릿쿄 대학에 도착해서는 뜻밖에 반가운 분을 만났다. 야나기하라 야스코(楊原泰子, 71세) 씨이다. 이분은 릿쿄 대학을 나오신 여성으로 '도쿄 윤동주 시 읽기 모임' 의 회장을 맡고 계시다. 특히 윤동주 시인이 도쿄 유학시절 묵었던 하숙집을 오랜 조사 끝에 알아낸 분이다. MBC 다큐멘터리에서도 집중 취재를 한 적이 있었고, 몇 년 전에는 우리 학교에 와서 윤동주 시인에 대해 강연까지 해주신 인연이 있다.

사실, 출발하기 이틀 전 릿쿄 대학 교목실장을 지내셨던 유시경 신부님의 소개로 야나기하라 야스코 씨에게 메일을 보냈었다. 릿쿄 대학을 방문하는 목적과 일정을 알려드렸다. 너무 촉박하게 연락을 드린 만큼 방문 사실만 알려드렸다. 그런데 생각지도 않게 정문에 나와 계셔서 우리 일행을 반갑게 맞아주셨다. 일정이 늦어져 예정시간보다 1시간이나 늦었는데 그 뙤약볕에 1시간이나 서 계셨을 걸 생각하니 죄송하면서도 감사했다.

잠시 후에는 릿쿄 대학 김대원 교목 신부님도 나와 주셔서 캠퍼스를 자세히 소개해 주셨다. 연희전문학교(연세대학교)를 졸업한 윤동주 시인은 일본 유학을 오기 전 창씨개명을 해야만 했다. 이름은 히라누마 도주(平沼東柱). 그때의 괴로움과 부끄러움은 시 '참회록(懺悔錄)'에 잘 드러나 있다.

파란 녹이 낀 구리 거울 속에
내 얼굴이 남아 있는 것은
어느 왕조의 유물이기에
이다지도 욕될까.

나는 나의 참회(懺悔)의 글을 한 줄에 줄이자.
- 만(滿) 이십사 년 일 개월을
무슨 기쁨을 바라 살아 왔던가.

- 윤동주, '참회록(懺悔錄)'

성공회에서 세운 이 대학은 오래된 만큼 캠퍼스를 잘 보존해 놓았다. 빨간 벽돌과 세월에 어울린 담쟁이 넝쿨은 단정함과 멋스러움이 있었다. 본관 좌측에 있는 건물은 예전에 도서관이었는데 지금은 박물관으로 사용하고 있다. 윤동주 시인은 릿쿄 대학 시절 거의 도서관에서 보냈다고 한다. 릿쿄 대학 시절에 여러 편의 시를 남겼는데 그 중 '쉽게 쓰여진 시'는 그의 유학생활을 살펴볼 수 있는 작품이다.

창(窓) 밖에 밤비가 속살거려
육첩방은 남의 나라.

시인(詩人)이란 슬픈 천명(天命)인 줄 알면서도
한 줄 시를 적어 볼까.

땀내와 사랑내 포근히 품긴
보내 주신 학비 봉투(學費封套)를 받아

대학(大學) 노트를 끼고
늙은 교수(敎授)의 강의(講義) 들으러 간다.

생각해 보면 어린 때 동무를
하나, 둘, 죄다 잃어버리고

나는 무얼 바라
나 다만, 홀로 침전(沈澱)하는 것일까?

인생(人生)은 살기 어렵다는데
시(詩)가 이렇게 쉽게 씌어지는 것은
부끄러운 일이다.

육첩방(六疊房)은 남의 나라
창(窓) 밖에 밤비가 속살거리는데,

– 윤동주, 「쉽게 씌여진 시」 전문

본관 뒤편에는 해리포터 식당을 연상하게 하는 학생식당이 있었다. 검은색 목조건물에 내부는 나무로 된 식탁이 단정하게 놓여있다. 많은 대학생이 즐겁게 담소를 나누고 있었다. 예쁜 건물 덕분인지 주변 대학생들도 자주 놀러오는 곳이라고 한다.

본관 옆에는 유리 외벽의 새로운 건물이 있었다. 그 건물 왼편에 지금은 연구실로 쓰는 현대건물이지만 윤동주 시인이 다니던 당시 학내의 단 하나뿐인 매점이 있었다고 한다. 시인도 가끔은 간식거리를 여기서 사먹지 않았을까하고 기념사진을 찍었다.

잠시 후 예배당에 들렀다. 목조건축과 강대상 위 빨간 원형 스테인드글라스가 소박하면서도 아름다웠다. 강대상 왼편에는 파이프 오르

〈윤동주 기념 전시〉

간이 있었고 오른편 벽에는 윤동주 시인이 학교에 다닐 무렵 학생들의 신망을 받던 지식인 '다카마츠 코우지(高松孝治)' 이름이 새겨져 있었다. 잘 보존된 푸른 길을 걸으면서 마지막 코스로 박물관에 들렀다. 박물관에는 마침 윤동주 기념 전시를 하고 있었다. 전시관에는 숭실학교를 다닐 적에 작품을 냈던 '숭실활천(崇實活泉)' 도 있어서 반가웠다. 7개월밖에 이 학교에 다니지 않았지만 이렇게 학교가 기억하고 있다는 사실이 반갑고 감사했다.

야나기하라 씨와 함께 캠퍼스 구석구석을 다니며 자세한 설명을 들으면서 잠시나마 윤동주 시인에 대한 한 일본인 여성의 진심어리면서도 기나긴 애정을 마음으로 느낄 수 있었다. 일행 모두 감동한 표정이었다. 마지막으로 작별하면서 작지만 감사의 뜻으로 간단한 기념품을 드렸다.

4) 재일 동경 한국학교

도쿄에는 재일동포를 위한 학교가 10개가 있다. 한인학교에는 민단 계열과 조총련계가 있는데 민단은 한국, 조총련은 북한 계열이라 보면 된다. 도쿄에는 민단계 학교는 하나이며 나머지는 모두 조총련계이다. 최근에는 민단과 조총련계의 구분이 많이 없어졌다고 한다. 도쿄 한복판에 있어서 접근성은 좋지만 운동장은 매우 작았다. 여기에 유치원부터 고등학교까지 1,000여 명의 학생이 있으니 몹시 비좁을 것 같았다.

일행은 교장실에 들러 한인학교에 대한 연혁과 설명을 들을 수 있었다. 동경한국학교는 일본에 소재하고 있는 한국학교 가운데 가장 규모가 크고 충실한 교육과정을 운영하고 있으며 대한민국의 교육과 양질의 교육과정을 통해 대북 우위를 점하는 데 크게 기여했다고 설명해 주셨다. 동경에 거주하는 한인 학생을 다 수용하지 못하고 있으며 현재 한 학급에 40명이 넘는 상태라고 한다. 학교 내부는 일본에 있는 학교답게 깨끗하고 잘 정리되어 있었다. 10년 전만 해도 한국에 있는 학교보다 첨단이었으나 요즘은 좀 뒤진 상태라고 하셨다.

7월 4일(화) 맑음

아침 일찍 일어났다. 일어나자마자 아침 식사를 하고 룸메이트인 박대진 주무관과 주변을 산책했다. 아침 식사 후 주변을 둘러보는 것은 해외여행 때마다 꼭 하는 습관이다. 관광지에서 느끼는 모습과는 다른 느낌이고, 같은 장소라도 저녁에 보는 모습과는 사뭇 다른 정경을 맛볼 수 있기 때문이다. 아침 일찍 출근하는 시민들과 학생들의 모습이 활기차 보였다.

1) 메이지가쿠인 대학(明治學院)

메이지가쿠인 대학은 1863년 창립한 일본 최초의 미션 스쿨이다. 단순하면서도 깔끔한 느낌을 주는 정문 너머로 파란 잔디밭 그리고 뒤에는 붉은 벽돌의 오래된 건물이 눈에 띄었다. 유럽의 어느 한 교회당을 옮겨 놓은 듯한 느낌이 들었다. 이 학교는 일본 최초의 미션스쿨이면서 한국의 언더우드 선교사와 인연이 깊은 곳이다. 이 대학의 창립자인 햅번 선교사는 언더우드가 한국에 들어오기 전에 몇 개월간 자신의 집에 머물게 하며 동아시아 지역의 정서와 한국어 습득을 도운 바 있다. 이곳의 신학부에서 채필근, 최태용, 강원용 등이 공부했으며 이광수, 주요한, 김동인과 같은 근대 문학을 대표하는 인물들이 이곳을 거쳐 갔다.

이 학교에는 윤동주 시인이 일본에 알려지기까지 많은 수고와 공헌을 한 서정민 교수님이 재직 중에 계시다. 얼마 전까지는 연세대 신학과 교수로 계시다가 이곳으로 옮기셨다고 한다. 일행은 먼저 서정민 교수님의 연구실로 발길을 옮겼다. 연구실에 도착한 일행은 간단한 다과와 함께 윤동주 시인에 대한 이야기를 들을 수 있었다. 연세대생에게 윤동주 시인은 '동주 형' 이라고 불렸다고 한다. 동주 형과 같은 존재는 일본에도 없는 존재라고 한다. 중국 만주에서 태어나서 한국 학교를 다녔고 일본에서 세상을 떠난 시인은 일본 국가 권력의 희생자라는 점에서 역사적 한 장면이고 상징이라고 설명해 주셨다. 해방 되던 해에 돌아가신 것이 더 안타까움을 더한다고 하셨다. 교수님은 특별히 도시샤 대학에 있는 윤동주 시비를 설립할 때 많은 헌신을 하셨는데 설립되기까지 많은 우여곡절이 있었던 사실을 설명해 주셨다. 그중에 당시 재일동포들이 많은 수고를 했는데 마지막 시비를 건립하기 직전에 '한국의 시인 윤동주'라고 할 것인지, '조선의 시인 윤동주'라고 할 것인지에 대해 의견 대립이 있었으며 하마터면 설립이 무산될 위기에 처하였으나 결국 '코리아의 시인 윤동주'로 의견이 모였고, 시비가 건립될 수 있었다고 한다.

일제 강점기에 많은 지식인이 일본에 모여든 이유가 무엇이었을까? 당시 도쿄는 식민지 조선보다 인문학적으로 훨씬 자유로웠다고 한다. 당시 지식인들은 일본을 알려고 도쿄에 갔다기보다는 서양을 알기 위해 갔다고 봐야 한다. 일본은 서양을 알기 위한 창이었던 것이다. 연구실을 나와 메이지가쿠인 기념관을 견학했다. 박물관장님이 직접 나오셔서 하나하나 설명해 주셨다. 지진으로 손실된 건물은 남은 벽돌과 나무를 잘 연계해 설계한 건물이다. 남아 있는 건물이 참 아름다웠다. 박물관에서 만난 유물은 근대 일본에 있어서 최초라고 할 만한 시각장애인용 점자 교과서, 최초의 영어 교사, 지문을 활용한 범죄 수사 자료 등이다. 박물관장님에게는 감사의 의미로 숭실활천 영인본과 숭실고등학교 팸플릿을 전달해 드렸다.

메이지대학에는 오래된 벽돌 건물이 여러 채 있다. 그중에는 100여 년 전 유명했던 보리스 건축사무소에서 설계한 예배당도 있다. 일본의 유명한 건물 1,200개를 설계했고 한국에서도 300여개를 설계했다니 대단하다. 그중에서도 유명한 것이 이화여대 건물이라고 한다. 예배당 안에서는 방문을 기념한 파이프 오르간 연주가 있었다. 노란색 십자가가 돋보이는 예배당 안에서 바흐의 곡을 듣는 느낌이란! 나무 의자에 걸터앉아 오랫동안 이 학교 학생들이 들었을 느낌들이 전해 오는 듯 했다.

2) 동경 YMCA

점심시간에는 YMCA에 들러 비빔밥을 함께 들었다. 이곳은 도쿄에

오는 한국 유명 문인이나 지식인들이 자주 들르는 곳이다. 이곳 음식점 여사장님은 다름 아닌 소설 『난지도 사람들』을 쓰신 재일 르포 작가 유재순 선생이었다. 그와 함께한 식사에서도 윤동주 시인이 화제였다. 이곳 도쿄 YMCA는 릿쿄 유학을 앞둔 윤동주 시인이 처음 도쿄에 와서 한 동안 머문 공간이기도 하다. 그래서 올 초(2017.02.16.) 재일 한인들과 함께 윤동주 시 낭송회를 개최했었다고 하셨다. 식사 도중 한국인에 대한 아쉬움을 토로하셨다. 불쑥 이곳을 방문해서는 필요한 정보만 받고 연락을 끊는 한국인이 많아 일본인에게 소개하기가 두렵다고 하셨다. 그 덕분에 매번 자신이 사과를 대신한다고 아쉬움을 많이 토로하셨다.

식사 후에는 재일유학생 회장의 안내로 이곳 동경 YMCA를 둘러볼 수 있었다. 이곳은 사실 3 · 1운동의 모태가 된 2 · 8 독립선언이 이뤄진 곳이다. 당시에 도쿄에 거주하고 있던 유학생들이 모여 조선의 독립을 선언하였던 것이다. 독립선언을 한 장소에는 당시 참여했던 유학생의 사진과 함께 소개가 실려 있었다. 그곳에는 일제 말 친일행위를 했던 춘원 이광수의 모습도 보였다. 2 · 9 독립선언문 작성 당시 소바집에 모여서 독립선언문을 작성하였으나 소바값은 내지 않고 도망갔다는 일화를 유학생회장이 들려주었다. 현재 일본에는 2만 7천 명 이상의 재일 유학생이 있다고 한다. 해마다 재일 한인 교류를 위한 체육대회를 열기도 하면서 교류에 힘쓰고 있다고 했다.

3) 야스쿠니 신사

도쿄에서의 일정을 마치고 교토로 이동하는 길에 야스쿠니 신사에 들렀다. 야스쿠니 신사(靖國神社)는 A급 전범의 위패가 모여 있는 곳이며 일본 극우주의자들에게는 성지와 같은 곳이다. 사실 강한 거부감 때문에 견학이 꺼려지기는 하였으나 현장을 직접 한 번 보는 것도 나름대로 의미가 있다고 생각되어 들르게 되었다.

이제껏 일본에 오면서 본 신사중에서는 가장 크고 웅장한 크기였다. 입구에서부터 보이는 토리이(鳥居)는 그 규모에서 방문하는 사람을 압도했다. 토리이란 우리나라의 대문과 같이 신사의 대문과 같은 것이다. 일제 강점기에는 남산에 거대한 토리이가 있었다. 천황이 있는 곳을 향해 참배하도록 했던 신사참배는 기독교 신앙을 지키려 했던 우리에게 학교를 폐교까지 몰고 간 슬프고도 고통스러운 역사를 안겨다 주었다. 큰 길을 지나 사당이 있었고 옆에는 커다란 박물관이 위치했다. 야스쿠니 신사 안에는 욱일승천기로 머리띠를 한 서양 젊은이들 한 무리가 보였다. 그들에게는 외국의 한 관광 상품으로 호기심으로 느꼈겠지만, 그 이면에 주변 국가들에 커다란 고통을 안겨다 준 역사적 사실이 있다는 것은 과연 알고나 있는 것일까? 하는 생각이 들었다. 일본인들은 '죽어서 야스쿠니(靖國)에 이름을 남기고 가미사마(神樣, 신)가 된다.' 라고 하며 야스쿠니에 남는 것을 명예롭게 생각한다고 한다. 하지만 애국이라는 이름으로 얼마나 많은 청춘을 국가 권력이 빼앗아 갔는지를 생각해보면서 소름이 끼쳤다. 신사를 도시 한복판에 두어 국민으로 하여금 삶의 일부로 느끼게 하면서 국가를 위해서 희생하게 만드는 이데올로기인 것이다.

7월 5일(수) 아침부터 비

1) 교토 대학(京都大學)

교토 대학은 일본에서뿐만 아니라 세계적으로도 유명한 학교라 이전부터 방문하고 싶었던 곳이다. 특히 이공계통이 유명해서 노벨상 수

상자를 8명이나 배출한 학교로 알려져 있다. 대학 내 첫 번째 방문지는 교토 대학 내에 의학연구동 건물이었다. 이곳에서 생체실험을 했던 731부대의 책임 박사가 나왔으니 부끄러운 역사가 담긴 곳이다. 그러한 의미에서 교토대학은 생체실험에 대한 반성과 아울러 기념물 전시를 했으나 얼마 전 아베 정부로부터 압박을 받고 전시물을 모두 철수했다고 한다. 일본 우익은 지금도 역사적 진실을 철저히 숨기고 왜곡하고 있다.

교토 대학 내에는 일반 방문객이 알면 깜짝 놀랄만한 곳이 있다. '요시다료(吉田寮)' 라는 학생 기숙사이다. 오로지 학생들의 자치에 의해서 유지되고 있다는 이 기숙사는 말이 기숙사이지 교토대학 옆에 없으면 그냥 슬럼가라고 해도 좋을 정도이다. 1913년에 지어진 이 기숙사는 그동안 학교에서 여러 차례 허물려고 했으나 학생들의 반대로 허물지 못하고 있다. 일본의 좌파 운동이 활발하던 시기에 학생회와 히피 문화가 접목하여 일종의 교토대의 저항정신이 깃든 곳이라고 할 수 있는 장소이다. 몇 번이나 건물을 허물고 새로운 건축을 시도했으나 '국가(학교당국)가 시설을 개선하면 그때부터 간섭이 시작된다.' 는 사고로 철저히 거부하고 있다. 얼마나 열악한지 '요사다료에서 살 수 있다면 지구 어디에서든 살 수 있다.' 는 말이 있을 정도이다. 낡은 건물에 비까지 오고 있어서 진흙탕 길을 일행과 함께 주변을 둘러보았다. 학생들이 내부에서 생활 중이어서 안에까지 둘러보기는 어려웠다.

캠퍼스 정문을 들어서니 교토대 본관이 보였다. 비가 내리고 있어서 기념사진을 찍기가 쉽지는 않았지만 그래도 여기까지 왔으니 흔적을 남기고 싶은 욕심이 들었다. 교토대학 본관 옆에는 이학부가 있다. 이학부 안에는 물리학과랑 수학과가 투톱으로 달리는 중인데 물리학과는 노벨상 수상자 3명, 수학과는 필즈상을 2명 배출하였다. 교토대학의 학풍은 개방적이라고 한다. 일제 당시에도 이태규 선생과 리승기 선생 두 명의 조선인을 교수로 받을 정도였으며 후에 리승기는 북한 핵물리학의 기초를 놓은 학자가 되었다고 한다. 실력만 있으면 출신이 문제가 되지 않는 학풍이었던 것이다. 제국대학의 교수가 된 이태규와 리승기의 휘하에는 수많은 한국인 유학생이 몰려들었고, 이들 실험실은 교수도 한국인이었고 대학원생들도 절반 이상이 한국인인 특별한 공간이 되었다고 한다. 분단 이후 남의 이태규와 북의 리승기는 서로를 너무나 그리워했다고 한다. 이학부 뒤에는 윤동주의 사촌 송몽규가 다녔던 사학과 건물(친레츠칸)이 그대로 보존되어 있다. 그 옆 건물 앞에는 1981년 노벨 화학상을 탄 후쿠이겐이치(福井謙一) 교수의 노벨상 수상 기념석이 자그마하게(?) 놓여있다. 하긴 수상자가 8명이나 되니 그럴만도 하겠다는 생각과 함께 우리라면 어땠을까 하는 생각이 들었다. 교토대의 학문은 자유로움에서 시작된다고 한다. 특히 학부 수업에서는 출석을 부르지 않는다고 한다. 출석할 시간에 자유롭게 연구할 것이 있으면 하라는 뜻이다. 학부 때부터 대학원 수업을 들을 수가 있어서 학부생이 대학원에 와있는 것이 전혀 낯설지가 않다고 한다. 이것이 교토대의 힘이 아닐까 하는 생각이 들었다.

교토대 방문이 일찍 끝나서 바로 옆에 있는 은각사를 방문했다. 교토대학 옆에는 '철학의 길(哲學の道)' 이라는 곳이 있다. 하이델베르크에 있는 '철학자의 길' 을 본떠서 만든 이곳은 은각사(銀閣寺)까지 연결되어 있다. 냇물 옆으로 자그마한 오솔길과 그 옆에는 나무들이 줄지어 있어서 사색하기 적당한 길이었다. 때마침 내리는 빗방울 소리와 푸른 나무는 잠시나마 생각에 젖게 만들었다. 은각사까지는 작은 오르막이 있다. 사실 관광객들은 금각사(金閣寺)를 더 많이 찾는다. 금이 주는 화려함 때문이 아닌

〈윤동주 시비 앞에서〉 〈도시샤 대학 전경〉

가 하고 생각한다. 하지만 일본 절의 호젓함과 여유를 느끼고 싶다면 은각사를 추천한다. 오래된 푸른 나무와 절 안에 있는 푸른 이끼는 충분한 매력이 있다.

2) 도시샤 대학(同志社大學)

"도시샤 대학의 졸업생은 벌써 25만 명을 넘어서고 있는데, 졸업생 개인의 석비(石碑)가 캠퍼스에 세워진 것은 거의 찾아 볼 수 없다. 그런데 유학생이었고, 심지어 정규 졸업생도 아니며, 단지 10개월밖에 재학하지 않은 선과생(選科生)의 석비가 캠퍼스 한 가운데에 세워져 있다는 것은 실로 이례적인 일이다." (同志社, 『동지사산맥-103 のプロフィール』 晃洋書房, 2002)

도시샤 대학은 1875년 일본인 니지마 조가 세웠으며 기독교 대학이다. 교내에 '온몸에 양심으로 충만한 장부로 일어서라.' 는 양심비가 있을 정도로 기독교주의에 입각한 '양심교육' 을 지향하는 곳이다. 윤동주 시인은 도쿄에 있는 릿쿄 대학을 6개월 다니다가 교토에 있는 도시샤 대학으로 전학을 오게 되었다. 도쿄에서 일본 경찰의 감시가 심해서 유학생활이 힘들었던 윤동주 시인은 사촌 송몽규가 있는 교토로

오게 되었다. 하지만 그는 이미 불령선인(不逞鮮人, 말을 듣지 않는 조선인)으로 일본 경찰의 감시를 받고 있는 터였으며 결국 이곳에서 체포되어 후쿠오카 형무소로 옮기게 된다. 도시샤 대학은 일본에서 최초의 윤동주 시비가 세워진 곳이다. 사실 대학 캠퍼스 안에 시비가 세워지기는 쉽지 않은 일이다. 졸업생의 수도 많은데 너도 나도 이러한 기념비를 요구한다면 대학이 그것을 감당할 길이 없기 때문이다. 윤동주 시인의 경우 도시샤 대학을 다닌 기간도 얼마 되지 않을 뿐더러 일본의 입장에서는 외국인이기 때문에 더더욱 어려운 일이었다. 그런데도 윤동주 시비가 세워있다니 시비가 설립되기 전까지 얼마나 많은 수고의 손길이 있었을까하는 생각과 함께 감사함에 고개가 숙이어졌다.

윤동주 시비 옆에는 그가 존경했던 정지용 시인의 시비가 나란히 서 있다. 정지용 시인이 이곳 도시샤 대학에서 현대 문명의 혜택을 흠뻑 받고 왔기 때문에 이곳 도시샤 대학을 선택한 것이 아니었을까하는 생각이 든다. 정지용 시인은 윤동주의 자필 유고시집 『하늘과 바람과 별과 시』의 서문에서 윤동주를 가리켜 "冬 섣달의 꽃, 얼음 아래 다시 한 마리 잉어"라고 표현한 적이 있다. 그래서일까? 우연인지는 몰라도 정지용 시비 옆에 잉어 연못이 있었다. 윤동주 시비에 대해서는 도시샤 대학 한국센터장님의 설명을 자세히 들을 수 있었다. 일본인인 한국센터장님은 유학 시절 은평구 응암동에 살았다고 한다. 그렇게 따지고 보니 통역을 담당하던 홍 박사님은 증산동에, 릿쿄대학의 김대원 신부님도 증산동에, 메이지가쿠인 대학의 서정민 교수님도 불광동에 살았었다고 한다. 정지용 시인은 해방 후 녹번동에 살면서 '녹번리' 라는 시를 남겼다. 윤동주 시인이 다녔던 숭실학교는 신사동에 있으니 전부 은평구와 깊은 인연이 있는 셈이었다.

윤동주 시비에는 〈서시(序詩)〉가 새겨져 있다.

죽는 날까지 하늘을 우러러
한 점 부끄럼이 없기를,
잎새에 이는 바람에도
나는 괴로워했다.
별을 노래하는 마음으로
모든 죽어 가는 것을 사랑해야지
그리고 나한테 주어진 길을 걸어가야겠다.

오늘 밤에도 별이 바람에 스치운다.

– 윤동주, '서시(序詩)'

死ぬ日まで空を仰ぎ
一点の恥辱なきことを´
葉あいにそよぐ風にも
わたしは心痛んだ°
星をうたう心で
生きとし生けるものをいとおしまねば
そしてわたしに與えられた道を
歩みゆかねば°

今宵も星が風に吹き晒らされる°

위의 일본어 번역은 이부키고(伊吹郷)가 번역한 것이다. 사실 이부키고의 번역은 문제점이 많다. 우선 하늘이다. 윤동주의 시에서 말한 하늘은 양심의 근거로서 단순한 물리적 하늘이 아니다. 그런데도 하늘을 '天' 으로 하지 않고 물리적 하늘인 '空(そら) ' 로 번역해 놓았다. 또한 ' 모든 죽어가는 것 '을 ' 살아있는 모든 것(生きとし生けるもの)으로 번역해 당시의 암울한 상황을 바꿔놓았다. 제국주의적 관점을 취했던 이부키고는 윤동주의 시에서 역사성을 빼놓으려고 한 것이 아닌가하는 의구심이 든다. 얼마 전 은평구청 한옥박물관에서는 윤동주 시의 일어 번

역을 둘러싸고 제국주의적 관점을 고수한 이부키 고(伊吹鄕)와 이를 극복하고자 했던 오오무라 마스오(大村益夫)의 번역을 소개하고 이들 번역가의 시선을 곱씹어보는 자리를 마련하기도 했다.

시비를 견학하고 나서 회의실로 자리를 옮겼다. 도시샤 대학 부총장님이 나와서 환영 인사를 해주었다. 도시샤 대학은 연세대, 숭실대, 서울여대와 교류 중이라고 했다. 내년도 은평구에서 개관할 윤동주 기념도서관과 관련하여 상호 협약을 검토하기로 하고 환담을 마쳤다.

3) 도시샤 고등학교(同志社 高等學校)

환담을 마친 후 도시샤 고등학교를 방문했다. 얼마 전까지는 도시샤 대학과 붙어있었으나 장소가 협소하여 버스로 20분 거리로 이전을 했다. 전철 역 바로 앞에 정문이 있어서 접근성이 좋은 학교였다. 도시샤 고등학교는 유치원에서부터 고등학교까지 모두 같이 있었다. 마침 기말고사 기간이라 오후 방문을 요청한 터라 도시샤 대학 주변을 산책한 후에 방문하게 되었다. 교사전체 회의가 개최 중이어서 교감 선생님께서 나와 환영해 주셨다. 유머 감각이 있으셨던 교감 선생님의 학교 설명을 함께 들을 수 있었다.

도시샤 유치원, 초등학교, 중학교, 고등학교가 모두 연결되어 있으며 도시샤 대학까지 자연스럽게 진학하게 된다고 한다. 10억 원의 기부 입학금이 필요하며 대신 입시에 별다른 신경을 쓰지 않아도 되기 때문에 자유롭고 창의적인 교육이 가능하다고 했다. 매년 도시샤 대학에 300명 정도의 학생이 진학하며 상위권 학생은 별도로 공부해서 도쿄대학이나 의과대학에 진학한다고 한다. 도시샤 고등학교는 현재 미국, 호주, 한국의 고등학교와 교류하고 있으며 매년 방학 때 상호 교류 방문을 하고 있다고 했다. 사전에 이메일을 통해서 조율한 부분도 있었으며 교감 선생님과 교류를 위한 상호 간의 의지를 확인한 후 다시 연락을 주고받기로 했다.

학교를 둘러보면서 우선 규모와 시설에 일행 모두가 감탄했다. 웬만한 대학보다 훨씬 좋은 시설이었다. 400M 트랙이 있는 인조 잔디 축구장에 야구장이 별도로 있었으며 그밖에도 테니스장과 체육관이 별도로 있었다. 교실의 정원은 약 40명이나 공간이 상당한 여유가 있었다. 특히 교실 뒤에 별도로 사물함과 탈의실이 있었다. 넓은 칠판과 첨단 교탁이 있었으며 교단이 설치되어 있었다. 바닥은 모두 마루가 깔려 있었으며 세미나실과 프레젠테이션을 자유롭게 할 수 있는 중간 규모의 공연장이 특히 좋았다. 아이들이 자유롭게 앉아서 공연을 감상할 수 있으며 위에는 음향과 조명시설이 잘 갖춰있었다. 도서관에는 75,000권의 장서와 150대의 컴퓨터가 마련되어 있었고 교사용 자료 연구실은 별도로 갖춰져 있었다. 설명하느라 지나가는 교감 선생님을 다정히 부르면서 친근하게 다가오는 학생들을 보면서 평소의 친분 정도를 잘 알 수 있었다. 특히 예배당의 시설은 놀라웠다. 처음에는 파이프 오르간을 새로 설치 중이라 견학이 어렵다고 했지만, 특별히 허락해서 내부시설을 둘러볼 수 있었다. 고등학교에 파이프 오르간이라니 그것 자체도 놀라웠지만 촬영한 사진을 후일 전문가에게 보여주니 상당한 수준의 파이프 오르간이라는 이야기도 들었다. 학생식당은 학생들이 쿠폰을 사서 원하는 메뉴를 사서 먹는 시스템이다. 다양한 자판기와 깨끗한 시설이 부러웠다. 우리 학교 학생들에게도 언젠가 이런 시실에서 점심과 저녁을 마음껏 먹을 수 있는 날이 있기를 기대해본다.

도시샤 고등학교 방문을 마치고 숙소로 돌아가는 길에 교토조형예술대학 앞에 있는 윤동주 시비를 찾았다. 현재 교토조형예술대학 자리는 윤동주 시인이 교토에서 하숙 생활을 하던 곳이다. 도시샤 대학에 있는 시비는 바닥에 붙어 있었으나 여기 시비는 눈높이에 있어서 내용을 살펴보기가 좋았다. 현재 일본에는 윤동주 시비가 3개 있다. 도시샤 대학, 교토조형대학 그리고 시인이 마지막으로 소풍을 갔던 우지강이다.

시비 앞에서 잠깐 묵념을 하고 윤동주 시인이 살았던 하숙집 서족 길 건너편의 작은 교회를 만났다. 1927년에 세워진 일본기독교단 오토우교회(鴨東教會) 예배당이 그곳이다. 이 자그마한 교회의 십자가 첨탑은 마치 윤동주 시인의 '십자가' 라는 시를 연상하게 했다.

쫓아오던 햇빛인데
지금 교회당 꼭대기
십자가에 걸리었습니다.

첨탑(尖塔)이 저렇게도 높은데
어떻게 올라갈 수 있을까요.

종소리도 들려오지 않는데
휘파람이나 불며 서성거리다가,

괴로웠던 사나이,
행복한 예수 그리스도에게
처럼
십자가가 허락된다면

모가지를 드리우고
꽃처럼 피어나는 피를
어두워가는 하늘 밑에
조용히 흘리겠습니다.

– 윤동주 '십자가(十字架)'

하루를 마치고 귀가하던 길에 보았던 이 교회 앞에서 자신이 지었던 시를 생각하고 있었던 것은 아닐지 모르겠다는 생각이 들었다. 인근에는 시모가모 경찰서가 있다. 도시샤 대학을 다니며 늘 보던 곳이지만 결국 이곳에서 체포되어 판결을 받고 후쿠오카로 가게 되었다.

7월 6일(목) 맑음 그리고 더움

마지막 날이다. 공식적인 일정을 모두 마친 상태라 약간의 여유가 있었다. 청수사(清水寺)를 둘러보고 오사카 간사이공항으로 이동해서 출국하는 일정이다. 청수사를 가는 길에 헤이안 신궁을 볼 수 있었다. 야스쿠니 신사의 토리이와 거의 비슷한 규모이다. 서양의 광장을 본 뜬 이곳은 수많은 젊은 영혼들을 이곳에 불러서 극진히 모시고 나서 전쟁의 사선으로 몰았던 슬픈 역사가 있던 곳이기도 하다.

청수사(기요미즈데라)는 절 자체도 유네스코 문화유산에 등재될 만큼 볼만한 곳이기도 하지만 주변의 풍광이 좋은 곳이다. 여름 햇볕이 무척이나 따가웠지만 전날 주변에 내린 폭우 탓인지 관광객의 수가 많지는 않았다. 덕분에 여유 있게 주변을 둘러볼 수 있었다. 크고 작은 상점과 그 속에 담겨있는 아기자기함은 일본에서 맛볼 수 있는 매력이다. 나무 지붕과 맞닿은 푸른 하늘은 참으로 아름다웠다. 건축물에 대한 애착과 이를 향한 보존은 우리가 꼭 배워야 할 점이라는 생각이다. 청수사는 지금 공사 중이라 외관을 전혀 볼 수 없었다. 예전에 들어본 적이 있어서 아쉬움은 뒤로 하고 주변을 둘러보았다.

이번 일정은 무엇보다 전체를 안내해 주신 홍이표 박사 덕분에 내용이 풍성했다. 인문학적 깊이가 있을 뿐만 아니라 유머감각이 워낙 탁월해서 버스 안에서 지루할 틈이 없었다. 단순히 장소에 대한 정보만이 아니라 그 속에 담긴 인문학적, 사회적, 종교적 의미까지 설명해 주시는 깊이에 놀랐다. 마지막까지 자신은 현재 일본인 아내와 살면서 여전히 식민지시기를 체험하고 있다고 너스레를 떠신다. 윤동주 탄신 100주년을 맞이하여 그 발자취를 따라 도쿄와 쿄토를 방문하고 많은 윤동주 애호가를 만났다. 그리고 왜 사람들이 그토록 윤동주를, 윤동주의 시를 애호하는지를 알고 깊은 감명을 받았다.

김성은

성균관대학교 졸업
숭실고등학교 교사

화두(話頭) 아니라 화두(花豆)

정 미 경

멀리 북간도의 별 헤는 밤길을 우리는 걸었고, 그 별이 스치운 바람에 우리 마음 한 조각 가만히 놓아두고 온(다시올 1차 윤동주 문학기행 2013년 겨울호) 얼마 후, 한국 영화계에서 큰 뉴스가 나왔다. 윤동주 영화를 찍고 있다는 소식.

2016년 2월 드디어 '동주' 라는 제목으로 개봉하게 되었다. 특별한 소수만의 소유물이 아닌 누구나 쉽게 접할 수 있는 자본 소비의 상징인 영화로 동주를 만난다니!

이준익 감독, 강하늘 출연 2월 17일 개봉.

윤동주가 후쿠오카 형무소에서 사망한 날이 2월 16일이니, 그를 애도하고 그의 절망을 쓰다듬기 좋은 날이다.

다시올 작가회에서는 2016 신년회를 마치며, 2016 신년문학기행 〈윤동주 문학관- 시인의 언덕〉을 2월 20일 갖기로 계획하였다. '동주'

영화 관람을 시작으로 그 기행의 문을 열려던 멋진 계획에 그만 차질이 생겼다. 12년 동안 연애 하다 결혼 날을 마침 그날로 잡았다는 비보성 희소식이 그 총각의 모친 최 시인으로 부터 날아온 것.

문학 기행 날짜는 미루어졌고, 결혼 축하연을 마친 우리는 자연스럽게 영화 '동주'를 보았다. 영화를 보고 나서 모두의 머리 속은 다양한 듯 했다. 슬슬 서로 영화 얘기를 피해 갔다. 그것은 마치 김초혜 詩 '사랑굿'에서의 한 구절 '우물곁에 목말라 죽은 그녀'의 심정일 것이라는 생각이 들었다. 자연스럽게 대화는 계획 중이었던 윤동주 문학 기행으로 흘렀고, 되도록 많은 수의 인원이 참가할 수 있는 일정을 잡는 것이 좋겠다고 의견이 모아지고, 봄 햇살 환한 일요일 4월 10일로 정해졌다. 그리고 두 달을 손꼽으며 보냈다.

드디어 오늘, 2016년 4월 10일 일요일 경복궁역 4번 출구. 봄 그리고 아침 햇살 아래 환한 얼굴로 일행들이 속속 모여 들었다. 봄은 온전한 햇살로 우리가 모인 찻집 앞 공터에 내려앉고 문득 올려다 본 3층 찻집의 '화두'라는 간판이 묘하게 마음에 자리한다. 화두(話頭) 아니라 화두(花豆)인 것이 머리를 짓누르지 않고 공연히 유쾌해지면서 화사(華奢)한 봄꽃의 마음을 일으켰다. 그러면서도 한편으로 오늘 이 문학 기행에서 나의 혹은 우리의 화두(話頭)는 무엇일까, 무엇이어야 할까라는 생각이 넌지시 올라오기도 한다.

일행들은 눈인사와 손인사로 서로의 존재를 드러낸다. 가볍게 혹은 무겁게, 중앙으로 혹은 구석으로 각자 자신의 방식으로 나타나고 자리해서는 봄볕 아래 기다림으로 녹아든다. 이 모든 모습들이, 뭔가를 시작하기 전 설레는 이런 시간이 나는 참 좋다. 빈 종이컵을 얻어 와서 나누어 마시던 커피도 바닥이 날 즈음 한마디 큰 소리가 들린다.

"자, 이제 출발합시다!"

우리는 '봄마다 푸른' 찻집 쪽으로 발길을 떼었다. 경복궁 서편 돌담과 효자로를 사이에 두고 나란히 걷는다. 진 화랑의 통유리벽 안으로 일본의 노작가 쿠사마 야요이의 크고 노란 호박 작품이 보이고, 길 건너에는 영추문(迎秋門)이 보인다.

정철이 관직도 없이 전남 담양 창평에서 하릴없이 누워 있을 때 선조 임금께서 강원도 관찰사로 임명하시자 임지로 가기 위해 뛰는 가슴으로 저 문을 향해 달려들어 갔다던가. 지금 우리는 그 가슴 뛰는 출발의 문, 영추문(迎秋門)을 건너다보며 발길을 계속한다. 잠시 후 첫 행선지 보안여관에 당도하였다. 옛날 썼던 것을 그냥 둔 듯, 온천 모양의 그림이 있고 작은 글씨로 '보안', 큰 글씨로 '여관'이라 써진 간판이 벽돌 벽에 붙어 있는 이층 건물이었다. 평소에는 문이 닫혀 있는데 운 좋게도 마침 전시 준비하는 기간이라 문이 열려 있는 것이라 한다. 안으로 들어서니 어둡고 좁다란 복도가 있고 양 옆으로 작은 방들이 있었다. 모두 열 세 칸의 방이 있다고 한다. 옛스러운 하얀 사기의 전기애자가 그대로인데 전구가 꽂혀 있고 벽에 스위치가 있었다. 스위치를 눌렀더니 따스하고 노란 30촉 전구가 반짝 켜진다. 옛날 그 암울 한 시절에 이 불빛 아래 모여들어 서로 나누었을 온기와 예술혼이 순간 느껴졌다. 송희복 교수의 설명이 보안여관에서 서정주로, 서정주에서 시인부락으로 열정적으로 이어진다.

'나는 통의동 보안여관에 머물며 김동리 김달진 등과 함께 시인부락을 만들었다' 서정주 전집에서 저자가 밝힌 내용이 통의동 보안여관에 관한 공식기록으로 아직까지 알려져 있고, 시인부락이라는 잡지는 1936년 11월 14일 제1집을 낸 격월간 잡지였는데 1937년 1월 제2호를 끝으로 종간 되었다고 한다. 당시 일제의 민족말살정책 속에서 시인부락이라는 문학동인지가 탄생한 것이다.

한국잡지백년 3(최덕교 著, 현암사, 2004)의 기록에 의하면, 시인 부락은 당시 혜화전문학교 학생이던 서정주가 주재한 것으로 판권장에는 편집 겸 발행인 서정주(통의동 3), 인쇄인 조수성, 인쇄소 중앙인쇄소, 발행소 시인부락사(서울 관훈동 27-3), A5판 32면, 정가 20전이라 되어 있다.

시인부락 제1집은 서정주가, 제2집은 오장환이 편집을 맡았다. 시인부락 제1집의 편집인 서정주의 후기 부분을 옮겨보면, "벌써 여기다가 꼭 무슨 빛깔 있는 기치(旗幟)를 달아야 멋인가? 피리를 가졌건 나팔을 가졌건 또 무엇을 가졌건 마음 놓고 그는 그의 최선의 진실을 보일 수 있는 것이다." 라는 내용이 있는데, 이것을 보면 시인부락은 무슨 주의를 내걸고 모인 동인은 아니었다. 한국정신문화연구원에서 간행한 한국민족문화대백과사전에 따르면 시인부락은 인간주의적 순수문학으로 심화시켰고 생명적 절실성과 인간 생명의 구경(究竟)적 경지까지를 탐구하여 '생명파' 라는 새로운 명칭을 얻게 되었다라고 진술하고 있으며 대체로 그렇게 평가한다고 볼 수 있다.

1936년은 어떤 해이던가?

1930년대에 들어 '한국어 말살' 이 '한국민족성 말살의 모체' 라 판단한 일제는 한국 농민의 관청 민원 업무에 한국어 사용을 엄금하고 일본어만을 사용하게 했다. 그리고 사립학교에서 한국어교육 및 한국어 사용을 금지 시키고, 1935년에는 학생들의 방학 중 하기계몽운동으로 농민에게 한국어 가르치는 것을 총독부령으로 엄금하고, 급기야 1937년 중일전쟁 발발 시부터는 한국인의 일상생활에서조차 한국어 사용을 금지하고, 심지어 철모르는 초등학교학생이 부지불식간에 한국어를 사용하면 매질을 하는 등 벌칙을 주었다. 그리고 한국어로 간행되는 신문과 잡지는 수시로 탄압을 가하여 신생활, 신천지, 개벽, 조선지광, 조선민속, 신동아 등을 폐간시켰다. 그러나 그해 1936년에 제11회 베를린 올림픽에서 손기정이 당시 인간의 한계라고 하던 2시간 30분의 벽을 깨고 2시간 29분 19초라는 세계신기록으로 금메달을, 남승룡은 동메달을 땄다. 시상대에서 월계수묘목으로 가슴의 일장기를 가렸던 손기정이 사인을 할 때면 한글로 '손긔정'이라 쓰고 국적은 'KOREA'라고 썼다고 한다. 그래서일까 일제는 손기정의 국내 환영행사도 막았다고 하는데, 어쨌든 일재는 우리 민족혼을 억누르던 시기였고 그러나 우리의 민족혼은 언제나처럼 결코 죽지 않는 때였다. 이런 시대적 상황이었기 때문일까 서정주가 썼다는 시인부락 제1집의 편집후기에서 "여기다가 꼭 무슨 빛깔 있는 기치를 달아야만 멋인가? 우리는 우리 부락에 되도록이면 여러 가지의 과실과 꽃과 이를 즐기는 여러 가지의 식구들이 모여서 살기를 희망한다"라고 했다.

그 시대에 살아남기 위한 방편의 글이었다는 생각은 무리일까?

시인 부락의 제1집에 함형수의 '해바라기의 비명(碑銘)', 서정주의 '문둥이', 오장환의 '성벽(城壁)', 김동리의 '홀로 무어라 중얼거리며 가느뇨' 등 시 34편이 수록 되었고 제 2집에는 서정주의 '화사(花蛇)' 등 시 35편과 상해(이용희)의 시론 '현대시의 주지(主智)와 주정(主情)'이 실려 있다.

해바라기의 비명(碑銘)/함형수

나의 무덤 앞에는 그 차거운 비(碑)ㅅ돌을 세우지 말라.
나의 무덤 주위에는 그 노오란 해바라기를 심어 달라.
그리고 해바라기의 긴 줄거리 사이로 끝없는 보리밭을 보여 달라.
노오란 해바라기는 늘 태양같이 태양같이 하던 화려한 나의 사랑이라고 생각하라.

푸른 보리밭 사이로 하늘을 쏘는 노고지리가 있거든
아직도 날아오르는 나의 꿈이라고 생각하라 (청년 화가 L을 위하여)

문둥이/서정주

해와 하늘 빛이
문둥이는 서러워
보리밭에 달 뜨면
애기 하나 먹고……
꽃처럼 붉은 울음을 밤새 울었다

홀로 무어라 중얼거리며 가느뇨/김동리

집도 이웃도 나는 없노라
벗님도 없었노라

거리에서 거리……
구름을 바랐을 뿐

오늘도 호박꽃 낯선 동구(洞口)에 내
홀로 무어라 중얼거리며 가느뇨

1930년대 문을 연 보안여관은 80여 년간 열세 칸의 작은 방마다 나그네들의 내밀한 사연과 욕망과 꿈을 품었던 곳이다. 이제 그 흔적들을 모두 보듬어 안고 최성우라는 이가 '복합문화예술공간' 으로 새로이 탄생시키고 있다.

청와대 앞길을 지켜온 보안(保安)여관은 문인과 예술가들이 투숙하며 예술적 교류를 나눈 곳이고, 혹은 장기 투숙하며 신춘문예를 준비하던 공간이기도 하다.

2004년 여관 업무를 폐하여 잠자고 있던 이 건물을 2006년 메타로그아트 대표 최성우가 인수하면서 이 공간이 살아나기 시작했는데, 그는 미술을 공부하러 프랑스로 갔는데 당시 프랑스에서도 새로운 아이템인 문화경영을 공부하였다고 한다.

한국으로 돌아와 상황적으로 어쩔 수 없이 예술이나 문화와는 동떨어진 사업을 했지만 늘 문화경영 즉, 복합문화예술의 큰 '판' 을 벌이고자 갈망하고 있었다고 한다.

최성우 대표는 보안여관의 외양을 유지하는 동시에 여관 내부에서는 다양한 전시, 공연, 퍼포먼스가 펼쳐지기를 갈망한다. 그리고 보안여관의 공간적 가치를 훼손하지 않는 '창의적 복원' 을 통해 계속해서 이곳의 정체성을 성장시켜나갈 것이라고 아르떼365(문화예술교육 전문 웹진)와의 인터뷰에서 밝힌 바 있다.

자신을 '보안문화여관' 주인장이라 자처하는 최성우 대표는 현재 'boan1942'라는 페이스북을 하며 네이버카페 '통의동 보안여관 1942'를 운영하고 있다.(홈페이지는 www.boan1942.com이다.)

입구 유리문에 적혀 있는 'Artspace boan 1942'를 보면서 나는 보안문화여관 주인장 최성우 대표의 진정성과 이 장소를 대하는 그의 온전한 애정을 느꼈다.

왜냐하면 이 보안여관의 상량판에 '소화17년(1942)'라 적혀 있는 것이 보수 공사 중에 발견되었고, 1936년의 시인부락 창간 등의 연도가 세간에 알려진 것을 알고 있었으면서도 그 조그만 기록에 의미를 두어 그것을 간과하지 않았기 때문이다.

나는 문득 만나는 이 진정성이 고맙기도 하고 마음이 따뜻해지기도 하였다. 이런 소소한 것을 귀히 여기는 정신을 가진 사람이 정말 소중하다고 생각된다.

다음으로 윤동주의 누상동 하숙집 터를 찾았다. 좁은 언덕길에 빌라가 꽉 들어차고, 길이 좁아 차량이 다니기에 조금 번잡한 곳이지만 윤동주가 아끼던 2년 후배 정병욱과 함께, 항일 소설가 김송의 집 서울 종로구 누상동 9번지에 하숙했던 당시에는 조용하고 한적했을 것이다. 류양선 교수의 설명 자료를 옮겨 온다.

'정병욱의 회고-알찬 나날들

그 무렵의 우리의 일과는 대충 다음과 같았다. 아침 식사 전에는 누상동 뒷산인 인왕산 중턱까지 산책을 할 수 있다. 세수는 산골짜기 아무데서나 할 수 있었다. 방으로 돌아와 청소를 끝내고 조반을 마친 다음 학교로 나갔다. 하학 후에는 기차편을 이용했었고, 한국은행 앞까지 전차로 들어와 충무로 책방들을 순방하였다.

이리하여 누상동 9번지로 돌아가면 조여사가 손수 마련한 저녁 밥상이 기다리고 있었고, 저녁식사가 끝나면 김선생의 청으로 대청마루에 올라가 한 시간 남짓한 환담 시간을 갖고 방으로 돌아와 자정 가까이 까지 책을 보다가 자리에 드는 것이었다. 어떻게 보면 매우 단조로운 것 같지마는 지금 생각하면 참으로 알찬 나날들이었다고 생각된다. 이러한 우리의 빈틈없고 알찬 일상생활에 난데없는 횡액이 닥쳐왔다. 당시에 요시찰 인물로 되어 있었던 김송 씨가 함흥에서 서울로 옮겨온 지 몇 달이 지난 후인지라 일본의 고등계(지금의 정보과) 형사가 거의 저녁마다 찾아오기 시작했기 때문이다. 하숙집 주인이 요시찰 인물인데다가 그 집에 묵고 있는 학생들이 연희전문학교 문과 학생들이기 때문에 그들의 눈초리는 갈수록 날카로워졌다. 무시로 찾아와서는 서가에 꽂혀 있는 책 이름을 적어 가고, 고리짝을 뒤지고 편지를 빼앗아 가는 법석을 떨었다. 윤동주가 서울 종로구 누상동 9번지의 하숙집에 묵었던 시기(1941년 5월~8월)에 쓴 시들은 그리스도교 신앙을 확립하는 모습을 보여준다. 그 중 '〈돌아와 보는 밤〉-기도하는 모습' 을 읽어본다.

돌아와 보는 밤

세상으로 부터 돌아오듯이 이제 내 좁은 방에 돌아와 불을 끄옵니다. 불을 켜두는 것은 너무나 괴로롭은 일이옵니다. 그것은 낮의 연장(延長)이옵기에 -

이제 창을 열어 공기를 바꾸어 들여야 할 텐데 밖을 가만히 내다 보아야 방(房)안과 같이 어두워 꼭 세상 같은데 비를 맞고 오던 길이 그대로 빗속에 젖어 있사옵니다.

하루의 울분을 씻을 바 없어 가만히 눈을 감으면 마음속으로 흐르는 소리, 이재, 사상(思想)이 능금처럼 저절로 익어 옵니다.

지금 이 곳에는 윤동주가 살던 한옥은 없어지고, 새로 지은 양옥 건물만 있다. 붉은 벽돌 담벼락에는 태극기가 헌정되어 붙어 있고 윤동

주 하숙집터라는 안내 설명이 있고, 울타리 위 한 켠에는 분홍 진달래와 하얀 아네모네가 꽂혀 있었다. 김영은 시인과 동시에 놀라워하며 자세히 보니 조화(造花)였다. 그런들 어떠 하리. 마음이, 그 정성이 중요하지라고 생각하니 일순 다사로운 기분이 들었다.

앞으로 세월이 흐르면 이곳은 어떻게 달라질까. 이 모든 것이 지나갈 텐데, 누상동 주택가에도 밥 때가 되었는가. 빨간 피자 배달 오토바이가 휙 지나간다.

우리 다시올 문학기행단도 총총히 오전 마지막 예정지인 윤동주 문학관으로 향했다.

윤동주문학관(서울 종로구 창의문로 119, 오전 10시~오후 6시, 매주 월 휴관, 무료, 02-2148-4175) 누상동에서 승용차로 6분 정도 인왕산로를 따라 오르니 자하문로 고갯길에 이르게 된다. 조그만 슬라브 건물 옆 오르막 노변에 차를 대었다. 주말이라 그런지 차량이 꽤 있었다. 서울의 4월 햇살은 아름다웠고 공기는 맑았다. 하늘은 푸르렀고 나무는 아직 초록 잎을 내지 못했으나 따스한 기운으로 봄에 젖어 있었다. 우리는 저마다 하늘을, 나무를 올려다 보며 흡,흡 상큼한 공기를 탐하였다. 길 건너에 무슨 동상이 우뚝 서 있어 모두의 관심이 쏠렸다. 누군가 "맥아더!...?" 했다. 시인의 영혼은 그 흐름에 압력을 가한다. 가압력 좋은 시인께서 "?"를 "!!"으로 해결해내었다. 1.21 사태를 수습하다 순직한 정종수경사 순직비와 당시 지휘관으로 순직한 종로경찰서장 총경 최규식의 동상이었다. 예서 청와대가 멀지 않은가 보다.

윤동주 문학관 입구의 흰 벽에는 동주의 선한 얼굴과 시 '새로운길'이 그의 필체로 써져있다. 안으로 들어가니 윤동주의 자료가 가득 있었다. '동(冬) 선달에도 꽃과 같은, 어름 아래 다시 한 마리 잉어와 같은…' 시인 윤동주! 정지용 시인의 서문이 내 마음에서 헌사로 튀어나온다.

제1전시실 '시인채'에는 사진 자료와 육필원고가 가지런하게 가득 벽면을 채우고, 가운데에는 용정 명동촌에서 옮겨 왔다는 우물이 있었다. 어릴 적 윤동주의 손길이 닿았었나? 하며 눈길이 자꾸 간다. 마치 물이라도 있을까? 절대 그럴 리 없는 우물 속을 들여다 보는데 조 시인께서 입을 연다. 지난 문학기행 때 명동 촌장에게 들은 이야기라며 전한다.

동주가 대여섯 살일 때, 하루는 어머니가 외출했다가 집에 왔는데 어린 동주가 어찌 올라갔는지 우물 위에 올라가 쪼그리고 앉아서는 하염없이 우물 속을 들여다보고 있더란다. 여차하면 우물 속으로 그만 빠져 버릴 듯이 넋을 잃고 누가 온 줄도 모르고 우물 속을 바라보고만 있어서 어머니가 두 손을 봉그릇하니 모아 쥐고 나지막히 동주를 불렀다.

"동주야, 여기 어머니 손 안에 새 있다. 한번 보련?" 그러자 호기심 발동한 동주가 살그머니 안전하게 내려왔다는, 맑은 수채화 같은 이야기. 그 고운 그림이 마음으로 뛰어 들어온다. 얘기를 들은 우리는 서로 마주 보고 고개를 끄덕이며 미소 지었다.

사진촬영을 금지한 제1전시실 '시인채'에는 윤동주의 선한 눈빛과 원고지에 써 내려간 그의 육필 글자가 원고지에서 튀어 나와 넘실거렸다. 윤동주문학관 슬라브 건물에는 내력이 있다고 한다.

1974년 청운시민아파트를 건축할 때 용수를 보급하기 위해 가압 장치와 커다란 시멘트 물탱크 두 개를 설치한 청운가압장이 같이 지어졌다. 2009년 아파트가 철거되었고, 35년간 가동되던 가압장은 쓸모없이 그냥 방치되고 있었다. 2012년 종로구에서 윤동주문학관 건립할 장소로 이곳을 점찍은 것인데 이 결정이 아주 절묘하게 딱 맞아떨어졌다는 것이다. 물탱크는 35년간 물이 채워지고 비워지는 일이 반복되었고, 그로 인하여 생긴 물의 흔적이 멋있게 남아 있어 동주 시의 우물과 잘 맞물려 있다는 것이다.

동주는 일본으로 유학가기 전 3권의 시집 필사본을 만들어 한 부는 시인 자신이 지니고, 정병욱과 스승 이양하(1904~63) 교수에게 한 부씩 맡겼다고 한다. 다행히 정병욱이 그것을 시골집 마루 밑에 숨겨뒀던 덕분에

▲열린 우물-팥배나무와 닫힌 우물

그 한 부가 살아남았고, 윤동주의 시가 세상에 나올 수 있게 되었다. 그리고 지금 이 자리에 우리 눈앞에 펼쳐 있는 것이다. 그의 시가 오늘만이 아니라 앞으로 우리 자식의 가슴까지도 계속 울릴 것을 생각한다. 시인은 만 스물일곱 꽃다운 나이에 그 차갑고 어두운 감방에서 무력감과 좌절감 속에서 한 마디 작은 신음소리만을 내며 눈을 감았지만, 그 영혼은 이제 자유롭게 바람에 스치우는 별이 되었으리라.

'시인채' 에서 무거운 철문을 열면 문득 햇살이다. 바깥도 아닌 네모난 상자에 들어가 있는 느낌이다. 마치 전시실이라는 현실의 공간에서 비현실의 공간으로 옮겨진 느낌이 들었다. 놀라웠다. 그렇다, 이것은 詩적이다! 이런 詩적 경험을 할 수 있게 된 데에는 낡은 가압장을 지금의 윤동주문학관으로 다시 태어나게 한 인물, 이소진(아뜰리에 리옹 서울 대표)의 시적 소양과 일에 대한 애정 그리고 뛰어난 작업 감각이 한몫을 했다고 생각된다.

의뢰를 받고 처음 구상했던 설계는 건물 옥상을 활용해서 큰 정원을 만드는 것이었다고 한다. 실내 공간이 너무 좁기 때문에 넓은 정원을 구상한 것이다. 그런데 당시 2011년 7월에 집중호우로 우면산 산사태가 발생하자 윤동주문학관의 안전도 깐깐하게 진단하게 되었다고 한다. 그 진단 작업 중에 감춰져 있었던 두 개의 물탱크를 발견하게 되었다는 것이다.

어느날 그 깜깜한 물탱크 안에서 이소진 대표는 감동의 경험을 하게 되는데. 물탱크 천장의 조그만 구멍을 통해 한 줄기 빛이 들어오는 광경을 보게 된 것이다. 그것은 이소진 대표에게 詩적인 경험이었다. 주저 없이 물탱크 공간을 활용한 설계가 처음부터 다시 이루어졌다. 물탱크 한 곳은 지붕을 걷어내고 '열린 우물'로, 다른 한 곳은 공간을 그대로 유지한 채 '닫힌 우물'로 탄생시킨 것이다.

그리고 물탱크 가까이 큰 팔배나무가 있었는데 공사 과정에서 뿌리가 반도 넘게 외부로 드러났지만 나무자체의 생명력과 공사 진행 팀의 노력으로 살아남아서 '열린 우물' 안쪽으로 가지를 드리우게 되었다.

덕분에 '열린 우물' 안에서는 하늘만 보이는 것이 아니라 계절까지 느낄 수 있게 되었다. "단지 짜 맞춘 치밀한 의도가 아니라 주어진 것들과 함께 작업하면서 받은 큰 선물"이라고 이대표는 서울경제신문에 밝힌 바 있다.

(서울경제, 2016.03.11 글 권경원기자, 사진 송은석 기자의 사진을 편집함)

▲ 윤동주 시인의 언덕에서

열린 우물 제2전시실 시멘트벽에는 마치 바닷가 바위에 파도가 무늬를 새긴 것처럼 물의 흔적이 밝은 볕 속에 드러나 보이고 봄이 오는 하늘을 품었고, 그런 우물을 팥배나무가지가 이제 막 새순을 피우려고 물 올리는 모습으로 우물 안의 우리를 들여다보고 있다. 사계절 팥배나무는 달라지는 제 얼굴을 우물에 비출 것이다.

자화상/윤동주

산모퉁이를 돌아 논가 외딴 우물을 홀로 찾아가선
가만히 들여다봅니다.

우물 속에는 달이 밝고 구름이 흐르고 하늘이
펼치고 파아란 바람이 불고 가을이 있습니다.

그리고 한 사나이가 있습니다.
어쩐지 그 사나이가 미워져 돌아갑니다.

돌아가다 생각하니 그 사나이가 가엾어집니다.
도로 가 들여다보니 그 사나이는 그대로 있습니다.

다시 그 사나이가 미워져 돌아갑니다.
돌아가다 생각하니 그 사나이가 그리워집니다.

우물 속에는 달이 밝고 구름이 흐르고 하늘이
펼치고 파아란 바람이 불고 가을이 있고
추억처럼 사나이가 있습니다.

'열린 우물' 에서 '삐걱' 소리가 나는 육중한 철문을 열고 깊이 침잠하듯 계단을 내려간다. 어둡고 침침하다.

제3전시실 '닫힌 우물' 이다.

옛날 소학교 교실에 있었을 법한 나무의자가 여남은 개 있을 뿐 아무것도 없었다. 의자에 앉으니 윤동주 영상물을 상영한다.

동주의 훌륭한 점으로 절대로 남의 나쁜 점을 얘기하지 않는다는 말과 동주의 여러 가지 취미 중에 재봉틀하기를 좋아했다는 부분에서 인간적인 따뜻함과 소박함을 느꼈다.

영상물 상영이 끝나자 어둡고 고요한 적막 속에 한 줄기 작은 빛이 스며들었다. 고문과 강제노동 그리고 이름 모를 생체실험으로 시인을 죽음에 몰고 간 후쿠오카 형무소를 상징하는 '닫힌 우물' 에서 시인의 빛나던 모습의 영상물을 보고 나니 돌연 시인의 마지막에 대한 소망이 일었다. 70년 전 후쿠오카 형무소 동주의 독방에도 한 줄기 빛이 스몄기를, 그래서 그 절망 속에서라도 어린 그 영혼이 그 빛으로 힘이 났기를……

우리 일행은 이제 역으로 '닫힌 우물' 에서 환한 '열린 우물' 로 다시 '시인채' 를 거쳐 밖으로 나왔다. 문학관 옆 계단을 따라 시인의 언덕으로 올라갔다. 벚꽃이 화사하게 만개하여 눈부실 정도로 환한 세상이

▲ 윤동주 시인의 시비(詩碑) 슬픈 족속(族屬) 앞에서

펼쳐져 있다.

커다란 바위에는 시가 두 편 새겨져 있었다. 한 면에는 서시가, 다른 면에는 슬픈 族屬이. 류양선 교수께서 소리 내어 읽었다. 우리 모두도 속으로 같이 크게 읽었다.

시인은 갔지만 오늘 우리 옆에 살아 계셨다. 윤동주 문학관 전신의 모습, 가압장이 되어 우리의 정신을, 우리의 양심을, 우리의 生을 정체시키지 말고 힘차게 흐르게 하라고 꾹꾹 눌러 대었다. 윤동주의 밝고 핸섬한 얼굴과 새로운 길이 새겨진 문학관 앞을 지나 다음 행선지인 성북동 길상사로 향했다.

무소유 정신의 승려 법정과 지순한 사랑을 품은 김영한의 무소유 실천으로 탄생한 길상사에 얽힌 이야기를 맑고 향기롭게 재단 홍성근 국장의 설명을 들으며 탐방하였다. 가장 먼저 들러 설명을 들은 곳은 어딘가 현대적인 모습을 띤, 그리고 어딘가 성모마리아를 닮은 듯한 관세음보살상이다. 간결하고 단순한 선이 말끔하다. 그 얼굴을 보면 볼수록 내 마음도 따라 맑아지는 느낌이다. 이 관세음보살상을 조각한 사람은 서울대 교수이자 카톨릭 신자인 최종태 작가라고 한다. 그는 명동성당의 성모마리아상, 성모자상, 기도하는 여인 등을 조각했는데 문득 자신의 작품 제작에 어떤 한계를 느끼던 중, 반가사유상을 보고 번쩍 환희를 느끼고 조각의 욕구가 생겼다고 한다. 그러나 어느 사찰에서도 카톨릭 신자인 그에게 조각을 의뢰하지 않았는데 당시 맑고 향기롭게 초기 이사직을 맡은 역시 카톨릭 신자였던 故정채봉 작가의 주선으로 법정스님의 허락을 받아 길상사의 관세음보살상을 조각하게 되었다고 한다. 단, 스님의 세 가지 요구를 지킨다는 조건이 있었는데 그 조건은 다음과 같다.

머리에는 연꽃 화관을 쓸 것, 한 손에는 정병을 들고, 또 한 손은 시무외인을 취할 것. 그 세 가지를 다 지키면서 관세음 보살상은 두 눈을 살포시 감고 자비와 사랑의 상념 속에 고요하다. 그러나 길상사 관세음보살상의 정신적 모태는 성모마리아가 아니라 불교의 반가사유상이다. 오래 머무르고 싶은 마음을 자르고 관세음보살상을 떠나 길상화 보살님 기념비가 있는 곳으로 향했다.

"그 분의 시 한 구절 보다 못합니다"라며 현 싯가 1조원이 넘는 대원각 부지 전체를 법정스님께 시주한 김영한 길상화 보살님은 백석 시인이 사랑한 자야이다.

법정스님은 1993년 8월부터 맑고 향기롭게 사회운동을 시작하고, 같은 해 8월에는 프랑스 파리에 절을 하나 세웠는데 그 이름이 길상사이다. 그리고 순천에 있는 송광사의 옛 이름이 신라 시대에 본래 길상사였다고 한다. 97년 12월 김영한의 대원각 시주를 드디어 받아들이고는 길상사라 이름 짓고 송광사의 말사로 등록을 하여, 법정은 무소유의 정신을 지켰다. 그리고 김영한은 무소유를 실천하면서 동시에 지순한 사랑을 품은 여인이 되었다. 1999년 타계할 때까지 길상사의 길상헌에 머물다가 눈이 하얗게 오는 날 화장한 재로 길 위에 뿌려졌다. 백석의 시 '나와 나타샤와 흰 당나귀' 를 떠올리게 된다. 고창수 시인께서 그 시를 영역 발표하신 터라 이 자리에서 영역시 낭독을 부탁드렸다. 쾌히 응하신 시인께서는 "시인은 모름지기 '종족의 언어를 순화' 하는 자이어야 된다" 라고 한 '폴 발레리' 의 말을 가지고, 여기서 '순화' 란 무엇일까 고심하셨다고 한다. 그 방면에 조예 깊은 지인과 나누었다는 대화 이야기로 우리를 이끄셨다.

'종족의 언어' 란 '모국어' 를 뜻하고, 영어로 하자면 'mother tongue' 이 될 터이니 그것은 아마도 '엄마의 젖을 먹었을 때의 맛을 살리는 것' 아니겠는가. 그런 맥락에서 백석은 토속어와 지방어를 써서 '종족의 언어를 순화했다' 고 할 수 있다. 그리고 그 연장선에서 '한국어' 로 시를 먼저 읽고 그 다음 '영역시' 를 읽겠노라고 하셨다. 감동을 받는 순간이었다. '엄마 젖을 먹었을 때의 맛을 내는 글' 이 뇌리에 박힌다.

나와 나타샤와 흰 당나귀/백석(한글)

가난한 내가
아름다운 나타샤를 사랑해서
오늘밤은 푹푹 눈이 나린다

나타샤를 사랑은 하고
눈은 푹푹 날리고
나는 혼자 쓸쓸히 앉어 소주를 마신다
소주를 마시며 생각한다
나타샤와 나는

눈이 푹푹 쌓이는 밤 흰 당나귀 타고
산골로 가자 출출이 우는 깊은 산골로 가 마가리에 살자

눈은 푹푹 나리고
나는 나타샤를 생각하고
나타샤가 아니 올 리 없다
언제 벌써 내 속에 고조곤히 와 이야기한다
산골로 가는 것은 세상한테 지는 것이 아니다
세상 같은 건 더러워 버리는 것이다

눈은 푹푹 나리고
아름다운 나타샤는 나를 사랑하고
어데서 흰 당나귀도 오늘밤이 좋아서 응앙응앙 울을 것이다

Me and Natasha and he White Donkey/ 백석

I, who am poor,
Love beautiful Natasha;
Snow pours down tonight.

I love Natasha and
Snow flies around.
I sit lonesome all alone drinking soju.
Drinking soju, I ponder.
Natasha and I—
On a night when snow gathers deep
Let us ride on a white donkey and
Go deep among the hills.
Let' s go deep among the hills that lament,
And live at Magari.

The now pours down and
I think of Natasha.
And then Natasha will surely come.

In no time she comes into me silently and speaks.
Going deep among the hills doesn' t mean
Being defeated by the world.
One ought to abandon the sloppy world.

The snow pours down,
Beautiful Natasha loves me.
Somewhere the white donkey too
Will cry loud, in love with this night.

김경식 시인과 송희복 교수가 부지런히 극락전 쪽으로 올라가며 영춘화(迎春化)를 보러 가자고 한다. 모두 따라 나섰다. 조용한 담벼락에 영춘화의 가는 줄기가 긴 머릿결처럼 늘어졌는데, 작고 노란 꽃송이가 물방울처럼 맺혀 봄을 맞고 있다. 우리는 그 작은 꽃님 곁에서 봄을 같이 환영했다.

다음 행선지 만해 한용운의 심우장(尋牛莊)으로 차량을 이동했다. 이곳에서는 송희복 교수가 설명을 하였다. 만해 한용운(卍海 韓龍雲)은 시인이요 독립 운동가이자 승려였다. 본명은 정옥(貞玉)이며 용운은 법명(法名)이고 만해는 법호(法號)이다. 불교에 입문한 뒤 한문 경전을 우리말로 옮기는 일 등 불교의 대중화에 주력하였다.

41세 때 3 · 1만세운동이 있었는데, 그는 백용성(白龍城)과 함께 불교계를 대표하여 민족대표 33인의 한 사람으로 참여하였다. 평생 글을 쓰고 민족운동에 매진하고 불교의 혁신을 위해 애를 쓰던 그는 광복한 해 전인 1944년 5월 9일 성북동 심우장(尋牛莊)에서 사망했다. 유해는 동지들에 의해 화장되어 망우리 공동묘지에 안치되었다.

만해의 집은 응달진 언덕에 북향하고 있는데, 만해가 남쪽에 있는 조선총독부가 꼴 보기 싫다 하여 일부러 북향으로 지었다는 말이 전하지만 이곳의 지형상 북향이 자연스러운 방향이라고도 한다. 심우장(尋牛莊)이란 명칭은 선종(禪宗)의 '깨달음'의 경지에 이르는 과정을 잃어버린 소를 찾는 것에 비유한 열 가지 수행 단계중 하나인 '자기의 본성인 소를 찾는다'는 심우(尋牛)에서 유래한 것이다.

한용운이 쓰던 방에는 그의 글씨, 연구논문집, 옥중공판기록 등이 그대로 보존되어 있다. 만해가 죽은 뒤에도 외동딸 한영숙이 살았는데 일본 대사관저가 이 곳 건너편에 자리 잡자 명륜동으로 이사를 하고 심우장은 만해의 사상연구소로 사용하였다.

이제 이번 문학기행의 마지막 행선지 수연산방(壽硯山房)으로 향했다.

이태준이 1933년에 지은 집으로 1946년 월북하기 전까지 작품 활동을 하며 살던 집이라고 한다. 상허 이태준은 1925년 조선 문단에 '오몽녀'를 발표하고 1933년 구인회 활동을 하였다. 1939년 문장지를 주관했으며, 1941년 제2회 조선예술상을 수상하였다.

1946년에 조선문학가동맹 부위원장으로 활동했으며, 조선문학가동맹이 제정한 제1회 해방기념 조선문학상을 수상했다. 1946년 7, 8월경 월북하여 1946년 10월경 조선문화사절단의 일원으로 소련을 여행 하였으며, 한국전쟁이 발발하자 종군작가로 낙동강전선까지 내려왔었다고 전해진다. 그 후 그는 1952년부터 사상검토를 당하고 1956년 숙청되었다고 전해지나 확실치는 않다.

'여럿이 모여 책을 읽고 연구하는 산 속의 아름다운 방'을 두고 그는 갔다. 누마루, 대문, 화초 등이 가치가 높아 서울시 민속자료 제11호로 지정되었다. 지금은 그의 외종손녀가 이태준이 지은 당호 수연산방 명칭으로 찻집을 운영하고 있다.

그는 글쓰기 교본인 '문장강화(文章講話)'를 1939년 문장 창간호부터 9회까지 연재하였고 그 이듬해에 단행본으로 출간하였다. 문장 작법의 기초, 문체의 설명, 퇴고의 이론과 실제를 다루고 있다. 60여 년 전에 쓴 책인데도 당대에는 물론 현대에도 이 책으로 글쓰기를 배울 만큼 문장론의 고전으로 평가한다. 현재 창비 출판사와 필맥 출판사, 깊은샘 출판사, 소명출판사에서 이 책을 출판 판매하고 있다.

우리는 차를 마시며 류양선 교수의 윤동주 문학 강좌를 들으며 수연산방이 고즈넉하게 저물어가는 모습을 즐겼다. 전통차는 맛이 있었으나 인원이 너무 많아 그랬는지 차를 '먹는' 느낌이 들었다. 넓은 통유리창 너머 남녀 한 쌍이 그림처럼 곱게 저물어간다. 우리의 긴 하루도……

저물어 가는 봄 하늘, 문득 '하늘과 바람과 별과 詩' 가 떠오른다. 어디선가 읽은 정병욱의 회고 중에 윤동주가 시 19편을 손수 제본한 제목이 '병원' 이었다던 글이 생각났다. 그 이유가 일제강점기의 병든 사회를 치유한다는 의미라고 했다. 그리고 이내 서시(序詩)를 쓰고 나서 '하늘과 바람과 별과 詩' 로 정정했다고 한다.

(아시아경제 2016.2.16 김희윤 작가)

모든 죽어가는 것을 사랑하겠다던 윤동주.

그 구절의 연장선에 있는 듯한 그의 시 '병원' 을 생각하며 오늘 하루를 접는다.

병원/윤동주

살구나무 그늘로 얼굴을 가리고, 병원 뒤뜰에 누워, 젊은 여자가 흰 옷 아래로 하얀 다리를 드러내놓고 일광욕을 한다. 한나절이 기울도록 가슴을 앓는다는 이 여자를 찾아오는 이, 나비 한 마리도 없다. 슬프지도 않은 살구나무 가지에는 바람조차 없다

나도 모를 아픔을 오래 참다 처음으로 이곳에 찾아왔다. 그러나 나의 늙은 의사는 젊은이의 병을 모른다. 나한테는 병이 없다고 한다. 이 지나친 시련, 이 지나친 피로, 나는 성내서는 안 된다.

여자는 자리에서 일어나 옷깃을 여미고 화단에서 금잔화 한 포기를 따 가슴에 꽂고 병실 안으로 사라진다. 나는 그 여자의 건강이— 아니 내 건강도 속히 회복되기를 바라며 그가 누웠던 자리에 누워 본다.

정미경 시인

2010년 《다시올문학》 신인문학상, 전망동인
동인시집 『사과의 변증법』 외 4권
yjmky@hanmail.net

돌아보는 윤동주 탄생 100주년

-윤동주기념사업회 기념사업 이모저모

신 경 숙

"윤동주 시인은 우리 역사의 가장 어두운 시대를 양심의 빛으로 비추며 살다간 청년으로, 민족의 순결한 정신과 세계시민으로서의 양심을 상징하는 시인으로 기억될 것이다. 그의 탄생 100주년을 맞아 시인의 모교인 연세대학교는 '모든 죽어가는 것' 에게 바쳐진 그의 삶과 시에 담긴 정신이 연세와 민족에만 머물지 않고 아시아와 세계에 새로운 길을 제시하고 있음을 기억하고자 한다."

연세대학교 윤동주 기념사업회는 윤동주 탄생 100주년을 기념하는 취지를 위와 같이 밝혔다. 윤동주라는 이름과 그의 작품이 아시아를 넘어 세계의 인문학적 자산이 되기를 희망하면서 윤동주 기념사업회에서 개최한 1년간의 사업을 정리해본다.

▲한강(소설가)의 강연(2017. 10)

9인 9색 "윤동주와 나" 강연시리즈

연세대학교 윤동주기념사업회가 마련한 가장 첫 행사는 "윤동주와 나"라는 제목의 강연시리즈였다. 이 강연에는 아홉 명의 한국을 대표하는 문학, 문화예술 분야의 연세대학교 동문이 윤동주의 삶과 시라는 맥락 속에서 자신의 삶과 문학, 예술에 대한 생각을 청중들과 나눴다. 윤동주의 시에는 "상승"의 동력이 있다고 해석한 시인 정현종의 4월 강의를 시작으로, 소설가 김별아 (송도캠퍼스 5월), 영화감독 임찬상 (원주캠퍼스 5월), 시인 나희덕 (의료원 7월), 연극배우 김소희 (신촌캠퍼스 9월), 소설가 성석제 (의료원 10월), 소설가 한강 (신촌캠퍼스 10월), 연출가 성기웅 (송도캠퍼스 11월), 그리고 11월 원주캠퍼스에서 "동주의 우물, 그리고 청춘"이라는 제목으로, 소설가가 되는 것과 사람이 되는 것의 의미를 이야기한 소설가 김인숙의 강연에 이르기까지, 총 9회에 걸쳐 총 아홉 명의 동문 작가, 예술가들이 참여했다.

▲윤동주 100주년 기념음악회(금호아트홀연세, 2017.05.18.)

9인 9색이라 해도 좋을 만큼 아홉 명의 강연자들은 각각의 방식과 무게 있는 언어로 자신들과 윤동주의 시 세계와의 관계를 보여주었다. 『소년이 온다』에서 소년을 그릴 때 윤동주를 떠올렸다는 소설가 한강의 이야기는 연세의 예술가들에게 윤동주의 정신이 깊은 영감의 원천임을 보여주었다.

음악의 언어로 재탄생한 윤동주의 시

윤동주의 시는 음악의 언어로도 재탄생했다. 윤동주 100주년 기념음악회 "새로운 길" (5월 18일, 금호아트홀연세)은 민족과 장르의 경계를 넘어 새로운 음악 언어를 탄생시킨 시도였다. 연세 신포니에타 (지휘: 이택주 교수)의 연주와 김상진 교수의 비올라 협연으로 연주된 임지선 교수의 비올라 협주곡, "A New Path: In Memory of Yoon Dong-Ju"와 교토 시립예대 나카무라 노리코 교수의 곡, "海 · 煥 · 草 · 木 · 天 · 奏 ·

鳴"은 금호아트홀연세의 390석을 꽉 채운 청중에게 감동을 선사했다.

임지선 교수의 비올라 협주곡, "A New Path: In Memory of Yoon Dong-Ju"은 헝가리 부다페스트 한국문화원에서 주최하고 윤동주기념사업회의 문흥렬 기금의 후원을 받아 개최되는 한-헝 작곡가/시인 교류 음학회에도 초청되어 연주될 예정이다. 2018년 2월 10일 헝가리 부다페스트의 페퇴피 문학박물관(Petöfi Literary Museum)에서 열리는 이 교류연주회는 헝가리의 시인 아틸라 요제프(Attila Jozsef, 1905-1937)과 한국의 윤동주를 함께 생각하고 각각의 문학세계와 세계사적 의미를 논의하는 요제프-윤동주 문학 포럼도 동반된다. 윤동주의 시 정신과 그를 기리는 음악 장르가 갖는 초 언어적 의미가 국경과 민족을 횡단하며 청중들을 새로운 사유의 장으로 초대할 것이다.

우리 시대 청년들—윤동주를 만나다

'38학번인 윤동주가 오늘의 청년들에게는 어떤 의미일까? 이 질문에 대한 답은 윤동주탄생 100주년 기념행사에 참여한 다양한 학생들의 활동을 보면 찾아진다. 영어영문학과에서 2017년 1학기 주니어세미나 "윤동주와 영문학"을 수강한 학생들은 시인탄생 100주년을 시의 향기 찾기, 시 번역, 비디오제작, 작곡 등의 활동으로 기념하면서, '동주'를 그리워하는 친구와 후배의 마음을 보여주었다. 윤동주기념행사 SNS 알리미를 자청한 이노영(영문)은 현수막이나 포스터를 사용하지 않는 홍보를 맡아 기념행사의 취지와 내용을 1년 내내 홍보했다. 시인 탄생 100주년을 맞이하여, 그동안 휴면기에 있던 〈동주문학회〉가 부활된 것도 청년들이 시인과 깊이 공감하고 있음을 시사한다.

▲한국과 일본 학생들이 출연한 시극 '미안합니다, 동주' 공연(2017.11.23.)

"청연"이라는 젊은 예술가모임은 이를 시각디자인작품으로 예시했다. 9월 26일부터 10월 13일까지 학술정보원 조용선 갤러리에서 열렸던 〈'38학번인 윤동주〉전 (노하윤, UIC 테크노디자인학부, 외)에서 청년들은 2010년대를 사는 자신들의 고민과 시인의 고민을 병치하면서 진로를 고민하는 청년 윤동주와 자신들의 관계를 다양한 그림으로 풀었다.

청년 윤동주의 고뇌가 오늘날 자신들의 삶을 마주하는 우리 시대의 청년에게 깊은 울림을 준다는 것은 11월 23일 일본 도쿄의 릿쿄대학 이문화커뮤니케이션학부와 윤동주기념사업회가 공동개최한 "새로운 과거로의 여행: 윤동주와의 만남" 행사에서도 확인되었다. 이 행사의 제2부는 윤동주기념사업회의 지원으로 준비된 〈미안합니다, 동주〉라는 시극의 공연이었다. 연세대학교에서 오디션을 통해 선발된 학생 3명과 릿교대학생 4명, 연세극예술연구회 학생 스태프들과 동문 배우 4명, 이윤철 감독이 3주간의 집중연습 끝에 무대에 올린 시극이 공연되는 동안 많은 관객이 눈물을 흘렸다. 한국과 일본의 학생들이 20세기 역사의 폭력 앞에

▲일본 교토 우지시에서 열린 윤동주 시비 제막식(2017.10.26.)

놓였던 한 젊은이의 삶을 함께 상상해본 뜻깊은 행사였다.

사실 윤동주를 생각하는 일에 민족이나 국경은 무의미한 일일지도 모른다. 10월 26일 일본 교토의 우지시에서 열린 윤동주 시비 제막식이 그 단적인 예였다. 우지 강은 우리가 알고 있는 시인의 모습이 담긴 마지막 사진의 배경이 되는 곳이다.

우지 시민들의 발의와 모금으로 완성된 이 시비에는 한국과 일본에서 가져온 화강석에 "새로운 길"이 한국어와 일본어 번역으로 각각 새겨져 있었다. 윤동주기념사업회 운영위원장(백영서 문과대학장)과 운영 간사(문과대기획부학장 신경숙)가 이 "기억과 화해의 비 제막식"에 초청 받아 참석하게 된 것은 연세대학교가 시인의 모교라는 것을 잊지 않는, 윤동주를 사랑하는 일본인들의 배려 덕이기도 했다. 비가 내리는 이른 아침부터 우비를 입고 제막식에 참석한 많은 일본인들을 본 사람이면 누구나, 윤동주라는 이름이 우리 속 깊은 곳에 자리한 인간의 '존엄'

▲윤동주 탄생 100주년 기념 국제학술대회(2017.12.08.-09.)

과 '양심'을 표상하게 되었음을 느낄 수 있었을 것이다.

"청년," "성찰," "부끄러움"이라는 키워드

"청년," "부끄러움," "성찰"과 같은 키워드로 윤동주를 조명해보는 다학제적 국제학술대회, "새로운 길" (12월 8~9일, 문과대학 100주년 기념 홀)은 윤동주 연구의 외연을 확장하고, 민족시인과 서정시인이라는 그간의 윤동주에 대한 이분법적 평가를 넘어서고자 하는 시도였다.

첫날의 기조 강연자인 나카지마 타카히로 교수(일본, 도쿄대학)는 윤동주의 시는 어둠의 시대를 도려내고 새로운 시대를 여는 "사상의 시"로 읽어야 한다고 주장했다. 둘째 날 기조강연을 한 백영서 문과대학장은 윤동주의 시와 삶이 "사회적 영성"을 보여주고 있으며, 사회적 영성의 추구가 인문학의 새로운 지향일 수 있음을 역설했다. 이번 국제학술대회는, 이미 많은 훌륭한 연구가 축적되었음에도 불구하고 시인을 기억할 수 있는 새로운 문학의 언어, 매체의 언어들이 여전히 가능함을 보여주었고, 윤동주 시인이 아시아와 세계, 그리고 미래의 인문학적 자산으로 유의미함을 확인하는 자리였다.

언제나 살아있는 이름, 윤동주의 울림

연세대학교 교목실과 윤동주기념사업회는 공동으로 윤동주 시인 탄생기념 연세 가족 예배 (12월 14일)를 개최했다. 이 예배에서는 새에덴교회의 소강석 목사의 설교로 예배에 참석한 모든 이들이, 이제는 "별이 되어 빛나는" 시인의 시와 삶, 신앙에 대한 묵상으로 인도되었다. 예배 후에는 기념사업회에서 마련한 식사와 기념 떡을 나누며 매우 특별했던 예배의 의미, 시와 신앙, 시인과 기독교에 대한 참가자들의 대화시간도 마련되었다.

마지막으로 윤동주 기념사업회는 도서출판 창작과비평사와 공동 기획하여 윤동주 · 윤일주 형제의 동시집 『민들레 피리』를 출판했다. 빼어난 동시를 썼던 윤동주 시인과, 건축학자이면서 시인으로 자신의 시 세계와 언어를 구축한 윤일주 시인 형제의 동시집은 시인을 기억하는 또 다른 장을 제공할 것이다. 시인의 탄생 100주년을 기념하는 2017년 한 해의 행사는 이렇게 마무리되었다. 그러나 윤동주라는 이름은 흔들릴 수 없는 우리의 양심과 존엄을 끊임없이 일깨우며 늘 우리 안에 살아있다.

[이 글은 『연세 소식』 2018년 1월 2일 호에 기고한 글을 부분적으로 수정 · 보완한 글이다.]

신경숙 교수

연세대학교 영어영문학과 부교수. 『바이런의 명성 만들기: 『해롤드공자의 순례』 (1812), 『이교도』 (1813)에 나타난 코스모폴리탄 남성주체 형성』 (『영어영문학』 53:4 (2007))등을 비롯한 낭만주의 분야의 다수 논문과, 「윤동주의 「肝」과 프로메테우스: 비교를 통한 읽기」 (『비교문학』 67권 (2015)등의 윤동주 관련 논문이 있다. 연세대학교 문과대학 기획부학장을 역임하였다

릿쿄대학 윤동주 추도회의 10년

- 시인 윤동주의 탄생 100주년을 맞으며 -

유 시 경

1 들어가며

나는 소위 386세대이다. 대학 시절에 읽었던 일본에 관한 책 가운데 마루야마 마사오 씨의 번역서 앞표지 뒤를 보니 "반일(反日), 승일(勝日), 극일(克日)"이라고 써 놓았었다. 지금 생각하면 좀 부끄러운 생각이지만, 한창 때의 혈기어린 치기로는 그럴만했다. 광주 민주화운동 강제 진압으로 시작한 살벌한 1980년대를 주로 교회와 학교에서 지냈고, 그 이상의 시간만큼이나 거리와 내 나름의 현장에서 지내면서, 교과서 문제, 재일외국인(주로 재일동포) 지문날인 철폐 운동을 통해 '재일'의 존재를 만나고, 한국과 일본의 성공회가 교류를 나누는 중에 청년대표로, 성직자로 일본의 친구들과 선후배 지인들, 특히 한국의 민주화 운동을

음으로 양으로 돕던 일본인들을 만났다.

1986년 서울에서 열린 일본 청년들과의 모임을 통해 평생 지기 일본 친구를 만나면서, 일본의 '느낌' 이 바뀌었다. '원수의 나라' 에서 '친구가 사는 나라' 가 되었다. 한국의 일상과 교과서와 여론 속에는 '쪽발이' 가 있었지만, '민나 도로보' 라고 느꼈던 일본인들 가운데 한국을 사랑한 '일본인' 들이 있고, 천황제의 유산이 짙게 드리운 일본 사회 속에서 신앙의 정체성을 고민하며 살아가는 '일본 교회와 신앙인' 도 있음을 알게 되었다. 무엇보다 일본 국내에는 여전히 한일간의 관계에서 또 하나의 변수여야 할 수많은 '조센징' 이, 일본 땅에서도 '민단' 과 '총련' 으로 갈라진 채 살아가고 있음을 알았다.

1995년 한국에서 열릴 예정이던 한일청년캠프는, 이해 1월 17일 발생한 한신아와지(코베) 대지진으로 인해 중지될 뻔 하였으나, 협의 끝에 한국 청년들이 재해 부흥을 조금이나마 거들자는 뜻으로 워크캠프로 제1회를 시작했고, 청년 23명과 함께 인솔로 동행했던 나에게도 일본의 여러가지 얼굴을 만나는 소중한 계기가 되었다. 이 때 캠퍼로 참가했던 한국 청년들 중 6명이 중 3명은 현재 나가노, 센다이, 오키나와 등지에서 일본 교회를 위해 일하고 있다.

1980년대 이래로 일본의 지인들이 많았고 평생지기 친구가 움직인 것이 배경이라 보인다. 1999년 뉴밀레니엄을 1년 앞두고 일본성공회를 통해 릿쿄대학의 교목 사역 초청을 받았다. 37세라는 묘한 나이여서 고민이 많았지만, 도일을 결심했다. 시인 윤동주와 같은 창씨개명까지야 하지 않았지만, 쉬운 결심은 아니었다. 말도 글도, 생활도 문화도 다 몸으로 부대끼며 익히고 배워야 하는 새 삶이 시작되는 일이었다. 지내놓고 보니 추억이요 교훈이지만, 비싼 수업료를 치른 제2의 인생 준비 수업이었다.

릿쿄대학 재직 중, 리버럴 아츠 교육의 역사 속에서 이 대학이 인력과 예산을 지원해 온 유서깊은 학생 캠프 프로그램의 하나로, 내전 때문에 캠프개최가 어렵게 된 스리랑카를 대신하여 한국을 개최지로 하는 한일대학생 합동캠프를 시작했다. 매년 양국 15명씩 30여 명의 한일 대학생들이 한일간의 역사적 관계를 중심으로 교류를 가지면서, 다음 세대를 위한 기초를 쌓았다. 캠프 멤버 중에 4쌍이 결혼했고, 그 중 국제결혼이 2건이다.

2002년의 한일 월드컵 공동개최와 2004년의 후유소나 붐(후유노 소나타=겨울 연가)을 계기로 달아오른 한류 붐 속에서 유학생 이수현의 살신성인, 한국어 붐을 겪었다. 2003년 이래 7년간은 한국어 강좌를 운영하면서, '용사마(배용준)' 열기의 세례를 받았다. 릿쿄대학을 위시하여 여러 곳에서 한국어 교실을 담당하며 일본어로 한국어를 가르치는 경험을 했다. 한편, 재일한국조선인들의 우려섞인 반응도 여러 차례 확인했었다. 지금까지 일본 사회 속에 이미 존재했던, 그들의 아주 가까운 곳에 존재해왔던 한국은? 소위 한류 붐인데, 이 고비가 지나고 나면 다음에 올 것은? 그들의 경험적 육감은 거의 예언에 가까왔다. 실제로 지금 한일관계는 앞이 안보일만치 바닥이고, 일본내 외국인들, 무엇보다 재일한국 조선인들에 대한 반인권적이고 차별적인 폭력과 압박이 가중되어, 그들의 사회적 심리적 불안은 전후 어느 때보다도 높은 때이다.

돌이켜 보면 나에게도 비록 작게나마 동주의 족적과 겹쳐지는 경험들이 있다. 아주 잠깐 소위 사상범으로 체포와 취조를 받고, 독방 옥살이와 재판을 겪었다. 외국 생활 중에 비내리는 창가에서 향수에 젖기도 했다. 절대 배울 리 없으리라 여겼던 일본어로 10년을 살았고, 지금도 쓰고 있다. 원수의 언어로만 여겼지만, 서로를 이해하고 평화를 일구기 위해 훌륭한 도구가 될 수 있음을 늦게야 알았다. 우물을 파도 10

년은 같은 우물을 파야한다며 6년차에 귀국을 생각하던 나를 눌러앉혀 10년을 있게끔 만든 한 일본인 원로의 마음도 기억한다. 그렇게 "새로운 길, 새로운 삶"이 다가왔다.

새로운 길

내를 건너서 숲으로 / 고개를 넘어서 마을로 / 어제도 가고 오늘도 갈 / 나의 길 새로운 길 / 민들레가 피고 까치가 날고 / 아가씨가 지나고 바람이 일고 / 나의 길은 언제나 새로운 길 / 오늘도… 내일도… / 내를 건너서 숲으로 / 고개를 넘어서 마을로 (1938.5.10)

2. 윤동주를 기리는 일본인들과의 만남

한국에서는 대표작 "서시"와 함께 누구나 아는 국민적 저항시인 윤동주의 존재가, 릿교대학에서는, 그리고 일본 사회에서는 널리 알려지지 않은 채 묻혀져 있었다. 2000년 릿교대학에 부임한 이래, 나는 줄곧 이 점이 마음에 걸렸다. 그러던 가운데, 시인 윤동주를 다시 만났다. 아니, 윤동주를 기리는 일본인들을 먼저 만났다. 재직했던 곳이 시인의 첫 유학지인 릿교대학이었기 때문이기도 하지만, 나보다 앞서 일본에서 시인을 만났던 특별한 일본인들을 만났던 것이 계기였다. 현재 일본에서는 첫 유학지인 동경, 두번째 유학지인 교토, 마지막 생을 보낸 후쿠오카 등 3지역에서 조금씩 다른 모습으로 추도행사와 기념 활동이 전개되고 있다. 윤동주와 한국, 한일관계 등 특별하지만 불편한 우물을 파고 있는 일본인들과 만난 것이다.

2004년 윤동주 기념사업을 전개하고 있는 본교 졸업생 야나기하라 야스코 씨의 간절한 편지로 인연이 닿았다. 야스코씨는 "릿교가 윤동주에게 냉담해서 야속하다"고 느꼈던 경험을 전해주셨다. 사실은 릿교

대학에 '윤동주' 의 역사에 대한 인식도 기억이 없었고, 야스코씨의 안타까운 심정과 달리, 본고사 제도를 위한 2월의 입시 시즌과도 겹쳐, 2월 16일의 윤동주 기일은 '냉담과 외면' 의 대상이었다. 대학의 관계자들에게 윤동주를 설명하기 시작했다. 여러 차례 대화와 보고와 기획을 통해 짧게나마 재학생이었던 윤동주에 대한 인식이 조금씩 바뀌었다. 실제로 한국을 다니러 왔던 한 관계자는 만나는 사람마다 윤동주에 대해 물었고, '누구나' 알고 있고, '서시' 정도는 암송할 정도로 국민적 시인임을 확인하고는 놀랄 수밖에 없었다. 마침 이 시기는 릿쿄대학 자체의 장기적 정책상으로도 유럽 미국 중심의 시각을 아시아로 넓혀가는 시점이기도 했다.

2007년 2월, 이케부쿠로 캠퍼스의 대학 채플에서 첫 기념집회를 열었다. 시인이 학교에 입학한 때로부터 60년이 넘어 처음으로 학교로 돌아온 셈이다. 강당이나 대교실이나 다른 넓은 장소가 아니라 대학 채플에서 추도식을 거행한 이유는, 크리스찬 윤동주가 재학중에 분명 이 곳에 있었다고 생각한 때문이다. 이 채플의 어딘가에 앉아, 때로 무릎 꿇고 인생과 조국을 기도했으리라. 더우기, 영화 '동주' 에 등장하는 동주의 멘토 역인 영문과 교수는, 릿쿄대학의 설립 모체인 성공회의 '타카마츠 타카하루' 신부로 당시 교목이었다. 그가 죽은 후 대학은 채플 오른쪽 벽에 추도동판을 제작하여 부착하였다. 이어 2008년 2월 26일, 63주기 기일에는 윤동주가 재적했던 영문과(현 영미문학 전수)의 창립 백주년 기념행사로 추도예배와 기념강연을 개최하면서 동시에 "시인 윤동주를 기념하는 릿쿄회"가 발족했다.

사실 릿쿄대학을 거점으로 윤동주를 기념하기 이전에 윤동주의 시와 삶을 알고 알려온 선각자들이 있었음을 기억해야 한다. 고대사 시절의 불교와 한자 문화 전래가 제1한류라면, 조선통신사를 통해 일었던 조선붐이 제2한류에 해당하고, 월드컵 공동 개최 이래의 붐은 제3

의 파도에 해당하는데, 나는 이 분들의 기초적인 발굴과 연구와 기념을 위한 노력들이 최근 일본 사회 제3한류의 원류라고 생각한다. 특별고등경찰의 취조기록과(1977) 교토재판소 기록을 확인(1982)한 우치고 츠요시 씨, 윤동주 시 전집을 번역 출판한 이부키 고 씨(1984), 한중 외교가 막혀있던 시절에 윤동주의 북간도 고향에서 묘를 찾아내고(1985) 시 작품을 연구한 오오무라 마스오 와세다대 명예교수, 자신의 수필에 윤동주를 소개했고(1986) 그 작품이 교과서에 실림으로 많은 영향을 남긴 이바라키 노리코 씨, 윤동주의 2번째 유학지인 교토의 도시샤대 교정에 첫 시비를 건립한(1992) 도시샤대 코리아클럽 등등. 당시 시비 건립에 참여한 오오무라 마스오 교수는 이렇게 기원했다.

"창립120주년을 맞는 도시샤에서는 구름과 같이 인재를 배출해내고 있습니다. 그럼에도 불구하고 당시의 식민지 유학생이며 그것도 고작 1년이 채 못되는 재학기간으로 졸업생 명단에조차 없는, 학생으로 취급할바조차 없는 윤동주의 시비 건립은 실로 니지마의 정신이 오늘도 줄기차게 살아 이어져온 증거라 믿어 이 도시야에서 공부했다는 것을 윤동주와 함께 감사드립니다. 전후 50년의 길목에서 이 시비가 모퉁이 돌로서 한국과 조선, 중국과 러시아 여러 나라에 대해 일본이 무엇을 해왔는가를 돌아볼 수 있게 하고 일본의 양심을 더욱 길러서 새로운 미래를 펼칠 도시샤의 하나의 초석이 되기를 진심으로 기도합니다."
(1995.2.16 시비 건립에 부쳐)

이같은 뭇 선각자들의 노력 위에, 시인 윤동주를 기념하는 릿쿄회의 활동이 더해지게 되었다. 관동 지역에서 보다 대중적으로 널리 윤동주를 기념하고자 목표했던 창립 당시의 멤버들이 지녔던 생각의 일단을 살펴보자.

오오하시 히데이츠 총장(당시)

"시인 윤동주의 희생과 삶 자체가, 앞으로 릿쿄대학이 계속 소중히 간직해 나가야 할 역사적, 정신적 재산의 하나입니다. (중략) 과거의 역사를 돌이켜보는 거울로서, 오늘의 역사를 생각하는 잣대로서, 시인의 문학과 고결한 정신을 기념하는 이 모임이 계속해 나가길 바랍니다."(2016.2.16 추도행사 축사 중)

야나기하라 야스코 수필가, 윤동주 고향방문 모임(1994 발족) 대표, 릿쿄 졸업생

"윤동주의 평화의 메시지를 배워, 우리 각자가 시대의 가치관에 휘둘리지 않고, 스스로의 양심에 따라 생각하고, 보편적인 가치를 찾아내어 용기를 가지고 행동하는 것을 소중히 하고 싶습니다."

야마다 쇼지 릿쿄대학 교수, 관동대지진의 국가책임을 묻는 시민모임 대표(저서 : 카네코 후미코 (박열의 부인) 외)

"윤은 서시에서 〈바람〉, 즉 전시체제 아래 흉포화된 식민지 지배의 폭압에 마음 아파했음을 말한다. '죽어가는 모든 것을'은, 그 폭압에 의해 문화를 박탈당해 민족으로서의 죽음을 강요당한 조선인을 가리킨다. 그러한 상황 아래 조선 민족을 사랑하는 길을 걷고, 하늘 즉 하느님 앞에 '한 점의 부끄럼도 없기를' 서약한 것이다."(2007년 〈릿쿄학원과 전쟁〉 제14강 '전시체제하의 릿쿄대학과 조선인유학생들의 민족적 고뇌 및 수난' 중)

그 밖에 릿쿄 졸업생으로 한국어 전문강사인 한도 치즈코 씨, 역시 릿쿄 졸업생으로 2009년에 윤동주 시낭송 CD를 제작한 아마누마 리츠코 씨, 창립식 전후 홍보에 도움을 주었던 아사히신문 사쿠라이 이즈미 기자, 전NHK PD 재직시절이던 1995년에 KBS와 윤동주 다큐멘터리 공동 제작한 타고 키치로[1] 작가 등과, 한국에서 창립 축하차 오셨던 분들도 당부의 말씀을 남겼다.

1) "생명의 시인 윤동주 – 하늘과 바람과 별과 시 탄생 비화"、2017、影書房. 2010년 2월의 릿쿄대학 추도회 행사에 강사로 초대되었다.

임헌영 민족문학연구회 대표, 계간 서시 편집위원, 창립 축사

"일본에는 국적이 다른 조선인이 살고 있다. 그들이 한국인이건 조선인이건, 차별하지 않고 시인 윤동주를 사랑하듯이 대해주길 바란다. 그것이 오늘 윤동주를 기리는 목적이고, 윤동주도 바라는 것이리라."

유시경 릿쿄대학 교목(릿쿄회를 설립한 한국인 사제, 2008 당시 아사히신문 인터뷰)

"윤동주의 시는 북한에서도 읽혀진다고 한다. '윤동주의 시는 남북한을 넘는 민족의 재산, 통일의 상징이기도 합니다' 라고, 윤의 시가 말하는 〈부끄럽지 않은 삶〉이란 무엇인지, 일본에 와서 더욱 깊이 생각하게 되었다." 동주의 초등(소학)교 동창인 문익환 목사는 1990년 3월 평양 방문 때에, 공항에서 열린 첫 연설에서 〈서시〉를 인용하였다 한다.[2)]

2008년 창립 이래 올해로 10주년을 맞았다. 10년 전 출범시의 꿈을 돌이켜 본다. 무엇보다 매년 릿쿄의 채플에서 추도식을 거행하기로 하였다. 신앙인이었던 윤동주 시인에게 가장 적절한 추도 방법이라 생각되었다. 시인의 애창성가도 부르고, 짧게 기도로 추도하기로 했다. 이어 한글과 일본어, 때로 다른 언어로 번역된 윤동주의 시 낭독 시간을 꼭 갖기로 했다. 제3부로 윤동주 연구가와 활동가 등을 초대해서 강연으로 이해를 넓히고, 간혹 자료 전시회 등 부대행사도 가졌다. 올해는 시와 음악으로 엮는 음악극 형태로 추도했다.

또 하나의 꿈은 장학금이었다. 릿쿄대학의 깊은 이해와 논의를 통해 2010년부터 "윤동주 국제교류장학금"으로 시행되고 있다. 매년 10개 학부에서 각 1명씩 한국인 유학생에게 1인당 50만엔을 지급한다. 과거 이 대학이 유학생 윤동주의 학업을 제대로 도와주지 못했던 역사에 대

2) 「고향으로부터 윤동주를 찾아서」, 박용일 편저, 2007 흑룡강출판사 187-188쪽 "일제시기 식민지통치의 가장 포악하고 암담한 그 마지막 시기 조선문학 발전 역사에서 특기할만한 사실중의 하나는 시인 윤동주의 출현이다."(박종식 <통일문학> 251면, 재인용

한 반성과 다짐이 담긴 장학금 제도이다. 윤동주의 후배들을 돕는 것으로 그 책임을 다하자는 것이었다. 2009년도부터 준비, 제작, 발매한 시낭송 CD(니노미야 사토시, 유시경 녹음) 〈하나〉의 판매금도 장학금 출범의 마중물이 되었다. 음악CD조차 시장이 좁아진 상황이었지만, 최초 발매분 1,000장은 걱정과 달리 발매 3개월만에 완판되었다.

이루지 못한 꿈의 하나가, 졸업증서 수여이다. 올해 10주년 추도식 예배에서 나는 설교 중에 졸업증서 수여 캠페인을 제안했다. 대학의 관계자가 의사 결정을 해서 주는 방식보다는, 많은 분들이 관심을 보일 수 있도록 서명 운동을 거쳐 대학에 요청하는 방식이면 좋겠다. 동경에도 '윤동주 시비' 가 있으면 좋겠다는 소리도 있다. 만일 세운다면 일본인들이 앞장서서 세우게 되면 좋겠다.

이 글은 보고서이기에 2009년의 윤동주시인 추도회 이후 "릿쿄회"의 사업 구상을 담아 릿쿄대학 부장회의(교무위원회)에 제출, 승인된 자료와, 장학금 관련 보고를 그대로 옮겨 둔다.

〈릿쿄대학 교목실 보고 2009.2.26〉

"시인 윤동주와 함께 2009" 보고

릿쿄대학에서 수학한 조선의 시인 윤동주를 추도하기 위해 "시인 윤동주를 기념하는 릿쿄회"는, 2008년 2월 16일에 문학부 100주년 기념행사의 일환으로 "추도 세레모니와 공개 심포지엄"을 개최함과 동시에 창립되었고, 이해 3월 6일 부장회에 보고, 승인된 이래 활동을 전개해 왔습니다. 이 릿쿄회의 주최로 시행된 "시인 윤동주와 함께 2009"에 대해 보고드립니다.

–일시 : 2009년 2월 15일(일) 오후 2시~4시, 17시부터 친교회

※당일 오후부터 도서관의 협력으로 이케부쿠로캠퍼스의 도서관 본관에서 관련 자료의 전시회 개최.(이 전시회는 2월중은 이케부쿠로에서, 3월중은 제2캠퍼스 니이자 도서관에서 개최 예정)

–장소 : 릿쿄대학 이케부쿠로 캠퍼스 채플(오후 행사)
　　이케부쿠로캠퍼스 도서관 본관(전시)
　　채플회관 제1회의실(친교회)

–내용 :

제1부 〈추도 세레모니〉 14:00~, 채플

인도 : 유시경 신부(본대학 채플린)

축사 : 총장보좌 카사하라 키요시 교수(총장 대리)
(특히 윤동주 장학금 창설에 대해 보고합니다.)

시낭독 : 사회 아마누마 리츠코
(릿쿄회, 본대학졸업생, 여동창생회 국제교류 담당)

주악 : 츠노다 스즈코, 나카무라 료
(재학생, 기독교단체 멤버)

제2부 〈강연회〉 15:00~16:00, 채플

–강연 : "윤동주 시혼(詩魂)의 원형을 찾아서"

–강사 : 오오무라 마스오 씨(와세다대학 명예교수)

–사회 : 야나기하라 야스코 씨(릿쿄회)

제3부 〈친교회〉 17:00~18:00, 채플회관 제1회의실,
관계자, 초청자 모임

–진행 : 유시경 신부

※1~3부 상세내용은 배부자료 1. 참조.

–주 최 : 시인 윤동주를 기념하는 릿교회

–협 력 : 윤동주의 고향을 방문하는 모임

–참가자 : 오후 행사 230명(실무 스탭 포함 250명), 친교회 45명 참가

–내 빈 :

한국 – 유안진 교수(서울대학교 명예교수, 시인, 한국 교과서에 12편 수록), 임헌영 교수(중앙대학교, 문예평론가, 문학평론가협회회장, 윤동주 문학사상선양회 계간 "서시" 편집주간), 박영우 발행인(윤동주선양회, 계간 "서시" 대표), 이성사(주 교운 회장, 윤동주선양회 일본 대표), 이성호(시인, 윤동주선양회 미국 LA지부 대표), 유성호 교수(한양대학교, 문예평론가), 류양선 교수(카톨릭대학교, 문학평론가–윤동주 작품 분석), 박예분(동화작가) 외

일본 - 고려박물관 관계자, 윤건차 교수(카나가와대학), 타카야나기 토시오 교수(법정대학, 릿교 졸업생), 심원섭 교수(와세다대학 객원교수), 김학렬 교수(조선대학), 사쿠라이 이즈미 기자(아사히신문 국제담당) 외

–보 도 : 일본 상세기사 : 동경신문(1월 28일), 아사히신문(2월 7일, 2월 16일), 웹기사 : 한국문화원, 일한문화교류기금, 한국어 저널 등

–한국 상세기사 : 동아일보(2월 2일), 한국일보(2월 2일), 세계일보(2월 2일), 서울신문(2월 5일) 등, 연합뉴스 공통기사에 바탕하여 다수 신문 게재. 웹기사 : 각 매스컴 홈페이지 등에 게재

※신문기사 등 배부자료 2.참고. 특히 한국측 미디어에는 "시인 윤동주를 기념하는 릿교회"의 활동과 "윤동주 장학금" 창설이 중요하게 보도되었다.

<u>현재 운영위원</u>

아마다 쇼지(릿교대학 명예교수, 발기인 대표)

야나기하라 야스코(릿교 졸업생, 윤동주 고향 방문모임 대표)

아마누마 리츠코(릿교 졸업생, 릿교여동창회 국제 담당)

코베 쿠미코(릿쿄 졸업생)

한도 치즈코(릿쿄 졸업생, 페리스여대 강사)

유 시경(교목, 사무국장(본대학 교목실 대표로서 참가)

이외에 준스탭으로 안지영(대학원생) 등 유학생 다수 참가

[시인 윤동주를 기념하는 릿쿄회의 향후 활동과 대학측에 대한 요청]

"시인 윤동주를 기념하는 릿쿄회"는 내년 이후로도 추도행사를 계속하고자 예정하고 있다. 향후 계속적인 개최를 위해 대학측의 다각적인 협력과 지원을 요청드리고자 합니다. 더욱이 대학측의 협력을 바탕으로 다음과 같이 장기 사업을 전개해 나가고자 합니다.(※표시는 실적, 진척 있음)

계속 사업(연례행사로 진행)

-채플에서의 추도기념식 ※(2008년, 2009년)

-도서관 전시회 개최 ※(2008년 2009년)

-대학 홈페이지에 정보란 신널 (장학금 설립과 동시에 신설 희망)

-대학의 다양한 매체를 통해 홍보(계간지 '릿쿄', 교우회 소식지 등)

※계간지 '릿쿄' 2008년 가을호에 교목 칼럼 1회 게재

-기록집 발행 ※2008년도 기록집을 2009년 1월에 발행, 2009년 발행 예정

-회보 발행(신규)

릿쿄회의 활동 보고, 윤동주 작품 소개, 분석 연재기사 등을 중심으로 한일 양국어로 발행

장기 사업

－기념 부스, 조형물의 조성

－대학 구내에 기념 부스를 설치하거나, 시비 혹은 채플내 추도 동판 설치 등, 대학 구내에 시인을 기념하는 구체적인 물건을 남겨 기념하고자 한다. 이와 관련해서는 자매결연 협정교이자 시인의 모교인 연세대학의 협력사업으로 실현하고자 한다. 연세대학은 2008년 5월에 인터넷을 이용한 "사이버 윤동주 기념관" 작성을 발표한 바 있고, 공동제작의 가능성을 타진하고자 한다. (예를 들어 탄생 100년, 릿쿄대학 입학 70년에 해당하는 2012년 등 기념할만한 해에 기획, 추진한다.)

정보 제공

－일한 양국의 미디어 등을 통해 윤동주의 존재와 릿쿄대학과의 관계 등이 널리 알려짐과 동시에 윤동주 시인의 발자취를 따라 릿쿄대학을 방문하는 이들이 증가하고 있다. (주로 일본인, 한국인 순) 학교를 찾아온 이들에게 릿쿄시대의 윤동주와 시를 소개하는 전시물과 팜프렛을 준비한다.

※참고 : "시인 윤동주를 기념하는 릿쿄회"가 작성한 리프렛 : 배부자료3.

－지난 1년 동안 채플 입구에 상설 비치해왔으나, 향후 대학에서 인쇄물(시인의 릿쿄 시절의 시 수록)을 12호관 경비실이나 국제 센터에 상시 비치하고자 한다. 이를 위한 예산 조치 기대.

－연구, 학습, 현장 학습 기회 제공

－윤동주의 이름을 붙인 강좌 개설(윤동주의 시와 생애를 배울 기회 제공. 연구발표회. 심포지움 등의 개최와 이를 위한), 용정 생가 방문캠프 또는 필드 트립 형식의 연수 등.

※2009년도에 릿쿄관계자, 일반 참가자를 포함한 "고향 방문사업"

을 실시하고자 한다.(한국 윤동주 문학사상 선양회와 협력사업으로 진행할 가능성도 있음.)

4) 장학금 창설

중국, 한반도, 일본이 자랑하는 시인의 족적을 생각하면, 동북아시아를 염두에 둔 "윤동주 장학금" 설치. (이에 대해서는 일본 국내, 또는 한국 관계자의 찬동의사가 확인되어, 이미 장학기금 모금이 시작되었음. "릿쿄회"의 수익 일부도 모금에 낼 예정.)

※135주년 기념행사로 정책 결정 완료. 이후 유족에게 정식 연락, 구체적인 선고 방법과 과정, 수여, 운용에 관한 방침을 정할 필요가 있다.

릿쿄대학 재학시의 조사연구 협력

전시 중 자료나 조선인 학생의 학적부 개시 등(릿쿄시대에 씌어진 시에 등장하는 '육첩방' 하숙집 위치 확인 등 조사 계속).

명예교우로서 인정, 졸업증서를 수여하는 방안

상기 1)의 기념부스, 조형물 조성 등에 맞추어 실시함이 바람직하다. 향후 교우과와 상의 예정.

(이상)

………………………………………………………………………

〈윤동주 장학금〉

2009년 7월 13일 부장회 보고

"장학금 충실화 검토 워킹그룹 최종답신(제5차 답신)" 중

외국인 유학생 지원(정규 유학생)

2-4. 윤동주 국제교류 장학금

본대학 유학생이었던 한국의 국민적 시인 윤동주 시를 기리고 일한

평화우호를 위해 활약할 것으로 기대되는 한국인 유학생에게 지급하는 장학금 제도를 신설한다. 정규 유학생의 국적별 비율에서 학부학생의 한국인 유학생 비율이 73%로 (일본) 국내에서 가장 높은 비율을 보이는 데에 본 대학의 특징이 있다.(타대학은 중국인 유학생 비율이 60-70%인 것이 일반적) 현재 릿쿄대학을 지망하는 동기의 하나로 윤동주 씨가 재적한 대학이라는 점을 이유로 드는 학생도 많고, 향후 한국에서 우수한 지원자, 입학자 확보와 확장을 목표로 함과 동시에 학생 자신의 학업 향상을 장려하도록, 절대적인 인기를 끌고 있는 윤동주 씨의 위업을 기리는 장학금을 학부학생 우수자에게 지급한다.
매년 4월에 실시하고 있는 기존 장학금 선정제도에 포함시켜 성적 우수자로 한국 국적인 학생(2학년 이상)을 각 학부마다 1명씩 채용. 선발에는 성적평가계수 등을 이용하여 일정 성적수준 이상을 조건으로 한다. 학부 10명에게 월별 5만엔(연간 60만엔)을 지급하고, 지급 총액은 연간 600만엔으로 한다.(2010년 4월부터 제도 실시 예정)

....

3. 또 한 명의 동주를 위해

사랑스런 추억

봄이 오던 아침, 서울 어느 조그만 정차장에서 / 희망과 사랑처럼 기차를 기다려 / 나는 플래트홈에 간신한 그림자를 떨어뜨리고 / 담배를 피웠다 / 내 그림자는 담배연기 그림자를 날리고 / 비둘기 한떼가 부끄러울 것도 없이 / 나래속을 속, 속, 해빛에 비춰 날았다
(1942.5.13)

기차는 아무 새로운 소식도 없이 / 나를 멀리 실어다 주어 / 봄은

다 가고 동경 교외의 어느 조용한 하숙방에서 / 옛거리에 남은 나를 희망과 사랑처럼 그리워한다 / 오늘도 기차는 몇 번이나 무의미하게 지나가고 / 오늘도 나는 누구를 기다려 정차장 가까운 언덕에서 서성 거릴게다 / --아아 젊음은 오래 거기 남아 있거라.

연희전문학교(연세대학교의 전신)를 졸업한 동주는 도항증명서 발급을 위해 히라누마 토쥬(平沼東柱)로 일본의 식민지 압제에 의한 원치 않는 개명을 강요당했다. 문학을 향한 일념으로 일본으로 건너온 그를 기다리고 있었던 것은, 전쟁 훈련과 전시 총동원 체제의 압박, 나아가 체포와 투옥, 그리고 옥중의 의문의 죽음이라는 불행의 연속이었다.

1942년 4월, 윤동주는 릿쿄대학 영문과에서 선과생(選科生)으로 유학 생활을 시작했다. 선과생은 전시하에 임시로 개설된 과정이다. 결국 내선일체는 허울일 뿐, 대학 입시와 캠퍼스 라이프에서도 차별이 당연시되었다. 황군 배속 장교의 통솔하에 놓여, 대학생 군사교육이 강화되고 학도병을 모집, 전쟁터로 보냈다. 이런 릿쿄대학의 분위기에서 한 한기를 지낸 윤동주는, 그 해 7월에 일시 귀향한 후, 10월에 쿄토의 동지사(同志社) 대학으로 전학한다. 릿쿄대학과 같은 영문과, 같은 기독교대학을 선택했다는 점에서, 크리스찬이던 윤동주에게 기독교 대학인 릿쿄대학은 과연 어떤 곳이었던가 묻고 싶어진다. 상세한 기록이 남아있지 않아 그 진상을 알 방법은 없고, 그가 릿쿄대학 재학중에 동경 하늘 아래, 하숙집 창가에서 눈물로 써내려간 시를 통해 그의 심경을 미루어 짐작해볼 따름이다. 바빌론 강가에서 수금타며 고향을 그리던 이스라엘의 심경이 이와 같았을까 싶다. "우리 어찌 남의 나라 낯선 땅에서 야훼의 노래를 부르랴!"(시편 137:4)

쉽게 씌어진 시

창밖에 밤비가 속살거려 / 육첩방은 남의 나라

시인이란 슬픈 천명인 줄 알면서도 / 한줄 시를 적어볼까
땀내와 사랑내 포근히 풍긴 / 보내주신 학비봉투를 받아
대학 노트를 끼고 / 늙은 교수의 강의를 들으러 간다
생각해보면 어린 때 동무들 / 하나, 둘, 죄다 잃어버리고
나는 무얼 바라 / 나는 다만 홀로 침전하는 것일까
인생은 살기 어렵다는데 / 시가 이렇게 쉽게 씌여지는 것은 / 부끄러운 일이다
육첩방은 남의 나라 / 창밖에 밤비가 속살살거리는데
등불을 밝혀 어둠을 조금 내몰고 / 시대처럼 올 아침을 기다리는 최후의 나
나는 나에게 작은 손을 내밀어 / 눈물과 위안으로 삼는 최초의 악수
(1942.6.3)

동지사대학 재학 중이던 1943년 7월, 시인은 치안유지법 위반 혐의로 체포되어, 구 후쿠오카구치소에 수감. 조선독립을 반년 남긴 1945년 2월, 원인불명의 병으로 짧은 인생의 막을 내린다. 사인에 대해서는 식염수 제조를 위한 인체실험설 등 여러가지 설이 있으나 진상은 규명되지 않았다. 체포 당시 증거품으로 압수된 작품들의 행방은 알 길이 없고, 그가 일본 체재 중에 남긴 5편의 시는, 따라서 모두 릿쿄대학 시절에 쓴 것이다. 그는 릿쿄대학의 편지지에, 당시 금지였던 조선어(한글)로 시를 엮어, 서울의 친구에게 보냈다. 친구의 필사적인 노력으로 남겨진 5편의 시가 후일 발견되면서 윤동주의 존재도 세상에 널리 알려지기 시작했다. 앞의 "쉽게 씌여진 시"는, 다름아닌 1947년 경향신문 지상에 정지용 주필의 추천으로 신문에 실리면서 윤동주가 시인으로 부활하는 데에 결정적인 역할을 한 시이다. 정지용은 동주가 남긴 127편 가량의 작품 가운데, 처음 소개할 작품으로 바로 이 시를 골랐다.

"젊음이 오래 남아있기를" 바랬던 윤동주였지만, 일본이 아시아 태평양전쟁에서 패전하기 반년 전인 1945(쇼와20)년 2월 16일, 일본 큐슈의 후쿠오카 형무소(*현재의 모모치공원)에서 만28세의 짧은 인생을 접었

다. 제국주의의 광풍 아래에서 식민지지배와 모국어 사용금지 등, 시대의 비극 가운데 한 청년의 인생은 막을 내렸다. “새로운 날 아침 우리 다시 정답게 손목을 잡아보세”(흐르는 거리 1942.5.12)라고 다짐하고 유학과 독립의 꿈을 꾸었던 동주는, 특별고등경찰의 감시와 체포(1943.7.16), 취조와 판결, 옥살이 끝에 의문의 죽음을 맞았고, 백골이 되어서야 현해탄을 되짚어 고향으로 돌아왔다.

십자가

쫓아오던 햇빛인데 / 지금 교회당 꼭대기 / 십자가에 걸리었습니다
첨탑이 저렇게도 높은데 / 어떻게 올라갈 수 있을가
종소리도 들려오지 않는데 / 휘파람이나 불며 서성거리다가
괴로왔던 사나이 / 행복한 예수 그리스도에게처럼 / 십자가가 허락된다면
모가지를 드리우고 / 꽃처럼 피어나는 피를 / 어두워가는 하늘 밑에 / 조용히 흘리겠습니다.

(1941.5.31)

동주의 이 시는 어쩌면 다가올 운명의 예언이었던가 싶다.

지금 우리가 윤동주를 기념하는 것은, 젊은 나이에 죽은 한 명의 시인만이 아니라, 그와 마찬가지로 왜곡된 시대 속에서 인생과 생명을 빼앗긴 사람들을 기억하는 것이고, 또 한명의 윤동주를 낳지 않기 위함이기도 하다. 다른 나라(異国)에서 태어나고 자라, 일본에 건너와 꿈을 펼치려 했던 윤동주의 강요당한 국제성과 방황을 생각할 때, 진정한 국제화를 지향하는 이 시대에 우리가 다시금 윤동주를 기념하는 점은 매우 중요한 의미를 지닌다.

2017년은 시인의 탄생 100주년을 맞아 한국과 일본을 중심으로 다양한 기념 행사가 계속되고 있다. 이 가운데 본인이 직접 관련되었거나 참여한 행사들을 적어 본다.

2017년 2월 19일 '시인 윤동주를 기념하는 릿쿄회' 주최, 윤동주 시인 탄생 100주년 "윤동주와 함께 2017", 동경 릿쿄대학 채플과 채플회관 릿쿄대학 졸업생을 중심으로 창립한 이 모임은 매년 추도행사를 주최해왔고, 올해로 정기적인 행사 개최 10주년 겸 릿쿄회 창립도 10주년을 맞았다. 동지사 대학에 1995년에 시비가 세워진 이후, 관서 지역 중심으로 알려져 있던 윤동주 시인의 존재와 생애를 더 넓게 일본 사회에 알리는 데 중요한 역할을 감당해왔고, 앞으로도 그럴 것이라 보인다. 또한 일본에서 윤동주의 연고지인 동경, 교토, 후쿠오카에서 시인을 기념하는 활동의 네트워크화도 힘쓰고 있고, 한국의 여러 단체나 활동과도 적극적으로 연계하고 있다. 이제 작게나마 얻은 시민권을 확대해 나갈 것으로 보인다. 10주년을 맞아 창립멤버로 초대되어 1부 예배의 설교를 맡아, 설교 중에 명예졸업증서 수여를 제안했다.

기록으로 남기고자 2017년 동경, 교토와 후쿠오카의 행사 개요도 적어 둔다.

[동경 릿쿄대학 윤동주 시인 탄생 100주년 추모행사]

— 일시 : 2017년 2월 19(일) 14:30~16:45

1부. 추모예배(설교:유시경 신부)

2부. 윤동주 이야기 상연 ~ 시와 음악으로 엮는 윤동주의 세계

한국뿐만 아니라 일본에서도 많은 이들에게 읽히고 있는 시인 윤동주(1917-1945). 윤동주는 일본 식민지 정책의 광풍 속에서 민족에 대한 고뇌와 평화의 바램을 담은 시를 당시 금지되었던 한글로 당당히 써나갔습니다. 윤동주는 1942년 릿쿄에서 수학한 후, 동지사 대학으로 편입했으나, 재학 중이던 1943년 7월 치안유지법 위반 혐의로 체포되었습니다. 징역 2년형을 선고받고 후쿠오카 형무소에 수감되어, 불과 조

국 해방 반년을 앞둔 1945년 2월 16일 미명, 28세의 젊은 나이로 옥사했습니다. 그로부터 72년의 세월이 흘렀지만, 지금도 그의 청렬한 시와 생애는 사람들의 심금을 울리고 있습니다. 올해로 윤동주 탄생 백주년을 맞이합니다. 윤동주가 공부한 릿쿄대학 채플에서 윤동주의 시와 음악으로 엮은 "윤동주 이야기"를 상연하고, 시인을 추모하는 시간을 여러분과 함께 갖고자 합니다. 많은 참여를 바랍니다.

3부. 교류간담회

-주최 : 시인 윤동주를 기념하는 릿쿄회

-후원 : 릿쿄대학 교목실

-협력 : 동지사대 코리안동창회, 후쿠오카 윤동주의 시를 읽는 모임, 윤동주 고향 방문 모임

[교토 동지사 대학 추도행사 2017년 2월 11일(토)]

— "영상으로 보는 윤동주의 100년" 안내

2017년은 윤동주가 이 세상에 태어난 지 100년이 됩니다. "하늘을 우러러 한 점 부끄럼이 없기를 / 잎새에 이는 바람에도 나는 괴로와했다"라고 노래한 윤동주는 1917년 12월 30일 옛 만주(중국 북동부)에서 태어나, 평양, 서울, 동경, 교토에서 수학한 후 동지사 대학 재학 중이던 1943년 7월에 조선의 독립운동 혐의(조선어로 시를 썼다는 이유)로 "치안유지법"으로 체포되어, 1945년 2월 16일, 조국의 해방을 불과 반년 앞둔 채 후쿠오카 형무소에서 옥사했습니다. 묘와 생가는 현재 중국 옌벤 조선족 자치주에 남아 있습니다.

향년 28세. 동지사 대학의 설립자 니이지마 조는 "온몸이 양심으로 충만한 일꾼을 기르자"를 교육 이념으로 하였습니다. 윤동주의 시와

생애는 다름 아닌 니이지마 선생의 말 그대로였습니다. 국가와 세대, 시대를 넘어서 지금도 여전히 사람들의 마음 깊이 살아 있습니다.

그의 시는 한국 · 조선 · 일본 · 중국 조선족을 중심으로 열렬한 팬을 가진 수십 개 언어로 번역되어 지금도 세계 각지에서 시의 연구회와 추모 모임이 열리고 있습니다.

전후 50년, 윤동주 50주기인 1995년 2월 16일 동지사의 코리아 출신 졸업생을 중심으로 만들어진 "동지사 교우회 코리아클럽(현재는 도시샤 코리아 동창회)"과 "윤동주를 기리는 모임"을 중심으로 일본인과 중국인(조선족)을 포함한 광범위한 사람들의 협력 아래 "윤동주 시비 건립위원회"를 결성, "학교법인 도시샤"의 전면적인 지원 아래 도시샤대학 이마데가와 캠퍼스 안에 그의 시비가 건립되었습니다.

이 시비는 윤동주의 시와 삶을 통해서 과거의 불행한 역사는 잊지 않더라도 미래 지향의 관점에서 일본과 한국을 비롯한 세계의 평화와 우호 친선, 심지어 남북의 평화적 통일을 기원하며 세워졌습니다. 그 상징으로 시비의 양쪽에는 한국의 국화 무궁화와 조선 민주주의 인민공화국의 국화인 진달래를, 그 서쪽으로는 동지사의 설립자 니이지마 조가 사랑한 매화나무를 심었습니다. 그 후 매년 헌화식과 연구회 등의 사업을 동지사 대학의 시비 주변을 중심으로 시행하고 있습니다.

지금 그가 살아있다면 100세. 고령화 시대의 일본에는 100세를 넘는 장수자가 많이 계십니다. 윤동주의 생전 마지막 사진(아마가세天ケ瀬 현수교에서 찍은 단체 사진)에 함께 찍힌 두 여성 동창생인 모리타 하루(森田ハル) 씨와 키타지마 마리코(北島真理子) 씨는 아직 건재하십니다. 그의 시와 삶을 다시 기억하고 미래에 이어가고자 다음 행사를 기획했습니다.

— 일시 : 2017년 2월 11일(토)

13:30~17:00 동지사대학 이마데가와 캠퍼스

13:30~14:15 헌화식 – 시비 앞

14:30~16:00 영상으로 보는 윤동주의 100년(해설 병행)

– 양심관 207호 교실

16:10~17:00 교류회(207호에서 영상 상영후 질문 등 포함, 교류회 진행)

후원 : 교토 윤동주 추모회 회장 박희균, 동지사 코리아동창회 회장 최용한, 학교법인 동지사 학원

[후쿠오카 윤동주 추도 모임 2017년 2월 12일(일)]

–일시 : 2017년 2월 12일(일) 14:00–15:15 ※참가무료

–장소 : 모모치니시공원(百道西公園) 후쿠오카시 사와라구(早良区), 후쿠오카 구치소 북측

※ 13:30까지 지하철 후지사키역(藤崎駅) 개찰구 집합 후 안내.

※ 헌화용 꽃 한 송이씩 준비하시기 바랍니다.

마친 후 근처 모모치 팔레스 특별회의실에서 성신여대학생을 맞이하여 교류회를 갖습니다. 오후 5시 종료 예정입니다.

※ 참가비 1,000엔

지난해 한국에서는 영화 "동주"가 대히트했고, 또 복각판 윤동주 시집이 베스트 셀러가 되는 등 많은 사람이 윤동주(1917.12.30 ~ 1945.2.16)의 시와 인생을 만났습니다. 저희 후쿠오카 · 윤동주의 시를 읽는 모임의 월례회에도 한국에서 7명이 참여, 깊은 교류를 나누었습니다.

윤동주는 1930년대 후반부터 1940년대 전반, 일본의 조선 지배가 가장 심한 시기에 민족을 향한 염원과 평화의 바램을 담아 조선어로 시를 계속 쓴 시인입니다. 유학지인 교토에서 치안유지법 위반 혐의를

받아 체포되어, 1945년 2월 후쿠오카 형무소에서 27년의 생애를 마쳤습니다. 여기 후쿠오카에서는 1995년부터 해마다 윤동주를 사랑하는 사람들이 작은 추도 모임을 계속해오고 있습니다.

윤동주 탄생 100년이 되는 올해의 추모식에는 서울 성신여대에서 한국어 문학과 학생 9명(교수 1명)이 참가, 국가나 과거의 역사를 넘어 함께 시를 읽고, 함께 이야기 나누며, 윤동주를 기리는 시간을 보내고자 합니다.

[연세대학교 추도행사]

2017년 2월 16일 오전 10시, 연세대학교 교내 윤동주 시비 앞
–주최 : 연세대학교 윤동주기념사업회

2017년 5월 20일 대전 연정국악원, 소프라노 박다미 "윤동주를 노래하다"

대전지역에서 활동하는 작곡가 안성혁 씨를 통해 윤동주를 노래하는 이들과 연결되었습니다. 축사를 통해 윤동주의 100주년을 맞는 의미를 함께 새겼습니다.

2017년 8월 30일 '별을 스치는 바람, 윤동주', 서울 금천구 아트홀

고 김광석의 노래로 유명한 '이등병의 편지' 작곡가이자 프리랜서 가수 김현성 씨를 중심으로 활동하는 그룹이 윤동주를 노래했다. 마침 시인이기도 한 금천구 구청장의 후원으로 아트홀에서 나레이션을 곁들인 콘서트로 시인을 기렸다.

2017년 9월 9일 동경 한국학교 역사문화특강 강사 : 유시경
상하반기 토요일마다 한국 고대사로부터 현대에 이르기까지 역사문화와 관련된 강의를 실시하고 있는 동경 신주쿠의 한국학교로부터 특

강을 의뢰받아 "일본에서 다시 만난 윤동주"라는 타이틀로 강의를 했다. 오마이뉴스 등 기사로 보도되었다.

2017년 10월 28일 쿄토지역 윤동주 3번째 시비 제막식

시인이 동지사대학 재학 중 동료 학우들과 소풍을 갔던 곳으로 알려진 우지강변에 10여년 이상 지역 관계자들이 애쓴 결실로 시비가 건립되어 제막식을 갖는다. 동지사대학 구내의 시비, 쿄토 하숙 옛터 근처인 쿄토조형대학 앞 시비에 이어 일본 쿄토 지역에 세워진 윤동주의 시비로는 3번째인 이 시비에는 윤동주의 시 '새로운 길'이 친필 모양대로 새겨지고 일본어도 함께 수록된다. 한일 우호를 향한 또 하나의 이정표가 될 것이다.

2017년 11월 23일, 동경 릿쿄대학, '새로운 과거로의 여행"

릿쿄대학교 이문화커뮤니케이션학부가 주최하는 100주년 기념행사에 대해서는 기획 취지 등을 조금 더 상세히 보고로 남기고자 한다. 현재 다음과 같은 내용으로 준비되고 있다. 이 글을 쓰는 중에 위 기획과 관련하여 릿쿄대학 4학년 학생 2명의 인터뷰에 응했다.

— 윤동주 탄생 100주년 기념

〈'새로운 과거' 로의 여행 : 다큐멘터리와 무대로 만나는 윤동주〉

1. 일시 : 2017년 11월 23일 (목) 12:00~19:15
2. 장소 : 동경 릿쿄대학 이케부쿠로 캠퍼스 터커홀(1, 2부), 9호관(3부)
3. 내용 : 동아시아 다문화 공생사회 구축과 한일문화교류

제1부 영화 상영, 강연과 좌담(12:00-16:00, 터커홀)

- 개회인사 릿쿄대학 총장
- 축사 주일한국대사, 한국문화원
- 영화 "불멸의 청년, 윤동주"(KBS, 2016년) 상영 (12:30~13:30, 터커홀)

- 강연과 좌담(13:30~15:45)

질의응답(~16:00)

강연 : 오오무라 마스오 교수

좌담 : 사회 유시경

오오무라 교수, 박병철 피디(다큐멘터리 제작), 야나기하라 야스코 씨(윤동주 기념 릿교회 대표), 다고 키치로 씨(작가, 1995년 NHK-KBS 공동 윤동주 다큐 제작 피디) 등 출연.

제2부 숏 필름과 시극(16:20~17:40, 터커홀)

- 릿쿄대학 이문화커뮤니케이션학부 학생 제작 "윤동주를 여행함" 상영(16:20~16:50)
- 연세대, 릿쿄대학 재학생들의 시극 "미안하다 윤동주" 상연(17:10~17:40)

제3부 뮤지컬 갈라쇼

- 서울예술단 "윤동주, 달을 쏘다", 18:10~19:00, 9호관
  폐회인사 연세대학교 윤동주기념사업회(19:00)

〈식사회〉

제3부 종료후 관계자, 참가학생을 위한 식사회로 예정(19:45-21:30)

장소 : 타키카와기념관 3층 다목적홀

주최 : 주일한국대사관

폐회 인사 : 릿쿄대학 총장

5. 주최 : 릿쿄대학 이문화커뮤니케이션 학부, 연세대학교 윤동주 기념사업회, 서울예술단

6. 후원 : 주일한국대사관 한국문화원, 연세대학교 극예술연구회 동문회, 시인 윤동주를 기념하는 릿쿄회, 릿쿄대학 한국사무소, 릿쿄대학 교목실

11월의 동경 릿쿄대학 행사에서는 우선 시인의 명예졸업증서 수여를 위한 서명운동이 시작될 예정이다. 현재 관서지역에 시비가 있는 데에 비해 관동지역에 유형의 상징물이 없는 점을 감안하여 향후 시비를 건립하자는 논의가 막 시작된 점도 주목된다.

이 밖에 윤동주 시인의 생일인 12월 30일 맞추어 고향을 찾아가는 "윤동주 100주년 한일합동 인문역사 기행"도 준비되고 있다. 12월 29일-1월 2일간 예정인 이 기행이 성사되면 윤동주의 고향 마을에서 새해를 맞이하게 될 것이다.

4. 마치며

별의 시인 윤동주.

보통 숫자는 '센다' 고 하지만 밤하늘의 별은 '헨다' 고 한다. 맞춤법상으로는 틀리지만 한국 사람들 누구도 이상하게 여기지 않음은 윤동주 시인의 대표작 "별헤는 밤" 덕분이다. 그만큼 많은 이들이 동주의 시를 뇌리에 새기고 사는 때문이리라. 몇 년 전 시인의 고향 용정 명동촌에서 밤하늘의 찬란한 은하수를 보며 그가 왜 "별의 시인"인가를 느낄 수 있었다. 광년의 시차를 거쳐 우리에게 도달하는 빛이 시대와 공간을 넘어 '별빛' 이듯이, 한 세기 전의 동주라는 별이 우리와 우리 시대를 비추이고 있다. 그가 가슴에 품었을 성서의 말씀으로 맺는다.

"밀알 하나가 땅에 떨어져 죽지 않으면 한 알 그대로 남아 있고 죽으면 많은 열매를 맺는다."(신약성서 요한복음 12:24)

자료
空と風と星と詩　尹東柱詩全集´伊吹郷　訳´影書房´1984
2015.2 YTN 뉴스 Tokyo 서거 70주기 추도식
https://youtu.be/wW8E4TiYaZs
2017.8 기독교방송 탄생100주년 인터뷰

유시경

성공회 사제, 현 릿쿄대학 한국사무소장, 전 릿쿄대학 교목(2000-2010),
시인 윤동주를 기념하는 릿쿄회 사무국장 역임
e-Mail anglicankorea@gmail.com
http://www.skh.or.kr/

국립중앙도서관 출판예정도서목록(CIP)

윤동주 시인과 함께 : 윤동주 탄생 100주년 기념문집 / 엮은이: 류양선, 조영환. -- 서울 : 다시올, 2018
p. ; cm

ISBN 978-89-94414-80-5 03810 : ₩16000

한국 근대 문학[韓國近代文學]
개인 문집[個人文集].

810.81-KDC6
895.708-DDC23 CIP2018020157

윤동주 탄생 100주년 기념문집

윤동주 시인과 함께

초판인쇄 2018년 6월 30일
초판발행 2018년 7월 10일

출판등록 | 제310-2007-00028

엮은이 | 류양선 조영환
발행인 | 김영은
펴낸곳 | 다시올

주　소 | 서울 노원구 월계동 382-55
전　화 | 031-836-5941
팩　스 | 031-855-0023
메　일 | maxim3515@naver.com

ISBN 978-89-94414-80-5 03810

정가 16,000원